KB083822

이극로

전집

Ⅲ

고투사십년

지은이

이극로(李克魯, Yi, Geugno, 1893~1978)_ 호는 물불・고루・동정, 독일명은 Kolu Li. 경남 의령 출신 한글학자・독립운동가. 마산 창신학교에서 수학하다가 일제강점 후 도만하여 환인현 동창학교와 무송현 백산학교 교사를 지내고 상하이 동제대학을 졸업했다. 1922년 독일 베를린 프리드리히빌헬름대학(지금의 훔볼트대학)에 입학해 1927년 「중국의 생사 공업」으로 박사 학위를 받았다. 같은 해 벨기에 세계피압박민족대회에 한국 대표로 참가했고, 영국・프랑스・미국・일본을 시찰한 뒤 귀국해 조선어학회 간사장을 지냈다. 1942년 조선어학회 사건으로 일경에 붙잡혀 6년형을 선고받고 옥고를 치렀다. 광복 후 『조선말 큰사전』 첫째 권을 간행하고서 1948년 남북연석회의에 조선건민회 대표로 참석, 평양에 잔류해 북한 국어학의 토대를 닦았고, 조국평화통일위원회 위원장 등을 역임했다. 묘소는 평양 애국렬사릉에 안장되어 있다. 저서에 『한국의 독립운동과 일본의 침략정책』(독일어), 『한국, 그리고 일제에 맞선 독립투쟁』(독일어), 『고투사십년』, 『조선어음성학』, 『국어학논총』, 『조선어 조 연구』가 있다.

엮은이

조준희(趙埈熙, Cho, Junhee)_ 평북 정주 출신 조현균 애국지사(광복회 평안도지부장・대한독립단 정주지단장)의 현손으로, 연세대학교를 졸업하고 국학인물연구소 소장으로 재임 중이다. 이극로의 독일명이 Kolu Li임을 최초로 찾고서 다년간 유럽(독일・프랑스・영국・이탈리아・체코・러시아・에스토니아)을 답사해 그의 친필 편지와 저술을 다수 발굴했고, 2010년 독립기념관에 이극로 거주지, 유덕고려학우회 건물터, 피압박민족대회 개최지 등 「유럽지역 독립운동사적지 제안서」를 올려 모두 선정되었다. 주요 저서에 『대통령이 들려주는 우리 역사』, 『지구를 한 바퀴 돈 한글운동가 이극로 자서전-고투사십년』, 『만주 무장투쟁의 맹장 김승학』, 『근대 단군 운동의 재발견』, 『백봉전집』(2018 우수학술도서)이 있다. intuitio@hanmail.net

이극로 전집 III 고투사십년

초판 인쇄 2019년 9월 25일   초판 발행 2019년 10월 7일
지은이 이극로   엮은이 조준희   펴낸이 박성모   펴낸곳 소명출판   출판등록 제13-522호
주소 서울시 서초구 서초중앙로6길 15, 1층
전화 02-585-7840   팩스 02-585-7848   전자우편 somyungbooks@daum.net   홈페이지 www.somyong.co.kr

ISBN 979-11-5905-418-1 94080
        979-11-5905-415-0 (세트)

값 23,000원   ⓒ 조준희, 2019

이극로 박사시험 통과 기념사진(1927.2.4) ⓒ이승철

이극로의 은사, 헤르만 슈마허(Hermann Schumacher) ⓒThe Granger collection

이극로 박사학위 수여식 기념사진(신성모 · 이극로 · 안호상) ⓒ안경홍

안상록과 이극로(일본 도쿄 우에노공원, 1928.10)
왼쪽 3번째 안상록, 4번째 이극로 ⓒ안경하(세로 6.0×가로 10.6cm)

안희제 차남 안상훈 결혼식(서울 부민관, 1934)
안상록(첫 번째), 안희제(네 번째), 안호상(다섯 번째), 이극로(여섯 번째, 주례) ⓒ안경하

조선유도유단자회 주최 제1회 무도강연회(종로청년회관, 1935.3.7)
앞줄 왼쪽 두 번째 이극로, 다섯 번째 여운형 ©몽양여운형기념관

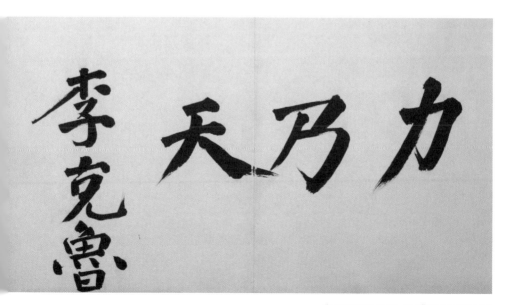

"力乃天(힘이 곧 하늘이다)"(1936) ©흥사단

대종교총본사환국기념(1946.6.16(음))
둘째 열 오른쪽 세 번째 이극로, 셋째 열 오른쪽 맨 끝 김공순 ©대종교총본사

좌우합작위원회 기념촬영(1947.10.6)
앞줄 오른쪽 맨 끝 이극로 ©몽양여운형기념관

이극로 / 전집

고투사십년 III

THE COMPLETE WORKS OF YI GENGNO
VOL.III : 40 YEARS OF HARD STRUGGLE

조준희 엮음

소명출판

일러두기

1. 본서는 1947년 판『苦鬪四十年』을 저본으로 삼되, 『朝光』 초고(1936)와 대조하여 삭제된 인명과 내용을 복원했다.

2. 본문의 시기와 내용 오류를 모두 바로 잡고, 또한 현대 표기법에 맞게 수정했다.

3. 본문 내 모든 그림은 편자가 넣은 것이다.

발간사

루드비히스하펜(Ludwigshafen)! 생소한 공업도시를 독일행 첫 행선지로 잡는다. 1927년 이극로 박사의 유럽 행적지다.

1997년, 역사학계에 입문하고서 처음 맡았던 과제가 이극로 자서전 —『고투사십년』 전산입력이었다. 그렇게 첫 인연으로 강렬한 인상을 받았던 이극로 박사에 대해 오랫동안 주목하였고, 그의 애국애족과 분투의 현장을 눈으로 확인하자는 열망으로 2006년부터 이탈리아, 프랑스, 독일, 영국, 러시아 등지를 답사했다. 라인강을 건너 프랑스 메스·베르됭·파리 자취를 차례로 좇고, 영국 런던에서 비바람을 헤치며 그리니치 천문대에 올랐다. 마침내 베를린 국립프로이센 문화유산문서보관소에서 박사의 친필 편지를 발견했을 때 그 기쁨은 이루 말할 수 없었다. 교외 슈프레발트의 아름다운 정경을 둘러보고, 나아가 러시아 모스크바와 상트페테르부르크 시내를 가로질러 에스토니아 탈린항에서 바다를 바라보았다.

체코에서는 음성학자 슈라메크를 추적해 프라하의 고서점과 브르노 마사리크 대학을 배회한 덕분에 그의 논문과 사진도 입수할 수 있었다. 본서에 등장하는 체코인 슈라메크(Šrámek)와 독일인 베틀로(Wethlo)의 정확한 스펠링을 알아내기까지 몇 년이 걸리기도 했다.

다시 중국에서 옛 동제대학 터를 찾고, 광개토대왕릉비를 참배하고, 백두산을 오르내리고, 송화강변에 홀로 앉았다가 일본으로 가서 몇몇 도시를 거닐었다. 귀국해서 박사의 고향인 의령부터 함안·마산·부산을 다녀와 숙원이던 『고투사십년』 복산판을 완성했다.

세계적인 한류 열풍과 함께 한글에 대한 관심이 고조되고 있다. 이제 남북 이념을 초월해 우리말글을 지키고자 앞장섰던 이극로 박사의 업적이 선양되고, 『고투사십년』의 가치가 국내외에서 조명될 날이 오리라 확신한다. 올해 이극로 박사 탄생 126주년을 기념해 그의 민족혼 수호와 한글 사랑 정신을 계승해 후세에 길이 남기는 데 의미를 두며, 박사를 존경하는 모든 독자와 출간의 기쁨을 나누고자 한다.

끝으로, 독일 현지조사·자료발굴·번역까지 물심양면으로 도와준 홈볼트대 석사 송병욱 선배, 설명 오류(승진·하워드대)를 지적해 주신 수원대 사학과 박환 교수님·건국대 신복룡 전 석좌교수님께 다시금 감사의 뜻을 전한다. 아울러 귀중한 사진과 자료를 제공해 준 모든 유족과 학자, 기관관계자들 — 특별히 의령 인물들의 유족으로서 이극로 박사 종손 경남대 이승철 교수님, 안희제 지사 손자 안경하 님, 안호상 박사 장남 안경홍 님, 신성모 지사 손녀 신한덕 여사님, 그리고 천도교 성주현 박사님과 국가보훈처 서동일 박사님, 한글학회 성기지 학술부장님, 미국 한인역사박물관 민병용 관장님, 미국 지리에 관해 조언 주셨던 정철수 선생님, 독일 라이프치히대학 아카이브의 잔디 물(Sandy Muhl) 씨, 훼손된 많은 사진을 복원해 주신 디지털컴픽스 황열 대표님, 유럽을 세 차례 답사하면서 고락을 함께 했던 아내 구은정, 출간을 위해 애써 주신 박성모 사장님과 편집부 여러분의 정성을 잊지 않을 것이다.

2019년 9월 25일
조준희

이극로 전집 총목차

제3부 | 유학 관계 자료

제4부 | 칼럼

제1부 | 단행본

제2부 | 기고글

제2장 기타 논설/설문·좌담/수필

새해를 맞으면서 우리의 抱負
(나의 스승-各界 諸氏의 스승 禮讚記) 剛毅의 人, 尹檀崖 先生
西間島 時代의 申采浩先生
學生들은 어떠한 書籍과 雜志가 必要한가?
나의 警句
(어린이 相互間에 敬語를 쓸가) 너무 形式的이 된다
戀愛·結婚·新婚
仁川 海水浴行
잊이 못할 그 山과 그 江
知名人士의 避暑플랜
잘 때에는 전등을 끄라
가을의 探勝處
혼례식은 구식, 다시 차질 민요와 가사, 버릴 것은 경제적 폐해 잇는 것
文化問答
趣味問答
渡世問答
生活問答
유모아問答
心境設問
유모어設問
讀書設問
人生設問
空想設問
生活設問
演藝設問
유모-어設問
旅行設問
(종아리 맞은 이야기) 문쥐노름한다고
鄕愁設問
日記設問
유모어設問
(새少年讀本-다섯째課) 제자리
(나의 一年總決算) 나는 언제나 成功뿐
나의 十年計劃
(生活의 文化化, 科學化, 經濟化) 舊慣陋習打破-社會各界人士의 高見
舊慣陋習打破(中)-各界人士의 高見
舊慣陋習打破(下)-各界人士의 高見
(꿈의 巡禮) 아부지 棺 앞에서, 그러나 깨니 一場春夢
(制服을 벗는 智識女性에게-社會 各方面 先輩들의 懇篤한 訓托) 家庭으로 드러가는 女性들에게
資源으로 開發되는 金剛山-金剛山을 資源으로 開發해도 좋은가
(나의 困境時代의 안해를 말함) 金비녀 金반지가 流質이 돼도
設問
(나 사는 곳) 꽃농사를 짓는 북바위 동네
講演(廿六日後八,○○)-씨름이야기
(一家言) 씨름의 体育的 價値

제3장 여행기

제3부 | 기타 자료(타인글)

IV—북한 편

제1부 | 조선어 연구

제2부 | 정치논설

제二차망국선거의 시도를 걸음마다 폭로하며 온갖 수단방법을 다하여 그것을 철저히 파탄시키자

민족적 량심있는 인사들이라면 모두다 평화적 조국통일의 편에 가담하여 일어서라!

六월十九일에 소집되는 남조선 「국회」에서 조국전선의 평화적통일추진제의가 상정채택되어야한다

아직까지 원쑤의 편에남아있는자들이여 시기를 놓치지말고 인민의편으로 넘어오라!

(안보리사회에서의 조선문제에 대한 쏘련제안을 열렬히 지지한다) 쏘련대표의 제안을 즉시 채택하라

조선전쟁의 정전 및 화평담판 교섭에 대한 각계의 반향

조선 인민은 위대한 중국 인민의 피의 원조를 잊을 수 없다

온 세계 평화애호 인민들의 미제 교형리에 대한 격분의 목소리

조선 민주주의 인민 공화국 최고 인민회의 상임 위원회 정령

김응기 동지와 리극로 동지를 조선 민주주의 인민 공화국 최고 인민 회의 상임 위원회 부위원장으로 선출함에 관하여

제네바 회의에서 조선 민주주의 인민 공화국 정부 대표단이 제출한 조선 문제의 평화적 조정에 대한 방안을 지지하는 평양시 군중 대회에서 한 연설들―조선 건민회 대표

(제네바회의 총화에 관한 남일 외무상의 성명을 각계에서 열렬히지지) 평화적 조국 통일을 위한 우리의 투쟁은 반드시 승리할 것이다

「유・엔 한국 통일 부흥 위원단」은 즉시 해체되여야 한다

최고인민회의 제1기 제9차회의 토론(1955.3.9~3.11)

평화적 조국 통일달성은 조선 인민의 숙망

최고 인민 회의 상임 위원회 리 극로 부위원장 일본 국회 의원단을 위하여 환영연 배설

그날은 다가 오고 있다

천만 번 죽여도 죄가 남을 놈들!

전 민족의 숙원을 해결 하는 길

남조선에서 미일 침략자들을 몰아 내고 박 정희 매국 도당의 파쑈 테로 통치를 분쇄하며 조국의 자주적 통일을 촉진하기 위하여 더욱 완강히 투쟁하자!

남북련석회의때를 회고하여

일본 사또반동정부의 《외국인학교제도법안》 조작책동을 분쇄하자

진실을 외곡하여 제놈들의 추악한 정치적목적을 달성하려는 미제와 박정희파쑈악당의 범죄적인 《반공》 소동을 치솟는 민족적분노로 규탄한다

제3부 | 시・수필/기타 자료

제1장 시・수필

(8.15와 《조선문학 시편들》) 백두산에 올라서

제1부
번역문

I

머리말

친지들은 여러 차례 나에게 권하였다. "입지와 고투와 또한 역경을 돌파한 그것의 실정은 청소년에게 살아 움직이는 교재가 되니 책을 만들겠다"고 하였다. 그러나 나는 이를 사양하였었다. 그랬더니 또 어떤 친구가 기왕에 내가 『조광』 잡지에 연재하였던 「수륙 이십만 리 주유기」와 그 밖에 한두 가지 글을 추려 책으로 만들어 보겠다고 하기에, 그의 정성이 하도 고마워 다소의 수정과 보충을 하게 되고 따라서 이 서문을 붙이게 되었다.

〈그림 1〉 이극로

시간의 여유가 나에게 좀 더 있으면 한두 가지 더 보충하여 이 책 박기를 권하는 이의 정성을 받들어 드리고 싶으나, 그럴 형편이 되지 못한 것을 큰 유감으로 생각하는 바다. 그러나 이것만으로써 이 땅의 새 일군들의 입지 생활에 조그마한 도움이 된다면 그런 다행이 없다고 생각한다.

끝으로 이 책을 위하여 수고하여 준 김병제[1] 님과 원고를 정리하는 일이며 그밖에 여러 가지 일에 수고를 아끼지 않은 안석제[2] 님에게 깊이 감사하며, 가시밭길을 걸어온 나의 고투 사십 년 동안 직접 간접으로 인연이 깊은 분들 가운데는

〈그림 2〉 김병제

---

1 [편쥐 김병제(金炳濟, 1905~1991) : 경북 경주 출신 한글학자. 이윤재의 제자이자 사위로 1948년 월북 후 김일성종합대학 교수, 사회과학원 언어학연구소 소장으로 일했다. 주요 저서에 『한글맞춤법 해설』(1946), 『조선어학사』(1984)가 있다.

2 [편쥐 안석제(安晳濟, ?~?) : 1946년 조선어학회 간사, 출판부 이사, 한글사 부원 등을 역임했다. 1947년 민주주의독립전선 준비위원회 위원으로 이극로와 함께 활동했다. 저서에 『웅변법강화』(1947), 『웅변학과 연설식사지침』(1949)이 있다.

이미 세상을 떠나간 분이 많이 있으니 나라의 해방된 오늘 그분들을 다시 뵈옵지 못함을 슬퍼한다.

1946년 11월 30일 밤

이극로 씀

II
수륙 이십만 리 주유기

하루는 『조광』 편집자를 만났더니 이 제목을 주면서 희로애락을 물론하고 반생의 지난 바를 5·6회에 연재할 분량으로 써 달라는 역권이 있었다. 나는 이 권고를 받고 이것이 원고 부족으로 지면을 채우기 위함인가 혹은 요사이 잡지에 「나의 반생과 파란고투기」[3]라고 하는 이런 유사한 제목으로 모모의 글이 더러 보이더니 아마 이것도 잡지계의 한 유행이나 아닌가 생각하였다. 편집자인 노산 이은상[4] 씨는 나의 소학 동창이라 나의 과거를 다소 짐작하는 데에서 잡지 원고거리가 되리라고 이 문제를 준 듯도 하다. 좌우간에 생각나는 대로 적어 드리기를 허락하였다. 그래서 다음과 같은 순차로 쓰고자 한다.

〈그림 3〉 이은상

　　1. 가정 형편과 조선 내의 교육과 서간도 행

3　[편쥐] 「나의 반생과 파란고투기」: 『신인문학』 3-1(청조사, 1936.1)에 여운형(1885~1947)이 기고한 4쪽 분량의 짧은 자서전을 말한다.
4　[편쥐] 이은상(李殷相, 1903~1982): 호는 노산(鷺山). 경남 마산 출신 시조시인·사학자·수필가. 아버지 이승규(1860~1922)가 설립한 마산 창신학교 고등과를 졸업하고 연희전문에서 수업하다가 일본 와세다대학 사학과에서 수학했다. 경희대 대학원 국어국문학과에서 문학 석사와 박사학위를 받았다. 1942년 조선어학회사건에 연루되어 홍원경찰서와 함흥형무소에 구금되었다가 이듬해 기소유예로 석방되었다. 광복 후 이충무공기념사업회 이사장, 민족문화협회장, 독립운동사 편찬위원장, 세종대왕기념사업회 이사, 대종교종경종사편수위원회 종사분과위원장을 역임했다. 저서에 『노산시조집』(1932), 『(탐라기행)한라산』(1937), 『이충무공일대기』(1946) 등 다수가 있다. 1977년 건국포장(건국훈장 애국장)을 수여받았고, 묘소는 국립서울현충원(국가유공자 제1묘역 6)에 안장되어 있다.

2. 만주와 시베리아에서 방랑 생활하던 때와 그 뒤

3. 중국 상해에서 유학하던 때와 그 뒤

4. 독일 베를린에서 유학하던 때와 그 뒤

5. 영국 런던에서 유학하던 때와 그 뒤

6. 귀국 도중에 미국 시찰하던 때와 그 뒤

1. 가정 형편과 조선 내의 교육과 서간도 행

내가 어렸을 때의 국내 생활을 돌아본다면 나의 가정 형편과 교육을 말하게 된다. 경상남도 의령군 지정면 두곡리[5]는 내가 생장한 향리다. 이 마을 앞은 바로 낙동강과 남강이 합류하는 곳으로 풍경이 아름답고 또 명승고적도 많다. 망우당 곽재우[6] 장군의 임란 전승 보덕비각[7]이 있으며, 건너 편 함안 땅에는 조간송[8] 선생의 합강정[9]이 있으니 내가 어릴 때에 동무들과 같이 뛰놀던 인상 깊은 곳이다.

나는 불행히도 세살 적에 어머니[10]가 돌아가셔서[11] 맏형수[12]와 서모[13] 밑에서

5　[편쥐 두곡리(杜谷里) : 경남 의령군 지정면에 있는 리. 전의 이씨 집성촌으로, 토박이말로 '듬실'이라 했다. 이극로 생가는 두곡리 827번지(고루로 3길 8)다.

6　[편쥐 곽재우(郭再祐, 1552~1617) : 호는 망우당(忘憂堂). 경남 의령 출신 조선 중기 의병장. 임진 왜란 때 의령에서 의병을 일으켜 큰 공을 세웠고 정유재란 때 다시 의병장으로 출전해 왜군을 격퇴하였다. 전장에 나설 때 붉은 갑옷에 백마를 타고 다녀 홍의장군이라 불렸다. 진주목사, 함경도관찰사 등을 지냈으나 여러 번 관직을 사퇴하거나 사양했다.

7　[편쥐 보덕비각 : 보덕각(報德閣). 임진왜란 때 이름난 의병장 곽재우 장군의 전공과 유덕을 기려 1739년에 세운 보덕불망비와 이를 보호하는 비각을 말한다. 비문에 "유명 조선국 홍의장군 충익공 곽선생 보덕불망비(有明朝鮮國紅衣將軍忠翼公郭先生報德不忘碑)"라 새겨져 있다. 경남 의령군 지정면 성산리(기강로 379)에 있으며, 경남 문화재자료 제66호로 지정되었다.

8　[편쥐 조간송(趙澗松) : 본명은 조임도(趙任道, 1585~1664), 호는 간송당(澗松堂). 조선 후기 성리학자로 퇴계·남명 양 학파의 융화를 위해 노력했다. 시문집인『간송집』이 전해 온다.

9　[편쥐 합강정(合江亭) : 조선 중기 때 문신 조임도가 지은 정자로, 이극로 생가에서 동남쪽 5km 거리인 함안군 대산면 장암리 용화산 아래 낙동강변에 있다. '합강'은 남강과 낙동강이 만나는 지점이라는 의미가 담겨 있다.

10　[편쥐 어머니 : 성산 이씨(1853~1896).

〈그림 4〉 두곡리

〈그림 5〉 보덕각

〈그림 6〉 합강정

〈그림 7〉 이극로 일가와 생가(1937)

자라나게 되었다. 나는 동복 팔남매의 끝으로 형님 다섯 분[14]과 누님 두 분을 위

---

11 [편쥐] 이극로는 1893년생이며, 모친의 작고 연도는 1896년이다. 이극로의 독일 유학시질 이력서나
    「나의 이력서―반생기」에는 나이를 낮춰 1896년 생으로 적혀 있다.

12 [편쥐] 맏형수 : 영산 신씨(1875~1933).

13 [편쥐] 서모 : 성명·생몰년 미상. 이극로는 새어머니로부터 "크게 옳은 일에는 네 목숨까지도 바치
    어라"는 말씀을 듣고 이를 자신의 생활 이상으로 삼았다고 술회했다(이극로, 「잊을 수 없는 어머니
    말씀」, 『신가정』 1, 신동아사, 1933.1, 41쪽).

14 [편쥐] 형님 다섯 분 : 이상로(李祥魯, 1877~1938), 이기로(李麒魯, 1880~1918), 이호로(李浩魯, 188
    3~1955), 이섭로(李攝魯, 1890~1930). 형 한 사람(성명 미상)은 일찍 작고했다.

<그림 8> 두남재 〈그림 9〉 영모재

로 모셨고, 손 아래로 누이동생 둘이 있었다. 내가 자라날 때에 내 집은 농업으로 겨우 살아가는 가난한 농가로서 약 20명의 식구가 한 집에 있으니 사람이 귀하게 보이지 아니하였다.

그런 형편이라 집안에 선비가 많이 있었건마는 나에게 본격적으로 글을 읽힐 수가 없었다. 그래서 글자 그대로 주경야독으로 낮에는 소 먹이고 밭 매고 나무하는 모든 일을 나의 힘이 미치는 대로 다 하게 되었다.

우리 마을의 서당은 우리 밭 옆에 있었기 때문에, 나는 밭에서 김을 매다가 점심때에 학동들이 점심 먹으러 간 틈을 타서 그 서당에 들어가 글씨를 쓰고 싶어서 남의 지필묵을 내어놓고 체면에 흰 종이에 쓸 수 없고 쓰고 남은 사이 줄에만 까맣게 써 놓고 나왔다. 그러면 아이들은 벌써 내가 다녀 간 것을 안다. 이런 식으로 밤에나 낮에나 틈을 타서 글을 몇 자씩 배우는 형편이었다.

시동[15]으로 천명,[16] 나는 이제도 시에 취미가 많다. 그러나 시인이 되려고 특별히 노력하여 본 일은 없다. 내 나이 8세 때 꽃 피고 잎 돋는 따뜻한 봄철이었다. 하루 저녁에는 두남재[17] 서당에 갔더니 여러 사람이 시를 짓는다고 운자[18]를 내

---

15 [편쥐] 시동(詩童) : 시를 짓는 아이.
16 [편쥐] 천명(擅名) : 이름을 드날림.
17 [편쥐] 두남재(斗南齋) : 이극로 생가에서 길 건너편에 있는 서당으로, 현재는 경사재(敬思齋)로 이름이 바뀌었다.

었는데, 지금에 기억되는 것은 '문(文)' 자다. 시자[19]를 내어놓고 글을 읊으면서 서로 부르고 쓰고 춘흥에 겨우는 것을 본 나는 절로 흥이 나서 썩 나서면서 "내 글을 쓰시오" 하니, 여러 사람이 철없는 소리를 한다고 도리어 나무라기만 하였다. 그러나 나는 기어이 쓰라고 하니, 그러면 부르라고 허락하기에 "춘래천산화기 일일인인작문(春來千山和氣 一日人人作文), 봄이 와 온산에 화기가 도니 어느 날 사람마다 글짓기를 하네"라고 부르니, 좌중의 여러 사람은 웃으면서 "이 아이가 육언의 부[20]를 지었구나!" 하면서 칭찬하였다. 그 뒤의 수년 동안에도 나는 여전히 주경야독으로 공부를 하였다.

또 그 다음 해 봄날에는 우리 집 뒤에 있는 우리 집안 재실인 영모재[21]에 여러 사람이 모여서 시를 짓는데, 기억되는 것은 '방(方)' 자 운이다. 나는 즉경시[22]로 "방초장안시사구 개화유곡흥만방(芳草長岸詩四句 開花幽谷興萬方), 긴 언덕 향 풀에 한시 4구는, 깊은 골짝 꽃 핀 듯 만방으로 흥겹네"라고 부르니, 글을 받아쓰던 사람이 붓대를 멈추고 앉아 있는 태도는, "무의미 불성문한 글이므로 쓰지 아니 하겠다"는 것이다. 그때에 그 옆에서 보던 글을 제일 잘 하는 어른 한 분이 말하기를, "쓰게! 오늘 여러 글 가운데에 이 글이 제일 잘 되었네" 하였다. 이 글로 말미암아 나는 시재[23]가 있다는 말을 듣게 되었다.

이럭저럭 내 나이 십여 세가 되던 어느 해 봄날에 또 두남재에 관동[24] 수십 인이 모여서 시회를 열고 시를 짓는다. 이 서당 앞에 있는 밭에서 김을 매던 나는 호미를 놓고 들어가서 운자를 물은 뒤에 조금 있다가 여러 사람의 글을 다 쓰도록 기다려서 내 글도 쓰게 되었다. "금(琴)" 자 운을 달았는데, 그 날 다른 사람은 모두 '거문고를 안음(抱琴)'이나 '거문고를 탐(彈琴)'의 뜻으로만 달았다. 물론 글이란 것은 거짓말이 많은 것이지마는 그때에 사실인즉 거문고 악기의 그림자도 없었다. 나는 "십리풍경생시구 백년우락재서금(十里風景生時句 百年憂樂在書琴), 십리의 풍경이

---

18 [편주] 운자(韻字) : 한시의 운으로 다는 글자.
19 [편주] 초고에는 시축(詩軸, 시를 적는 두루마리)으로 되어 있음.
20 [편주] 부(賦) : 감상을 느낀 그대로 적은 한시의 체.
21 [편주] 영모재(永慕齋) : 이극로 생가 뒤편 대나무 숲길 위에 있는 이극로의 고조부 재실.
22 [편주] 즉경시(卽景詩) : 그 자리에서 본 광경이나 눈앞의 경치를 읊는 시.
23 [편주] 시재(詩才) : 시를 짓는 재주.
24 [편주] 관동(冠童) : 어른과 아이.

〈그림 10〉 창신학교 교사

시구를 짓게 하나, 백년근심·즐거움은 책·거문고에 있나니"라고 하니, 그때에 좌중은 모두 눈이 둥글어졌다. 이것은 한갓 운자를 남과 달리 달았다는 것보다도, 어린 아이의 글이 아니라 아주 노성한 사람의 글이라고 더욱 놀란 것이다.

나는 뼈가 굵어짐에 따라 농군의 책임이 무거워졌다. 논밭을 갈고 서리며, 김을 매고, 곡식을 베고[25] 거두며, 지게를 지고 산과 들에 가서 나무와 풀을 베지 아니할 수 없었고, 밤에는 새끼를 꼬며 신을 삼지 아니할 수 없게 되었다. 이렇게 된 나에게는 야독이란 것도 허락되지 못하였다. 그러니 어느 틈에 많은 글을 읽었으리오마는, 그때 한국 말년인 융희 시대의 『매일신보』[26] 쯤을 뜯어 읽을 정도가 되었다. 그러므로 동리에 공동으로 보는 이 『매일신보』를 힘써 읽었다. 이 신문이 나에게 세상 소식을 전하게 되었으며 또 많은 충동을 주었다. 그 결과는 나로 하여금 가정을 떠나게 한 것이다.

융희 4년 경술년은 한일 합병이 되던 해다. 이해 음력 정월 보름날에 십육 세의 총각은 봇짐을 싸 지고 백형[27]이 쓰시던 서울 가는 노정기만 쥐고 가만히 집을 떠나서 무전도보로 서울을 목표하고 가다가 제2일에 중형[28]에게 붙잡혀서 집으로 돌아오게 되었다. 그래서 3개월 동안이나 또 농군의 생활을 하게 되었으니 속으로 불평이 점점 커졌다. 그래서 마침내 제2차 도망을 꾀하였다. 이번에는 방향을 달리하여 남향으로 60리[29] 되는 마산항[30]으로 가게 되었다. 음력 4월 초 어느 새

---

25 [편주] 초고에는 '시므고(심고)'로 되어 있음.
26 [편주] 『매일신보』: 『대한매일신보』.
27 [편주] 백형: 첫째형은 이상로, 호는 운계(雲溪). 무과에 급제한 뒤 선전관에 제수되었다.
28 [편주] 중형: 둘째형은 이기로.
29 [편주] 60리: 24km. 이극로 생가에서 마산항까지 거리는 직선으로 28km(70리)다.

벽에 또 단봇짐을 싸 지고 가만히 집을 떠나서 당일 마산항에 닿아서 우리 동리 사람의 지정 여관인 최원칙 씨 집에 주인을 정하고, 그 다음날에 예수교회의 경영인 사립 창신학교[31]를 찾아가서 땋았던 머리를 깎고 입학을 하였다.

〈그림 11〉 이상로

10여 일 뒤에 우리 마을 사람이 장을 보러 왔다가 우연히 나를 만나보고 놀라면서 하는 말이 "너를 잃은 너의 집에 이제 난리가 났다" 하며 부형의 크게 걱정하시고 계시는 소식을 전하였다. 나를 만나 본 이 분이 돌아가서 나의 소식을 우리 집에 전한 그 다음 날에 백형이 곧 나를 찾아오셨다. 나는 학교에서 주인 집으로 돌아와서 백형에게 절을 하니, 깎은 미리를 보시는 백형은 기가 막혀서 얼굴이 푸르게 될 뿐이오 한 마디 말씀도 못하셨다. 그 다음날에야 비로소 말씀을 하시되, "이놈아! 네 신세만 망하였으면 괜찮지마는, 우리 전의 이 씨가 서울에서 낙향한지 4백여 년에 의령 고을에서 3대 성의 하나로 행세하고 지나오는데, 이제 너 때문에 어디 얼굴을 들고 나서서 사람 행세를 할 수 있겠나. 다시는 머리를 깎지 말고 길러서 땋아 가지고 집으로 돌아오너라!" 하시고는 혼자 집으로 돌아가셨다.

그 뒤에 며칠을 지나서 아버지[32]께서 창신학교 마당으로 들어오시면서 계찬(그때 나의 이름)을 찾으셨다. 교실에서 운동장으로 나온 나는 깎은 머리를 숙여 절을

30　[편주] 마산항(馬山港) : 경남 창원시 마산합포구에 위치한 항구로, 1898년에 개항했다.

31　[편주] 창신학교(昌信學校) : 1908년 9월 15일 호주 선교사 앤드류 애덤슨(Andrew Adamson, 1860~1915)이 설립한 기독교 학교. 1909년 8월 19일에 정식인가를 받았고 11월 7일 경남 마산시 상남동 87번지(현 제일문창교회)에 새 교사를 낙성했다. 이극로 생가에서 옛 창신학교 터는 동남쪽으로 26km 거리다.

32　[편주] 아버지 : 이근주(李根宙, 1849~1923). 이극로의 족친 이종룡 씨에 의하면, 이극로의 선친은 침술에 능한 의원(醫員)이었다고 한다. 이극로의 독일어 이력서에는 "의사 이근주의 아들(Sohn des Arztes Li Ken-chu)"이라고 적혀 있다.

〈그림 12〉『법학통론』　　　　　　　　〈그림 13〉『교제신례』

하였더니, 눈물을 흘리시면서 대하신다. 그리고 주인집에 돌아가셔서는 부탁하시는 말씀이 역시 "이 뒤에는 네가 다시 머리를 깎지 말고 길러 가지고 고향으로 돌아오너라" 하시고는 그 이튿날에 집으로 돌아가셨다.

　그리고 어느덧 여름 방학이 되어서 집으로 갈 때에 머리를 빤빤히 깎고 갔더니, 나의 태도를 보신 부형은 할 수 없다고 생각하셨는지 아무 말씀도 안 하셨다. 나는 방학 동안에는 그 전과 같이 밭과 논의 풀을 매며 지게를 지고 꼴을 베러 다녔다. 그러나 날마다 일정한 때에는 내가 글을 읽던 서당 두남재에 가서 학동들에게 산술, 이과, 국어 등 학과를 아는 대로 가르쳐 주었더니, 이제는 온 마을 사람들이 말하기를, "저만 망하는 것이 아니라 남의 자식까지 버려 준다"고 야단을 친다. 그러는 동안에 방학기간은 다 지나갔다. 별 수 없이 또 부형의 명령을 어기고 마산항 창신학교로 가고 말았다. 가정의 힘이 없을 뿐 아니라 본래 깎은 머리를 기를 때까지만 학비를 도와주시겠다고 약속하신 부형이라 다시는 돌아보지 아니 하시게 되었다.

그러니 이제부터는 별 수 없이 은단[33] 갑을 들고 거리로 여관으로 돌아다니면서 고학생의 본색을 나타내게 되었다. 그래서 이럭저럭 창신학교에서 보통과 1년과 고등과 1년으로 2년 동안 수업을 하였는데, 그때에는 보통과의 학과도 전문학교의 성질을 가졌다. 예를 들면 『법학통론』,[34] 『교제신례』,[35] 『맹자』, 『논어』 들이 그것이다. 학생들의 나이는 30세나 되는 사람이 드물지 아니하였다. 과도기의 교육인 것만큼 모든 것이 기형적으로 되었다.

여러 가지 형편이 나로 하여금 오랫동안 마산항에 엎드려 있지 못하게 하였다. 그것은 무엇보다도 그 시대의 충동을 받은 것이

〈그림 14〉 이일우

니 곧 동양 정국의 대변동이 생긴 것이다. 경술 한일합병과 중국 신해혁명이 그것이다.

임자년 4월에 또 혼자 단봇짐을 싸서 지고 서간도로 가는 길을 정하고 기차로 구마산역[36]을 떠났다. 그러나 무슨 여비의 준비가 있는 것도 아니다. 다만 사람이 뜻을 세우고 힘쓰면 그것을 이룬다는 일종의 미신 같은 자신을 가진 것뿐이다.

그래서 먼저 겨우 대구까지 가서[37] 이일우[38] 씨를 찾아 차비의 보조를 받아 가지

---

33 [편쥐 은단 : 은박에 싸여 향기로운 맛과 시원한 느낌이 나는 작은 알약. 이극로는 학비 마련을 위해 은단뿐만 아니라 영신환(한방 소화제)도 팔고, 마방에서 말죽 끓이는 일도 했다.

34 [편쥐 『법학통론(法學通論)』 : 1905년 유성준(1860~1935)이 지은 한국 최초의 법학개론서.

35 [편쥐 『교제신례(交際新禮)』 : 1905년 유동작(1877~1910)이 박문사에서 펴낸 외교서로, 각 나라 사람들과 교류를 원활하게 할 수 있도록 서양의 일반적인 외교 예절에 관한 내용을 담고 있다.

36 [편쥐 구마산역 : 1910년 1월 경남 마산 노산동에 설치된 경전선의 간이역으로, 1977년에 마산·구마산·북마산 3역 통합으로 폐역되었다. 구마산역 터는 현재 경남 창원시 마산합포구 상남동 교보생명 사옥 앞 육호광장이다.

37 [편쥐 이극로는 구마산역을 출발하여 창원을 거쳐 삼랑진(밀양)까지 가는 경전선을 이용했고, 다시 삼랑진에서 대구까지 가는 경부선으로 갈아탔을 것이다. 대구역에서 이일우의 생가나 그가 운영했던 우현서루까지는 1km 거리였다.

고 김천까지 가서, 추풍령[39] 밑 김천[40] 땅에 사는 일가인 이직로[41] 씨를 찾아 그분에게서 경성까지 가는 차비를 얻어 가지고 추풍령역[42]에서 경성역[43]까지 타고 갔다.

서울에 와서는 남대문 가까이 조그마한 여관에 주인을 정하고, 그때에 보성전문학교[44] 야학 상과에 다니던 신성모[45] 씨를 찾아 만나서 나의 만주행을 말하였으나, 신 씨도 나의 여비 보조까지는 힘이 없었다.

별 수 없이 무전 도보 여행이라도 서울을 떠나서 북행하려고 생각하던 차에, 마침 한 여관에 든 사람으로 경남 언양[46]에 산다는 신 씨 한 분이 "서간도 시찰을

---

38 [편쥐 이일우(李一雨, 1869~1936) : 호는 소남(小南). 대구 부호. 계몽운동의 일환으로 1905년에 시무학당, 1906년 대구광학회, 1908년 우현서루(友絃書樓)를 운영했으나 1911년에 일제가 폐쇄했다. 1908년 대한협회 대구지회 평의원·총무, 1912년부터 1928년까지 대구은행 설립 및 이사로 참여했다(김일수,『근대 한국의 자본가』, 계명대 출판부, 2009, 217~233). 조카는 저항시인 이상화다. 유고집으로『소남유고』(1949)가 있다. 생가는 대구광역시 중구 서성로 1가 44번지에 있다.

39 [편쥐 추풍령(秋風嶺) : 충북 영동군 추풍령면과 경북 김천시 봉산면의 경계에 있는 고개.

40 [편쥐 김천(金泉) : 경상북도 서남부에 있는 시. 대항면 복전리에 전의 이씨 집성촌이 있다. 복전리는 조선 말 충북 황간군 황남면에 속해 있다가 1914년 경북 김천군 봉산면 복전동으로 개편된 뒤 1995년 경북 김천시 대항면 복전리가 되었다.

41 [편쥐 이직로(李直魯, 1879~1944) : 호는 소산(小山). 경북 김천 출신 교육자로 1908년 계명(啓明)학교 설립에 참여했고, 항일운동을 실천했다(『전의이씨성보』6, 전의예안이씨대동보간행위원회, 1992, 849쪽). 이극로와 종친으로 전의 이씨 전서공파 28세손이다. 생가는 경북 김천시 대항면 복전리 94번지였으나 현재 멸실되었다(이직로의 손자 이종은 씨와 전화통화, 2013.1.4).

42 [편쥐 추풍령역 : 1905년 1월 충북 영동군 추풍령면 추풍령리에 설치한 경부선 역.

43 [편쥐 경성역 : 1900년 서울에 한강철교가 개통되면서 남대문까지 기차가 들어오게 되어 당시 남대문정거장이라 불렸고 1923년에 경성역으로 개명했다. 역사(驛舍)는 1925년에 준공되었다.

44 [편쥐 보성전문학교(普成專門學校) : 고려대학교의 전신으로 1905년에 이용익 등이 한국 최초의 근대적 고등교육기관으로 박동(磚洞, 지금의 수송동)에서 개교하였다.

45 [편쥐 신성모(申性模, 1891~1960) : 호는 소창(小滄). 경남 의령 출신 독립운동가·선장·정치가·교육자. 보성전문학교 재학 도중 1912년 중국 상해에 망명해 1913년 우쑹(吳淞)상선학교 항해과에 입학, 1914년 당시 해군대신 겸 교장 사전빙(薩鎭氷, 1859~1952)의 추천으로 난징해군사관학교로 전학해 무선전신을 전공했다. 졸업 후 중국 군함의 승무원이 되었고 우쑹, 총밍따오 무선전신국에서 근무했다. 조선 해군 창설의 뜻을 품고 영국으로 건너가 1923년 런던 킹에드워드 7세 항해대학(King Edward VII Nautical College)에 입학했다. 졸업 후 1930년부터 런던과 인도를 왕래하는 정기화객선의 선장이 되었고, 인도상선회사의 고문으로 취임하여 봄베이에서 체류하다 1948년 11월에 환국했다. 귀국 후 대한청년단 단장, 제2대 내무장관을 거쳐 제2대 국방장관, 주일대표부 제5대 공사, 한국해양대학교 학장을 지냈다. 1963년 대통령표창(1990년 건국훈장 애족장)이 추서되었고, 묘소는 국립대전현충원(애국지사 제2묘역 64)에 안장되어 있다. 2009년 우리나라 해양경제 부흥에 이바지한 공로로 부산 태종대공원 내 해기사 명예의 전당에 흉상이 설치되었다.

46 [편쥐 언양(彦陽) : 1896년~1914년 2월까지는 경남 언양군, 현재 지명은 울산광역시 울주군 언양읍이다.

떠나는데 독행이 되어서 어렵다" 하며 자기가 "여비를 대여할 터이니 동행을 하자"기에, 어찌나 반갑든지 곧 그리 하자고 대답한 뒤에 그 날로 그 이와 함께 경성역을 떠나서 안동현[47]으로 향하였다.

〈그림 15〉 서세충

여기에 와서 서간도로 들어가는 노정의 지도를 받아 가지고 가게 되는데, 그때에 마침 강원도에서 오는 이주민 몇 집이 서간도로 가는 것을 만나서 동행하게 되었다. 그들은 중국 사람의 목선 두 채에 수십 명이 타고 가게 되었으나 그 가운데 중국말을 한 마디도 아는 사람이 없었으니, 인정 풍속이 다른 중국 사람이 사는 천지로 가는 우리에게 적지 아니한 곤란이 있었을 것이다. 그러나 모두 어려운 사람들이 동행이 되었으므로 동역

이나 인도자를 데리고 갈 형편도 못된다. 그러므로 나는 성신태(여관)[48]에 계신 서세충[49] 씨에게서 『관화첩경』[50]이란 한어 책을 사 가지고 배에 올랐다.

이제는 목선 두 채가 안동현 부두를 떠나서 위화도[51]를 바라보고 압록강[52]을

---

47 안동현(安東縣) : 중국 요녕성의 도시. 1965년 안동시에서 현 단동(丹東)시로 개칭했다.
48 [편쥐] 성신태(誠信泰) : 충북 청원 출신 독립운동가 신백우(1887~1962)가 1911년 초여름(음력 4월) 중국에 망명한 뒤 서세충 등과 독립운동 연락거점을 위해 안동현에 설립한 여관이다.
49 [편쥐] 서세충(徐世忠, 1888~1957). 호는 춘강(春江). 서울 출신 독립운동가. 1909년에 조직된 비밀결사 대동청년단에 가입했고, 만주에 망명하여 신흥무관학교 교관을 지냈다. 1927년 중국의 반군벌 항일 민중지 『익세보』 조선지사를 운영하며 『익세보』를 배포하였다. 1927년 신간회가 창립되사 이에 가입하여 활동했다. 1936년 신재호가 뤼순감옥에서 옥사하사 그의 유해를 화상하여 양리에 안장했다. 1946년 8.15출옥동지회의 후신인 비정당 사회사업 단체-을우회(乙友會) 대표로 활동했다. 1963년 대통령표창(1990년 건국훈장 애족장)이 추서되었고, 묘소는 국립대전현충원(애국지사 제2묘역 45)에 안장되어 있다.
50 [편쥐] 관화첩경 : 足立忠八郎, 『北京官話支那語學捷徑』(東京 : 金刺芳流堂, 1904) 또는 甲斐靖, 『北京官話日清會話捷徑』(東京 : 弘成館書店, 1906).
51 [편쥐] 위화도(威化島) : 평안북도 신의주시 상단리와 하단리에 딸린 면적 11.2km²의 섬.
52 [편쥐] 압록강(鴨綠江) : 한국과 중국의 국경을 이루면서 황해로 흘러드는 길이 803km의 강.

거슬러 올라간다. 아흐레 만에 혼강[53]구에 내려서 육로로 걸어서 사흘 만에 회인현(이제는 환인현)[54] 성내에 도착되어 조선 사람의 여관에 주인을 정하니, 때는 3월 20일[55]경이었다.

나로서는 그때 압록강 항로에서 얻은 느낌이 중대한 것을 이제 다시 인식하게 되는 것이 있다. 그것은 그때에 느낌이 내가 조선어 연구에 관심하게 된 첫 출발점이오 또 조선어 정리로 한글 맞춤법 통일안과 외래어 표기법 통일안과 표준어 사정과 조선어 대사전 편찬 등의 일에 전력을 바치게 된 동기다.

이 항행 중에 하루는 일행이 평북 창성[56] 땅인 압록강변 한 농촌에 들어가서 아침밥을 사서 먹는데 조선 사람의 밥상에는 떠날 수 없는 고추장이 밥상에 없었다. 일행 중의 한 사람이 고추장을 청하였으나, 고추장이란 말을 몰라서 그것을 가지고 오지 못한다. 그래서 우리는 여러 가지로 형용을 하였더니, 마지막에는 "옳소, 댕가지장[57] 말씀이오?" 하더니 고추장을 가지고 나온다.

'사투리로 말미암아 일상생활에 많이 쓰이는 고추라는 말을 서로 통하지 못하니 얼마나 답답한 일일까…….'

표준어 사정은 25년 후에 와서 문제를 삼아 해결하게 되었으니,[58] 우리는 국어에 대한 관심이 일반적으로 부족한 것을 아니 느낄 수 없다.

---

53 [편취] 혼강(渾江) : 고구려의 발상지로 중국 요녕성 환인현(桓仁縣)을 흐르는 길이 80km의 강. 남쪽으로 압록강에 합류한다.

54 [편취] 회인현(懷仁縣) : 청나라 광서 3년(1877)에 신설되어 흥경청(興京廳)에 예속되었다. 산시성(山西省)에도 같은 이름의 현이 존재하여 중복된 이름을 피하기 위해 1914년 환인현(桓仁縣)으로 개칭되었다. 환인의 '환'은 고구려 환도(桓都)·발해 환주(桓州)에서 따온 것이다.

55 [편취] 3월 20일 : 양력 4월 18일.

56 [편취] 창성(昌城) : 평안북도 북부에 있는 군으로, 의주·삭주군과 벽동·초산군 사이에 위치한다.

57 [편취] 고추의 생약명은 번초(蕃椒)이나, 중국산을 뜻하는 당초(唐草, 唐椒)라 부르거나 새로운 가지라는 뜻으로 신가(新茄)라고도 했다. 당초와 신가를 합하여 당가(唐茄, 중국 가지)라고도 했고, 이를 평북 방언으로 '댕가지', 고추장을 '댕가지장댕가디댕'이라 했다.

58 [편취] 조선어학회에서 표준어 확립을 목적으로 표준어 사정 위원회를 구성한 뒤 회의와 표결을 거쳐 1936년 10월 28일(한글 반포 490회 기념일)에 표준어 발표식을 거행했다.

2. 만주와 시베리아에서 방랑 생활하던 때와 그 뒤

만주 회인현 성내에서 내가 들어 있던 여관은 백농 이원식[59] 씨가 경영하던 '동창점'이다. 나는 이원식 씨를 보고 나의 뜻과 적수공권으로 온 딱한 사정을 말하니, 걱정하시는 태도를 가지고 "그러면 좋은 수가 있다" 하더니 권하는 말씀이 "여기에서 삼십 리 쯤 되는 깊은 산골에 가면 무슨 나무가 많은데 그 껍질로써 조선 사람이 신을 많이 삼아 신으니 그것을 한 열흘 동안만 벗기어 팔면 네가 가려는 통화현 합니하 신흥학교[60]까지의 여비는 되리라" 하며 "그 산골에 조선 농가가 있으니 기기에 밥을 부쳐 놓고 미물면시 일을 하라"고 하며 "그동안에 먹을 양식은 자기가 좁쌀 한 말을 줄 터이니 가지고 가라"고 한다. 그 말씀을 들은 나는 고맙다 하고 그리

〈그림 16〉 이원식

---

59 [편쥐 이원식(李元植, 1875~1959) : 호는 백농(白農). 이동하(李東廈)로 개명했고, 교명은 이철(李轍)이다. 경북 안동 출신 교육자·독립운동가. 경성 계산학교 교사, 대구협성학교 교감을 거쳐 예안 보문의숙을 설립했고, 1911년 도만하여 동창학교의 교장으로서 소임을 다했다. 그는 회인현 내에서 독립운동 연락기관인 동창점(東昌店) 여관을 운영하면서 이극로와 함께 군자금 모집과 군수품 확보에도 주력했다. 동창학교 폐교 이후 서간도 지역을 중심으로 봉천폭탄사건 등 항일투쟁을 전개하다가 수차례 일경에 피체·구금되었다. 광복 후 「경고 대통령 이승만 박사 하야문」(1951)을 발표했고, 별세 후 장례식은 내구의 팡장에서 사회장으로 치러섰다. 1963년 대통령표장(1990년 선국훈장 애족장)이 추서되었다. 묘소는 대구 신암선열공원(대구시 동구 신암동 산27-1, 13번)에 안장되어 있다.

60 [편쥐 신흥학교(新興學校) : 1911년 음력 4월 서간도 유하현 삼원포 추가가에 세웠던 독립군 양성기관 '신흥강습소'를 말한다. 신흥강습소는 1912년 3월 2일 통화현 합니하의 교사 신축 공사를 시작하여 6월 7일에 낙성식을 한 뒤 학교를 이전했다가, 1919년 5월 '신흥무관학교'로 교명을 바꾼 뒤 유하현 대두자로 학교를 다시 옮겨왔다. 1920년 폐교 시까지 졸업생 2,000여 명을 배출하여 독립군 양성에 크게 기여했다.

하겠다하니, 이원식 씨는 곧 아이를 불러서 자루에 좁쌀 한 말을 넣어서 나의 등에 지워 주었다. 그것을 진 나는 고맙다는 인사를 또 한 번 한 뒤에 목적지를 향하여 떠나간다.

20리나 되는 파저강[61] 나룻가에 다다라서 나룻배를 타고 떠나려 할 즈음에 멀리서 부르는 소리가 있으니, 그는 곧 이원식 씨가 보낸 동창점의 심부름꾼이다. 그 부르는 소리를 들은 나는 배에서 내려 그 사람을 기다렸다. 그는 나를 만나서 여관집 주인 이원식 씨의 부탁이라 하며 곧 여관으로 다시 들어오라고 한다. 그래서 그 여관으로 돌아가니, 이원식 씨가 나를 보고 하는 말씀이 "여기에 내가 교장으로 있는 동창학교[62]가 있는데 거기에 한어 강습이 있으니 한어도 공부하고, 또 역사가요 한학자인 박은식[63] 선생이 계셔서 좋은 역사책을 많이 지으시니 그것을 등사하는 일을 좀 도와주고 또 교편도 잡아 주는 것이 어떠하겠느냐?"고 하기에, 나는 너무도 고마워서 "제가 할 수 있는 일이라면 무엇이라도 사양하지 아니 하겠습니다"고 대답하였다. 그랬더니 곧 나를 데리고 동창학교로 가서 여러

---

61 [편주] 파저강(婆猪江) : 중국 길림성 혼강(渾江). 파저강은 명나라 때 명칭이며, 청나라 때는 동가강(佟家江)이라 했다.

62 [편주] 동창학교(東昌學校) : 밀양 출신 윤세복이 대종교 시교사 자격으로 1911년 음력 2월에 막대한 가산을 정리한 뒤 회인현 횡도천(橫道川)에 망명해, 음력 5월에 설립한 민족학교. '동창'이라는 교명은 지역명인 동창자촌에서 따온 것으로 여겨지며, 또한 "대동민족의 무궁한 발전과 나라를 되찾자"는 기약의 의미를 담았다. 일명 '환인시교당'으로 서간도에서 민족교육과 대종교 포교의 전진 기지로서 일역을 담당했다. 1910년대 서간도 동포의 종교는 기독교인의 분포가 가장 높았고, 집안현에는 천도교인의 비중이 높았는데, 회인현(환인현)에는 동창학교 설립 후 대종교의 교세가 증가하게 되었다. 동창학교 재학생은 망명 지사의 자제들로 구성되었다. 연령은 6세 이상 15세 이하로 제한되고, 3개 반으로 운영되었다. 검은색 제복에 교모를 착용했고, 학교에서 학생들의 기숙사비와 피복비, 가족생계비를 보조하면서까지 교육을 장려했다. 그런데 일제는 동창학교 설립 직후부터 학교 동향에 관한 첩보를 입수해 예의 주시했다. 대종교에 대한 일제의 탄압이 1911년 종교취체(宗敎取締)로 본격화되었고, 1914년에 이르러 일본영사관은 회유와 협박을 거듭하다가 중국관헌과 교섭해 학교폐지와 교사축출령을 내렸다. 이로 인해 동창학교는 강제 폐교되었다.

63 [편주] 박은식(朴殷植, 1859~1925) : 호는 백암(白巖), 이명은 박기정(朴箕貞)·박소종(朴紹宗). 황해도 황주 태생의 국학자로서, 대한민국 임시정부 2대 대통령을 역임했다. 26세 때 평안도 유림 거두 박문일·박문오 형제를 사사했고, 상경하여 『황성신문』 초대 주필을 지낸 뒤 『황성신문』 사장·『대한매일신보』 주필을 역임하면서 언론인으로서 두각을 나타냈다. 53세 때인 1911년 서간도 동창학교에 망명해 국혼(민족혼)의 부활을 염원하며 『대동고대사론』·『동명성왕실기』·『명림답부전』·『천개소문전』·『발해태조건국지』·『몽배금태조』를 집필했다. 그는 국혼을 살리려면 무엇보다 '민족의 역사'를 바로 알아야 한다고 주장하고 민족교육을 실천한 위인이다. 1962년 건국훈장 대통령장이 추서되었고, 묘소는 국립서울현충원(임시정부요인묘소 1)에 안장되어 있다.

〈그림 17〉 박은식

〈그림 18〉 윤세복

〈그림 19〉 김진

선생님께 인사를 시키신다. 이때에 처음으로 나는 한문학, 조선역사가로 이름이 높은 박은식 선생과 대종교 시교사요(이제는 대종교 제3세 도사교⁶⁴) 동창학교 교주⁶⁵인 윤세복⁶⁶ 선생을 알게 되었다. 나는 이날부터 여기에서 한어를 공부하며 교편을 들며 등사 일을 하게 되었다.⁶⁷

또 여기 일을 잊지 못할 것은 내가 한글 연구의 기회를 얻은 것이다.⁶⁸ 함께 일

---

64 [편쥐] 도사교(都司敎) : 대종교의 교주. 윤세복은 1924년 1월 22일에 제2세 도사교 김교헌의 뒤를 이어 만주 영안현 남관에서 제3세 도사교에 승임되고 종단을 이끌었다.

65 [편쥐] 교주(校主) : 학교 주인. 사립학교를 설립했거나 경영하는 사람을 이르는 말.

66 [편쥐] 윤세복(尹世復, 1881~1960) : 본명은 윤세린(尹世麟), 호는 단애(檀崖). 경남 밀양 출신의 교육자·독립운동가·종교지도자. 대종교 시교사 자격으로 1911년 2월 회인현에 파견되어 5월에 동창학교를 설립했다. 1914년 동창학교 폐교 후 윤세복은 무송현으로 이주해 전성규가 세운 백산학교에서 활동했다. 1924년 대종교 제3세 도사교가 되었다. 1926년 대종교포교금지령으로 인해 1928년 밀산현으로 이주해 대흥학교를 세우고, 1936년 영안현에 대종학원을 설립해 동포 자제들에게 민족교육을 시행했다. 1942년 임오교변으로 피체되어 '치안유지법' 위반으로 무기형을 선고 받고 옥고를 치렀다. 1946년 대종교총본사를 중국 영안현에서 서울로 환국시킨 뒤 교직간행과 교당실 치, 홍익대 설립 등 활발한 종교 활동을 전개했다. 1962년 건국훈장 국민장(독립장)이 추서되었고, 묘소는 국립서울현충원(애국지사묘역 58)에 안장되어 있다.

67 [편쥐] 이극로가 등사한 박은식의 저술은 『대동고대사론』, 『동명성왕실기』·『명림답부전』·『천개소문전』·『발해태조건국지』·『몽배금태조』 6권이다(박은식·조준희 편역, 『대통령이 들려주는 우리역사』, 박문사, 2011 참조).

68 [편쥐] "리씨가 환인현에 잇는 대종교 긔관인 동창학교에서 교편을 잡고 잇슬 때 함께 잇든 교사들이며 일반학생들이 리씨더러 령남 사투리꾼이라고 놀려들 대는 통에 리씨는 분연해서 자긔들의 심

〈그림 20〉 광개토대왕릉비

보던 교원 중에 백주 김진[69] 씨라는 분이 있었는데, 이는 주시경 선생 밑에서 한글을 공부하고 조선어 연구의 좋은 참고서를 많이 가지고 오신 분이다.

그 다음 해 1913년[70] 학기를 마치고 여름 방학이 되자 윤세복 씨의 백씨[71]인 윤세용[72] 씨를 모시고 상해로 가게 되었다.[73] 때는 중국에 제2차 혁명[74]이 남경에서 일어나서 원세개[75]를 토벌하는 중이다. 이때에 만일 혁명군이 이긴다면 조선 학생에게는 여러 가지로 편의가 있을 것이라는 소식을 들은 까닭에 나도 상해로 간 것이다. 그러나 불행히 싸움을 시작하자 혁명군은 여지없이 패하고 말았다. 일이 이렇게 되니 큰 희망을 가지고 갔던 나는 거기에 오랫동안 머물 필요가 없으므로 약 한

하고 가긔의 말을 다시 인식하기에 바빳든 한편 때마침 주시경씨의 수제자로 백연 김두봉 씨와 가튼 문인인 고 김진 씨에게 알음을 바더 「한글」을 배호기에 일심정력을 긔우렷섯스니 이것이 리씨에게는 「한글」연구의 둘째 긔회가 됏든 것이다."(「조선어학회 이극로씨」, 『조선일보』, 1937.1.1)

69 [편쥐] 김진(金振, 1886~1952) : 본명은 김영숙(金永肅), 호는 백주(白舟). 김백(金白), 김형(金衡) 등의 이명이 있다. 충남 홍성(원적은 논산) 출신 교육자・독립운동가. 1911년 중앙고보 사범과를 졸업한 뒤, 서울 숭동소학교에서 교편을 잡다가 1912년 8월 만주로 망명, 환인현 동창학교, 화룡현 청일학교, 동녕현 송화학교, 영안현 여명학교에서 교편을 잡았다. 대종교 교적역본긔초위원(1922), 종리부령(1923) 등을 역임, 1942년 임오교변 사건으로 15년형을 언도받고 복역했다. 광복 후 윤세복과 함께 영안현에 대종교총본사를 재건하였고, 귀국 후 단군전봉건회를 조직・활동하다가 한국전쟁 때 대구에서 작고했다. 1963년 건국훈장 국민장(독립장)이 추서되었고, 묘소는 국립서울현충원(애국지사묘역 47)에 안장되어 있다.

70 [편쥐] 그 다음 해 1913년 : 김진(김영숙)이 동창학교에 온 시기가 1912년이므로 본문 김진에 관한 일화는 1912년도에 해당된다. 원문에서는 뒤에 나오는 내용이었는데, 적절한 위치로 옮겨 교열했다.

71 [편쥐] 백씨(白氏) : 남의 맏형을 높여 이르는 말.

72 [편쥐] 윤세용(尹世茸, 1868~1941) : 본명은 윤세두(尹世斗), 호는 백암. 윤세복의 형으로 동생과 함께 동창학교를 설립했다. 동창학교 폐교 후에도 환인현에 남아 1919년 한교공회를 조직해 재무부장으로서 항일독립운동에 매진했다. 1922년 대한통의부 참모, 1923년 대한민국 임시정부 육군주만참의부에서 활동했다. 1925년 참의부 참의장으로서 항일투쟁을 계속했다. 1962년 건국훈장 국민장(독립장)이 추서되었고, 묘소는 국립서울현충원(임시정부요인묘소 20)에 안장되어 있다.

73 [편쥐] 이극로의 상해 도착 날짜는 1913년 7월 19일이다(정원택・홍순옥 편, 『지산외유일지』, 탐구당, 1983, 76쪽).

74 [편쥐] 제2차 혁명 : 중국 신해혁명(1911.10~1912.2)에 이어, 1913년 6월 9일부터 9월까지 손문 등 국민당 세력이 '원세개 타도'를 명분으로 일으킨 군사봉기를 말한다.

75 [편쥐] 원세개(袁世凱, 위안스카이, 1859~1916) : 중국 하남성 양성현(襄城縣) 출생. 청나라 말기 무관, 군인, 중화민국 초기 정치가.

달 동안 있다가 상해를 떠나 북경을 다녀서 서간
도로 돌아왔다.

여름 방학이라 학생 수 명을 데리고 도보로 회
인현에서 동으로 2백여 리나 되는 집안현에 가서
고구려 광개토대왕의 능을 참배하고 그 굉장한 석
축을 구경하며 뜻깊은 비문을 읽은 뒤에 당시 고
구려의 무공과 문덕을 찬탄하면서 동창학교로 돌
아왔다.[76]

동창학교에서 가을철부터 또 다시 교편을 잡게
되어 칠판 앞에서 세월을 보내다가, 여기에서 그
냥 교편을 잡고 지내다가 이 생활을 오래 할 수 없
다는 것을 알게 된 나는 만주를 한번 떠날 결심을
하였다. 그래서 1913년 음력 섣달에는 정이 깊은

〈그림 21〉서춘

회인현의 아름다운 산수와 오랫동안 침식을 같이 하던 사우들을 눈물 흘려 작별
하고, 또 딘봇짐을 싸가지고 유하현[77]으로 향하게 되었다. 그내에 마침 좋은 동행
을 만났는데 그는 전 『조선일보』 주필로 있던 고 서춘[78] 씨였다. 수백 리를 동행
하다가 통화현 성리에서 갈려서, 나는 합니하[79]로 가게 되었다.

이곳은 깊숙한 산중인데 한일합병 전후하여 다수의 애국자가 들어 와서 조국
의 광복을 꾀하며 중등교육과 군사교육을 겸하여 설립한 신흥학교가 있다. 이 학

---

76 [편주] 여름 방학이라~돌아왔다 : 본래 "칠판 앞에서 세월을 보내다가," 뒤에 있던 문장인
데, 시기가 맞지 않아 적절히 옮겼다. 이극로는 「나의 이력서-반생기」(『조광』 4-10, 조선일보
사출판부, 1938.10)에서 "대정2년(1913) 8월에 환인현에서, 고적조사대를 조직하여 인솔하고 봉천
성 집안현에 있는 고구려광개토대왕의 능과 비문을 조사하다"라고 하였다.

77 [편주] 유하현(柳河縣) : 중국 길림성 통화현의 북쪽에 있는 행정구역.

78 [편주] 서춘(徐椿, 1894~1944) : 호는 오봉(五峰). 평북 정주 출신 언론인. 1921년 동아일보사 기자,
1932년 조선일보사 편집국장·주필을 역임, 민족 언론을 위해 활동했다. 1919년 일본 동경 2·8 독
립선언 참가 공적으로 1963년에 대통령표창을 추서 받았다. 그러나 1940년대에 조선총독부 기관
지 매일신보사 주필을 지내며 친일 강연과 기고 활동을 벌이고 친일 잡지 『태양』을 발간했던 사실
이 드러나 1996년에 서훈이 취소됐다.

79 [편주] 합니하 : 통화현에 있는 강으로 신흥무관학교 주위를 해자(垓字)처럼 휘돌아 흘렀다. 통화현
은 중국 길림성의 동남부 집안현 북쪽에 있는 현으로 고구려 유적의 고토다. 통화현 신흥무관학교
터의 현재 지명은 통화현 광화진(光華鎭) 광화촌(光華村) 제7촌민소조(第七村民小組).

〈그림 22〉 이시영　　　　　　　　　〈그림 23〉 윤기섭

교 마을에서 만나 뵌 분 중에 기억되는 분은 이시영[80] 씨와 윤기섭[81] 씨다.[82]

이 합니하를 떠나 유하현으로 가서 강일수[83] 씨를 만났다. 이 강 씨는 『신흥교우보』

80　[편쥐] 이시영(李始榮, 1869~1953) : 호는 성재(省齋). 서울 출신 독립운동가 · 정치가. 안창호 · 전
　　덕기 · 이동녕 · 이회영 등과 비밀결사 신민회를 조직, 국권회복운동을 전개하다가 1910년 말 서간
　　도 유하현 삼원포 추가가로 망명한 뒤 1911년 신흥강습소 설립을 주도했다. 1919년 대한민국 임시
　　정부 초대 법무총장에 선임, 재무총장을 거쳐 1926년까지 국무위원으로 재임했다. 광복 후 1948년
　　대한민국 초대 부통령에 당선되었다. 저서에 『감시만어』(1934)가 있다. 1949년 건국훈장 대한민국
　　장이 수여되었다. 묘소는 북한산 수유지구 독립유공자 묘역(서울시 강북구 우이동 127-1번지, 등
　　록문화재 516호)에 안장되어 있다.
81　[편쥐] 윤기섭(尹琦燮, 1887~1959) : 호는 규운(叫雲). 경기 파주 출신 독립운동가. 보성전문학교를
　　졸업하고 평북 정주 오산학교 교사로 재직했다. 1911년 이시영 · 이동녕 등과 경학사를 조직하고,
　　신흥강습소를 설립한 뒤 소장으로 재직했다. 중국 상해에서 김두봉, 이극로와 함께 군대 구령인
　　"기착(氣着)"을 "차려(차렷)!"로 한글화했다(이극로, 「상해에서 유학생총무로」, 『조광』 12-1, 조선
　　일보사출판부, 1946. 3, 78쪽). 1920년 고려공산당에 가입했고, 1923년 6월 대한민국 임시의정원 의
　　장에 선출되었으며, 1944년 대한민국 임시정부 군사학편찬위원 부주임을 맡았다. 광복 후 1948년
　　국학대학 학장을 역임했으나, 한국전쟁 때 납북되었고 1959년 반혁명분자혐의로 숙청되었다. 저
　　서에 독립군 훈련교범인 『보병조전』(1924)이 있다. 1989년 건국훈장 대통령장이 추서되었고, 묘소
　　는 평양 애국렬사릉에 안장되어 있다. 국립대전현충원 무후선열제단에 위패(206)가 모셔져 있다.
82　[편쥐] 이곳은~윤기섭 씨다 : 초고에서 밝히지 못했던 내용이다.
83　[편쥐] 강일수(姜一秀) : 생몰년 미상. 독립군 양성 무관학교인 신흥강습소 제1기 졸업생. 1913년 5
　　월 6일 통화현 합니하에서 신흥강습소 졸업생과 재학생들의 독립운동 및 사회 혁신 · 계몽운동을
　　추진한 혁명결사 '신흥교우단'의 단원이자 그 기관지 『신흥교우보』 편집 겸 발행인이다.

주간으로 당시에 서간도에서 문사로 이름이
있는, 나보다도 어린 청년이다.

나는 일찍이 강 씨와 약속한 바가 있으
니, 그것은 곧 둘이 작반하여 무전 도보로
러시아 수도 상트페테르부르크[84]로 간다
는 것이다. 왜 목적지를 그리로 정하였는
가 하면, 러시아는 육군과 톨스토이문학이
유명하니 강 씨는 문학을 공부하고, 나는
육군학을 공부한다는 것이다. 이런 장지를
품었으니 세상에 두렵고 어려운 것을 생각
할 리가 없다.

때는 1914년 제1차 세계대전이 나던 해
음력으로 정월 초 3일[85]이다. 유하현 한 농
촌에 있는 강일수 씨의 처가에서 단봇짐을
싸서 진 문무 두 사람이 손을 잡고 상트페
테르부르크를 향하고 떠났다. 그런데 떠날
때에 우리 주머니에는 겨우 중국 소양[86] 몇
원이 있을 뿐이다.

이것으로 옥수수떡과 좁쌀죽을 먹으면
서 닷새 동안에 장춘[87]까지 가고 거기에서
기차로 하얼빈[88]까지 가고 보니, 남은 것은

〈그림 24〉 『신흥교우보』

〈그림 25〉 중국 소양권 1원(1912)

---

84 [편쥐 상트페테르부르크(Санкт-Петербург, St. Petersburg(영) : 러시아의 북서쪽 네바강 하구에
    있는 러시아 제2의 도시로, 1713년 모스크바에서 천도하여 1910년까지 러시아 제국의 수도였다.
    1919년부터 1924년까지 명칭은 '페트로그라드', 1924년부터 1991년까지 '레닌그라드'로 고쳐 불렀
    다. 1991년부터 본래 명칭인 '상트페테르부르크'로 환원되었다.
85 [편쥐 1914년 양력 1월 28일.
86 [편쥐 소양(小洋) : 중국에서 지역마다 다른 화폐 개념으로, 광동성을 중심으로 하는 화폐의 통칭이
    다. 1914년 2월에 국폐조례가 공포되면서 이후 원세개 도안 1원 은화가 대체 통용되었다.
87 [편쥐 장춘(長春) : 중국 길림성 서북부에 있는 도시로, 행정·경제·교통·문화의 중심지.
88 [편쥐 하얼빈(哈爾濱) : 현 중국 흑룡강성 하얼빈시.

수십 전에 지나지 아니하였다. 이런 무전자로도 도중에 수차나 강도단을 만나게 되어서 퍽 곤란하였다.

어떤 날 오전에는 장춘으로 나가는 도중에서 한 태령[89]을 만났는데, 그 태령 밑에 중국 사람의 객점이 하나 있다. 그 집에서 우리는 얼었던 몸을 녹여 가지고 그 태령을 넘었다. 객점문 밖으로 나서니 중국 사람 하나가 수십 보 앞서 가면서 자꾸 뒤를 돌아보고 우리의 행동을 살핀다. 우리는 그 해 만주에 흉년이 들어서 식칼과 화승총을 든 강도단이 그 지방에 출몰한다는 소식을 들었는지라, 그 행동이 도적의 정탐인 것을 짐작하였다. 그래서 우리는 잠시 서서 대책을 의논하였다. 돌아서 다른 길로 가자니 길이 멀 뿐 아니라 우리의 약점을 보이는 것이니, 그 도적놈들은 곧 우리를 추격할 것이다. 그래서 우리는 침선파부[90]의 책으로 앞으로 나아가기를 결정하고 수십 보 앞서 가는 그 정탐에게 보이기를 권총에 탄환을 재는 것과 같이 하고 그 권총을 손에 들고 오른쪽 품에 넣은 모양을 하고서 눈을 딱 바로 뜨고 쏜살 같이 산 고개를 향하고 올라간다. 그때에 우리의 기상은 일당백할 만한 것으로 보였을 것이다. 멀리 우리를 바라본 강도떼 수십 명은 흩어져 나무밭 속으로 달아난다. 이것은 "이 사람들은 손댈 수 없으니 빨리 피하라" 하는 정탐의 암호 보도가 있는 까닭이다. 그것을 본 우리는 더욱 용기를 내어 가지고 올라간다.

산 고개를 당하고 보니 수십인 행객의 짐을 떨어 놓았다. 그 살풍경을 본 우리는 "여러분들, 얼른 짐을 싸가지고 이 자리를 떠나라" 하고 잠시 서서 기다린 뒤에 우리도 그 자리를 떠나서 앞길로 나아갔다. 그곳에서 한 십 리쯤 가니 깊은 산골이 닥친다. 여기에서 또 다시 다른 강도단을 만나게 되었다. 그러나 우리는 먼저와 같은 수단으로 위험을 또 무사히 돌파하고 안전지대에 나섰다. 그날 저녁 우리가 중국 여관에서 그 날에 두 번이나 강도단을 만나서 물리친 이야기를 하였더니, 주인과 여객 여러 사람은 우리의 용감함을 감탄하였다.

그 다음날 우리는 장춘에 닿아 여기에서 기차로 하얼빈까지 가게 되었다.

우리는 제 주머니에 여비가 떨어진 것을 아는 것만큼 별 수 없이 하얼빈에서

---

89 [편주] 태령(泰嶺) : 험하고 높은 고개.
90 [편주] 침선파부(沈船破釜) : 배를 가라앉히고 솥을 깬다는 뜻으로, 필사의 각오로 결전함을 이르는 말.

〈그림 26〉 장춘역

〈그림 27〉 하얼빈역

제일 더러운 중국 거리 가운데 아편장이들이 모여 자는, 일숙박에 동화 3전의 빈민 숙박소로 들어가서 짐을 벗어 놓고 쉬게 되었다.

그리고는 그때에 하얼빈에서 세력이 있고 러시아어를 잘 한다는 김성백[91] 씨를 찾아서 우리의 딱한 사정을 말하고 동정을 얻고자 하였으나 그를 만나지 못하였고, 우연히 다른 조선 동포 한 분을 만나서 북만 철도 연변[92]의 지리와 조선 사람의 생활 상태에 대한 말을 들어서 향하는 앞길의 좋은 참고를 얻었다.

우리는 매일 호떡 한 개로 지내면서 수일 동안 여러 가지 방도를 생각하였으나 아무 도리가 없었다. '허허, 일 났네!' 이제는 호떡 한 개도 먹을 수 없이 되었다. 이틀을 굶은 뒤에 새로운 결심을 하였다. 사흘째 되던 아침에 일어나서 우리는 스스로 소리를 질러 명령하였다. 마치 적의 요새를 파괴하려는 사령관이 결사대 앞에서 "우리는 나아갈 뿐이다. 앞으로 가!" 하는 식이다. 우리 다리에 각반을 감았다. 그리고는 하얼빈 거리를 떠나서 1리쯤 나가니 넓은 송화강[93] 위에 두꺼운 얼음길이 나온다.

며칠 굶은 사람의 다리에 누구나 힘이 있을 수 없다. 그런데 강일수 군은 좀 약한 몸이라, 그를 붙들고 가지 않으면 아니 될 지경이다. 이리 저리 쓰러지면서 그 얼음판을 지나서는 길을 누구에게 물을 것도 없이 그냥 내쳐 산이 없는 평원광야에 철도만 따라서 서향하고 간다. 그럭저럭 때는 석양이 되었는데 북편으로 바라보이는 7, 8호나 되는 적은 농촌 하나가 나타난다.

우리는 굶주리고 얼어서 힘없는 몸을 저기 가서나 좀 구원을 받을까 생각하고 발걸음을 그리로 돌렸다. 그 농촌에 닿아서 제일 큰 집을 찾아가 대문 앞에서 "이리 오너라" 소리를 질렀다. 그리하니 아이, 어른 할 것 없이 4, 5인이 나온다. 이때에 우리는 사정을 말하고 하룻밤 자고 가기를 청하였다. 그러나 그 집주인은 대

---

91 [편쥐] 김성백(金成白, 1878?~?) : 함북 종성 출생. 러시아 연해주로 망명한 재러 동포로서, 1907년 하얼빈으로 이주한 뒤 1909년에 조직된 하얼빈 한인자체단체 한민회 회장을 지냈다. 김성백은 하얼빈 역 북쪽 레스나야가(街)(현 중국 흑룡강성 하얼빈 시 도리구(道里區) 삼림가(森林街)) 28호에 살다가 1912년에 남쪽으로 1km 떨어진 현 지단가(地段街) 40번지로 이사해서 1917년까지 살았다. 이곳은 2층 벽돌집으로 하얼빈 역에서 650m의 가까운 거리였다. 2016년 건국훈장 애족장이 추서되었다.

92 [편쥐] 연변(沿邊) : 철도나 강을 끼고 따라가는 언저리 일대.

93 [편쥐] 송화강(松花江) : 중국 길림성·흑룡강성 두 성을 관류하는 길이 1,960km의 하천.

〈그림 28〉 얼어붙은 송화강

답하기를 "우리 집에는 방이 없으니, 밥은 여기에서 먹고, 잠은 이웃집에 가서 자라" 하더니, 아이들이 얼어붙은 좁쌀떡 한 그릇을 내어 왔기에 얼은 손으로 대문 앞 거름무더기 옆에 앉아서 맛있게 다 먹고 나니 그제야 아찔하였던 정신이 새로워진다. 또 주인은 좁쌀 한 되를 가지고 나와서 하는 말이, 이것이 숙박료이니 가지고 이웃 노인의 집에 가면 자게 될 것이라 하며 아이를 시켜 우리를 인도하게 한다. "참 고맙습니다" 하고 우리는 그 좁쌀을 받아서 옷 앞자락에 싸 가지고 그 아이를 따라 잘 집으로 가니, 거기는 조그마한 초가인데 늙은 남자 한 사람만 살고 있다. 우리는 그 좁쌀을 주고 거기에서 하룻밤을 편히 쉬고, 그 다음날 아침에 떠나서 또 철도로 나가서 그 철로를 따라 서향한다.

한 30리쯤 가니 첨초강[94]이란 정거장이 나오는데 여기에는 적은 시가가 있다. 우리는 여기에서 무슨 타개책이 있지 않으면 아니 되겠다는 생각을 가졌기 때문

---

94 [편쥐 첨초강(甛草崗, 티엔차오강) : 중국 흑룡강성 수화시(綏化市) 조동시(肇東市) 조동진(肇東鎮)
    의 원명. 하얼빈 역에서 첨초강역까지 63km 거리다.

에, 중국 경찰서로 들어가서 구차한 소리는 하지 않고 서장 면회만 청하였다. 거기에 있는 사람들은 무슨 영문인지 모르고 우리의 꼴을 보아서는 함부로 할 수 없다고 생각하였던지 그냥 거절하지 않고, "서장이 없으니 기다리라" 하더니 조금 있다가 서장 면회를 허락한다. 우리는 서장을 만나서 우리의 사정을 그대로 말하였다. 그랬더니 서장 말씀이 "그러면 내가 상무회장에게 소개할 터이니, 가서 상의하여 보라"고 하면서 매우 친절한 소개장을 써서 경관 한 사람을 시켜 우리를 인도하게 한다.

이제 우리는 그 상무회에서 회장 장해빈[95] 씨를 만났다. 이 장 씨는 일찍이 조선 인천에 여러 해 동안 머문 일이 있어 조선 사정에 능통한 사람이라, 우리는 소년 때에 망국의 눈물을 흘리면서 고국을 떠나 만주로 와서 수년 지나다가 학업에 뜻을 두고 러시아로 가는 길인데, 고향을 떠나던 때부터 무전여행이 되었기 때문에 오직 향학열이 있을 뿐이요 적수공권으로 기한[96] 선상에 외롭게 선 청년이라고 하였다. 우리의 가련한 사정을 들은 장 씨는 붓을 들어 "망국고통 하기심야(亡國苦痛 何其甚耶), 망국의 고통이 어찌 그리도 심한가?"라고 쓴 뒤에 눈물을 흘린다. 이 동정의 눈물을 본 우리는 절로 슬픈 생각이 들어서 그만 소리를 내어 울게 되었다. 이 꼴을 본 좌우에 있던 사무원 5인까지 눈물을 흘려 울게 되었다. 그래서 그 사무실은 일시에 비애의 눈물이 서렸다. 장 씨는 먼저 자기의 눈물을 그치고 우리를 위로한 뒤에 거기에서 저녁밥을 먹이고, 사무원으로 하여금 우리를 안내하여 정거장으로 나가서 차표 두 장을 사서 우리를 북만철도의 박극도[97]역까지 보내 주었다.

이곳은 흥안령[98] 밑에 있는 조그마한 시가다. 여기에 조선 동포 몇 집이 사는데 우리가 찾아간 집은 세탁업을 하는 사람의 집이다. 거기에서 수일 동안 쉬어 가지고 또 그 집주인의 동정으로 기차를 타고 흥안령을 빙빙 돌아 고원지대에 올라서

---

95 [편주] 장해빈(張海濱, 장하이빈) : 생몰년 미상. 장해빈과의 대화는 초고에서 밝히지 않았던 내용이다.

96 [편주] 기한(饑寒) : 굶주리고 헐벗어 배고프고 추움.

97 [편주] 박극도(博克圖, 보커두) : 중국 흥안성(興安省, 현 내몽골자치구) 호륜패이(呼倫貝爾, 후룬부이르) 아극석(牙克石, 야커스)시에 속하며, 하얼빈에서 북서쪽으로 러시아 국경 중간에 위치한다.

98 [편주] 흥안령(興安嶺, 싱안링) : 중국 흥안성 동부 흑룡강성 북부 산맥의 총칭.

서 여러 시간 가서 내린 곳은 해납이[99]란 시가다. 이곳에도 우리 동포가 많이 사는
데 소개한 집으로 찾아가서 며칠 머물다가 또 여기에서 동정을 얻어 가지고 만주
리[100]까지 가게 되었다. 그래서 북만철도의 종점인 중러 국경 시가에 다다랐다.

당시에 북만철도의 정형을 말하면, 노동자를 위하여 유리창도 없는 화물차를
그냥 이용하였는데 깊은 겨울철에도 그 추운 북만지방이건마는 난로 장치도 없
고 또 변소 설비도 없었다. 그래서 맨 널 바닥에 그냥 앉게 되며, 대소변을 정차하
는 정거장에 내려서 철롯둑 가에 나란히 줄을 지어 본다. 그런데 북만은 인구가
희소한 지방이라 정거장 사이도 퍽 멀다. 그래서 만일 화물차를 탄 사람으로 중
간에서 대소변이 마려우면 큰 낭패다. 그런데 나는 해납이에서 만주리까지 가는
사이에 대소변이 마려웠다. 그러나 별 도리가 없어 그냥 참고 참아서 만주리역까
지 다다랐다. 웬걸, 가만히 앉아 있을 때에는 견디었지마는, 움직여서 기차를 내
릴 때에는 그냥 대소변이 쏟아져 나온다. 겨울 내복 바짓가랑이 속에 대소변이
떨어지자 워낙 추운 곳이라 그냥 얼어서 얼음 덩어리가 되고 말았다. 별 수 없이
그냥 중국 사람의 여관에 가서 변소에 들어가 내복을 벗어 대소변 얼음 덩어리를
떨어버리고 싸 가지고 나와 비로소 방에 들어서 일었던 몸을 녹이게 되었다. 여
기에서 수일 동안 머물면서 러시아 영토에 들어가는 여행권을 주선하여 가지고
만주리역을 떠나서 치타[101]시에 닿은 때는 서력 1914년 2월 말이었다.

이곳까지 여러 사람의 동정으로 왔지마는, 다시는 더 남의 동정을 구할 생각을
가지지 아니하였다. 그래서 여기에서 돈을 벌어 가지고 목적지로 향하자는 뜻으
로 정하여졌다. 처음에는 두 사람이 궐련 담배말이를 시작하였으나 그것으로 성
공할 수 없겠으므로, 강일수 군은 조선 가정에서 가정교사로 수개월 지나가다가
만주로 다시 돌아갔다. 그리고 나는 어릴 때부터 여러 해 동안 배워서 하던 농사
일에 자신이 있는지라, 남의 집 머슴(고용)살이의 자리를 구하였더니 마침 당시에
시베리아에서 감자 대왕으로 유명한 문윤함[102] 씨의 농막으로 소개가 되어서 그

---

99 [편쥐 해납이(海拉爾, 하이라얼) : 중국 홍안성 북동부 후룬부이르시의 행정중심지.
100 [편쥐 만주리(滿洲里, 만저우리) : 후룬부이르시의 현급시로, 러시아 국경에 위치한다.
101 [편쥐 치타(Читα, Chita(영)) : 러시아 남동부 치타주의 주도
102 [편쥐 문윤함(文允咸) : 생몰년 미상. 1910년 12월 치타 국민회 회장, 『대한인정교보』 발행인을 지
     냈다.

〈그림 29〉 치타역

해 여름에 감자 농사를 짓게 되었다. 물론 나도 장정인 농부의 일을 감당할 자신이 있었고 또 소개가 좋았기 때문에 다른 숙련 농부인 장정의 임금과 같이 받게 되었으니, 그 임금은 7개월(한 농기)에 일백오십 루블을 받기로 약속이 되었다.

그래서 나는 돈을 벌어 여비를 장만하여 가지고 그해 가을에 상트페테르부르크로 가서 독일 사람이 경영하는 루터 교회의 병원에서 노동을 하면서 공부하기로 작정하였다. 이것은 당시 상트페테르부르크에 계시는 최광(병찬)[103] 씨의 소개로 가능성이 있었던 까닭이다.

이러한 약속도 다 틀린 것은, 뜻밖에 청천벽력 같은 세계대전이 이해 여름에 터지자 러시아에 있는 독일 사람은 다 감금을 당하고, 또 그들이 경영하는 사업은 다 정지된 까닭이다. 그리고 또 전시에는 일반으로 외국 사람의 행동이 부자유하게 되었으므로 공부 외 목적으로 러시아에 더 있을 생각이 없어졌다. 그래서 치타에서 농사를 마치고는 그 해 가을에 바로 만주에서 처음 떠나던 회인현으로

---

103 [편주] 최광(崔廣, 1882~1918) : 본명은 최병찬(崔秉瓚), 호는 석주(石疇). 경남 의령 출신 독립운동가. 1910년 러시아로 망명해 일제 강점의 부당성을 규탄하고 무효를 선언한 「성명회 선언서」에 서명했고, 1913년 대한인국민회 시베리아지방총회에서 대표원으로 활동했고 상트페테르부르크에서 유학했다. 그러나 현지에서 병에 걸려 귀국, 고향에서 서거했다. 1994년 건국훈장 애국장이 추서되었고, 묘소는 경남 의령군 용덕면 이목리 57번지에 안장되어 있다.

〈그림 30〉 최병찬   〈그림 31〉 이강   〈그림 32〉 이광수

다시 돌아 왔다.

　내가 치타에 있을 때의 일을 회상하면 몇 가지 기억되는 일이 있다. 당시 그 곳에 많지 아니한 조선인 사회나마 그것을 지도하는 기관으로는 정교보사[104]가 있는데, 그 중심인물은 이강[105] 씨였다.[106]

　한 달쯤 지낸 뒤에 나는 치타에서 약 10리 되는 안지풍[107]이라는 곳에 있는 문

---

104 [편주] 정교보사(正敎報社) : 정교보의 공식명칭은 '대한인정교보'로, 신문사는 러시아 치타 시 남서쪽 아스트라한스카야 울리차(거리)에 있었다.

105 [편주] 이강(李剛, 1878~1964) : 호는 오산(吾山). 평남 용강 출신 독립운동가. 1902년 하와이를 거쳐 1903년에 샌프란시스코로 이주했다. 1904년 안창호 · 정재관 등 동지들과 공립협회를 창립, 1905년에 기관지 『공립신문』 주필이 되었다. 1907년 러시아 블라디보스토크로 건너가 신민회 블라디보스토크 지회를 설치했다. 1908년 『해조신문』을 창간하여 편집 · 논설기자로 활동하고, 1909년 정재관과 함께 재로대한인국민회와 각 지방 지회를 조직해 독립사상을 고취시켰다. 1912년 치타로 가서 『대한인정교보』를 발행해 주필로 활동했다. 1919년 강우규의 폭탄 투척 사건 연루자로 지목되어 투옥당한 뒤 석방되었다. 1919년 말 대한민국 임시정부에 참여, 의정원 의원 · 부의장 · 의장을 역임했다. 1928년 복건성 샤먼(廈門)에서 강연을 하다가 일경에 피체되어 징역 3년형 언도를 받고 옥고를 치렀다. 광복 후 재대만 동포들의 무사귀환을 위한 선무단(宣撫團) 단장으로서 임무를 마치고 1946년에 귀국했다. 1947년 노산안창호선생기념사업회 상무위원, 1953년 서울 남산고등학교 교장을 역임했다. 1962년 건국훈장 국민장(독립장)이 수여되었고, 묘소는 국립서울현충원(임시정부요인묘소 19)에 안장되어 있다.

106 [편주] 내가 치타에~이강 씨였다 : 초고에서 밝히지 못했던 내용이다. 1914년 이광수도 치타에 머물면서 『대한인정교보』 주필로 활동했고 이극로를 만난 회고를 남겼다(춘원, 「서백리아서 다시 동경으로」, 『조광』 2-5, 조선일보사출판부, 1936.5, 102쪽; 이광수, 「망명한 사람들」, 『나의 고백』, 春秋社, 1948, 98~99쪽).

107 [편주] 안지풍 : 러시아 치타 동남쪽의 안티피하(Антипиха, Antipikha(영))시로 사료된다. 치타 시

교정 씨의 감자 농장으로 옮아가서 7인 1조로 일을 하게 되었다. 이곳은 러시아 시베리아군의 주둔지로 우리 농장 옆은 곧 연병장과 사격장이다. 그래서 제1차 세계대전이 나던 해라, 신 입영병의 맹훈련 대포 소리, 소총 소리, 군악 소리에 귀가 아파서 못 견딜 지경이었다. 극동 주둔군의 출전으로 밤낮으로 수송하는 군용 열차의 소리에는 편히 잠을 잘 수도 없었다.

우리는 두벌 밭을 매고 한가한 날이 있을 때에는 병영의 토목 공사에 일공으로 돈을 벌기도 하였고, 또는 농장 옆 초야의 풀을 쳐서 마초로 팔아 돈을 벌기도 하였다. 시베리아 초야의 모기란 유명하여 한번 물리면 콩알 같이 부르터 오른다. 우리가 짓던 농작물은 주로 감자요 그 밖에는 양배추와 오이다.

세월은 빠른지라, 어느덧 8월이 들자 단풍을 재촉하는 추풍이 불어온다. 우리는 부랴부랴 감자를 캐어서 감자 굴에 쓸어 넣고 농장을 떠나게 되었다. 농장주 문윤함 씨를 찾아 임금 150루블을 받아 가지고 인연 깊은 서간도 회인현으로 돌아왔다.

나는 여기에서 처음으로 단재 신채호[108] 선생을 만나게 되었고, 또 그 밖에 단애 윤세복 선생으로부터 여러 옛 사우[109]를 만나서 반갑게 회포를 풀었다. 때마침 동창학교에서 열린 개천절(음 10월 3일)을 지내고는 앞길의 행동을 개시하게 되었다.

내 중심가에서 안티피하까지는 약 9km(22.5리) 거리이고, 정교보사 터인 아스트라한스카야 울리차에서는 27km 거리다. 이광수의 술회에 따르면 당시 이극로가 고성삼(高聖三) 집에 기거했다고 하여, 이곳에서 안티피하까지가 10리(4km)였을 것으로 추정된다. 고성삼은 대한인정교보 부사장이었다.

108 [편주] 신채호(申采浩, 1880~1936) : 호는 단재(丹齋). 1906년 『대한매일신보』 주필, 1907년 비밀결사 신민회와 국채보상운동에 참가했고, 1908년 민족 정통성과 자부심을 일깨우기 위해 「독사신론」을 발표했다. 1910년 중국 청도로 망명 후 다시 러시아 블라디보스토크로 건너가 『권업신문』 주필로 활동하다가, 1913년 신규식의 초청으로 상해에 머물렀다. 1914년 윤세용·윤세복 형제의 초청으로 동창학교 교사로 재직하면서 조선사를 집필했다. 1915년 북경으로 가서 1919년까지 체류했다. 1923년 무정부주의 사상에 주목했고, 1927년 신간회 발기인, 1928년 동방무정부주의자연맹에 가입했다. 1928년 잡지 『탈환』을 발간하고 동지들과 합의하여 외국환을 입수, 자금 조달차 대만으로 가던 중 기륭 항에서 피체되어 여순감옥에서 복역 중 1936년에 옥사했다. 저서에 『을지문덕』, 『조선상고사』, 『조선상고문화사』 등이 있다. 1962년 건국훈장 대통령장이 추서되었고, 묘소는 충북 청원군 낭성면 귀래리 305번지(충북기념물 제90호)에 안장되어 있다.
109 [편주] 『고투사십년』에 누락된 교원으로 평북 정주 출신 단총 이시열(본명 이학수, 1892~1980)과 평북 선천 출신 중파 김진호(1890~1962)가 있었다. 이시열은 후에 불교에 귀의하여 한국 불교 현대화에 지평을 넓히고 운허큰스님으로 불렸다.

당시는 유럽 대전 중이라, 이 대전쟁 뒤에는 세계적으로 정치상 큰 변동이 생길 것을 생각하고 조선의 지사들은 여러 방면으로 조선의 독립을 위하여 활동을 개시하였는데, 나는 백농 이원식(동하) 선생과 함께 군자금과 군수품 관계의 일로 봉천성 안동현을 다녀서 회인현으로 돌아오게 되었다.

〈그림 33〉 신채호

여기에서 윤세복 씨와 의병대장 이석대(진룡)[110] 씨와 의병대장 김동평(석현)[111] 씨들과 함께 무송현[112]으로 들어가게 되었다.[113] 이곳은 봉천성에 속한 백두산 산록에 있는 신개척지로 현을 설한 지가 오래지 아니한 땅이다. 그래서 숨어서 양병하기 좋은 곳이라, 우리가 그리로 가는 목적도 여기에 있었다. 내가 무송현에서 1년 동안 지난 생활은 평생에 잊지 못할 큰 훈련을 받은 의미 깊은 생활이었으니, 때로는 백산학교에서 교편을 잡기도 하였고 때로는 백두산에서 사냥꾼도 되었다.

---

110 [편쥐 이석대(李錫大) : 본명은 이진룡(李鎭龍, 1879~1918). 호는 기천(己千)이며, 석대는 자다. 황해도 평산 출신 의병장으로, 의암 류인석의 문인이다. 1905년 평산에서 의병을 일으켜 박기섭을 대장으로 추대하고 그 선봉장이 되어 일제에 맞서 맹렬히 싸웠다. 1911년 조맹선 등과 서간도로 망명한 뒤 관전현에 정착해 새로운 독립운동 기지를 개척했다. 1915년에 결성된 광복회 부사령에 임명되어 활동했으나, 1917년 일본 앞잡이 임곡(林谷)의 밀고로 일경에게 피체되어 평양지방법원에서 사형언도를 받고 1918년 5월 1일에 순국했다. 이 소식을 들은 부인 우 씨도 따라서 순절했고, 1919년 3월 촌민들이 이를 기려 의열비와 우씨부인 묘비를 세웠다. 1962년 건국훈장 국민장(독립장)이 추서되었다. 2008년 독립기념관의 지원으로 의열비가 중국 요녕성 관전현 청산구향 구대구촌 왼쪽 산비탈로 옮겨졌고, 2012년 '(항일민족영웅) 이진룡기념원'으로 조성되었다.

111 [편쥐 김동평(金東平) : 본명은 김석현(金錫鉉), 자는 동평(東平). 충남 논산 출신 독립투사로 동창학교 교사를 역임했다. 윤세복의 수행원으로서 홍범도 부대와 연락하던 중 일경에 피체되어 옥고를 지낸다.

112 [편쥐 무송현(撫松縣) : 중국 길림성 백산(白山)시에 있는 현.

113 [편쥐 일제는 동창학교 설립 직후부터 학교에 관한 첩보를 입수해 예의 주시했다. 1914년 겨울에 이르자 회유와 협박을 거듭하던 일본영사관은 중국관헌과 교섭해 학교폐지와 교사축출령을 내렸다. 이로 인해 동창학교는 끝내 강제 폐교되고 말았다. 교원 가운데 박은식은 이미 1912년에 북경을 거쳐 상해로 갔고, 신채호도 1915년에 박은식을 뒤따라 상해로 갔다. 윤세용 · 김진호는 환인현에 잔류했고, 김영숙은 북간도 화룡현 청일학교로 거처를 옮겼고, 이시열은 귀향했다가 김규환과 1915년 흥경현에 일신학교(흥동학교)를 설립했다.

이 백산학교는 우리 동포가 경영하는 초등과와 고등과가 있는 소학교인데, 교주인 전성규[114] 씨는 이곳의 명망가다. 이 분은 독립군 관계로 삼일운동 때 간도에서 일적에게 산중에서 피살되어 시체도 못 찾았다. 이 백산학교 교원 기숙은 곧 조선 독립군의 대본영이 되어서, 여기에 집중되어 출입하던 인물은 윤세복 씨를 중심하여 이석대, 김동평, 김호익,[115] 성호,[116] 차도선,[117] 이장녕[118] 제씨로 의병 명장들이었다.

이곳은 이렇게 군사행동이 있는 곳이라 왜적의 밀정은 부절히[119] 출입하고 또는 여러 가지 직업인으로 처처에 배치되어 있어 우리 독립군의 행동을 곤하게 만든다. 출입하는 밀정은 어떠한 행색으로 나타나는가 하면 혹은 중, 혹은 유기 행

---

114 [편주] 전성규(全星奎, 1887?~1920) : 함북 무산 출신 교육자・독립운동가. 1913년 11월 무송현 하북(河北)에 백산소학교를 설립했다. 1915년 봄 윤세복 등과 함께 살인 누명을 쓰고 일경에 피체되어 옥고를 치렀다. 1920년 6월 흥업단 외교장으로서 무기운반 도중 중국 몽강현에서 일제의 사주를 받은 마적 장강호(長江好, 창장하오) 부하들에게 피체되어 동년 8월에 총살되었다. 이극로・강우건・1916년 일제 기록(조헌기 제316호)에 '전성규(全星奎)'로 적혀 있고 2009년 건국훈장 애국장이 추서되었다. 일제 첩보와 동지들의 회고에 전성규(全星奎) 또는 김성규(金星奎) 2가지로 전해오는데, 1916년 일제 첩보(조헌기 제316호, 관비 제178호) 및 이극로・강우건 회고에는 '전성규(全星奎)'로 적혀 있고, 1916년(조헌기 제582호)・1918년(정기밀 제14호)・1920년(고경 제41242호) 일제 첩보 및 이현익의 『대종교인과 독립운동연원』(1962)에는 '김성규(金星奎)'로 적혀 있다. 결정적으로 대종교에 소장된 『영유인명부(令諭人名簿)』에 그의 본관이 '정선 전씨'로 기록되어 있다.

115 [편주] 김호익(金虎翼, 1881~?) : 호는 소림(嘯林), 김호(金虎)로 개명했다. 함남 함흥 태생. 홍범도 의병부대 참모장, 흥업단 단장, 광정단 총단장, 대한독립군단 고문을 역임했다. 서북간도와 러시아에서 독립운동을 전개하다가 하얼빈에서 병사했다. 2010년 건국훈장 독립장이 추서되었다.

116 [편주] 성호(成虎) : 1915년 봄 전성규・윤세복・윤필한・이재유・박상호・김남호・윤창렬 등 30여 명과 함께 살인 누명으로 무송 경찰서에 피검・투옥되었다. 이에 동포 700명의 연서와 남경・북경・상해 국민당의원부 등 중국 정부 측에 대한 외교 교섭을 통해 동지들이 18개월 만에 석방되었으나, 성호는 이후 행방불명되었다.

117 [편주] 차도선(車道善, 1863~1939) : 함남 갑산 출신 의병장. 홍범도와 의병을 일으켰고, 이범윤과 이주 동포에게 독립사상을 고취하고, 무송현에서 독립군을 모집하여 훈련시키는 등 항일투쟁을 계속했다. 1962년 건국훈장 국민장(독립장)이 추서되었고, 묘소는 국립대전현충원(애국지사 제1묘역 36)에 안장되어 있다.

118 [편주] 이장녕(李章寧, 1881~1932) : 충남 천안 출신 독립운동가. 대한제국 육군 부위로서 1908년 도만하여 신흥강습소 교관으로서 독립군을 양성했고, 1919년 북로군정서 참모장, 사관연성소 교관으로 활약했다. 1920년 대한독립군단 참모장, 1925년 신민부 참의원, 1930년 한국독립당 감찰위원장에 임명되었으며, 한・중 연합군을 조직해 항일투쟁을 계속했으나, 1932년 일제의 사주를 받은 중국 마적에게 가족과 함께 피살되었다. 1963년 건국훈장 국민장(독립장)이 추서되었고, 묘소는 국립대전현충원(애국지사 제4묘역 181)에 안장되어 있다.

119 [편주] 부절히 : 끊임없이 계속.

〈그림 34〉 이장녕　　　　　　　　　　〈그림 35〉 이진룡 의열비

상, 혹은 포목 행상, 혹은 필묵 행상이 되어 가지고 다닌다. 독립군도 적과 다름없이 모든 배치를 하고 있어 밀정의 처분을 적당히 하게 된다. 물론 그들은 귀신도 모르게 죽게 된다.

우리 독립군은 부절히 압록강역과 두만강역은 물론이고, 때로는 깊이 조선 내지에까지도 들어가서 일적과 싸워 많은 희생이 났다. 그리고 적에게 강적으로 인정받은 이석대 씨와 그의 부하인 황봉신·황봉운[120] 두 분은 서간도에서 적병에게 잡혀 기미운동 직전에 평양감옥에 와서 사형을 받았고, 김동평 씨는 기미 삼일운동 때 조선 내에서 잡혀 사형을 받았다.

서력 1915년 여름에 내가 있던 곳은 백두산록이오, 송화강 상류인 원시 삼림 속에 조금 개척한 '중무리'라는 20여 호가 사는 조선 사람 마을이다. 이곳은 우리 동지들이 주둔하는 곳이다. 여기서부터 150리 쯤 되는 백두산 마루에서 약 30리쯤 내려온 산골 폭포수가 내려 지르는 곳에 사냥 막을 짓고 여름 동안에 사냥을 하게 되었다. 이런 좋은 기회를 얻었으므로 나는 백두산 천지를 구경하게 되었다. 그때에 동행한 사람은 윤세복 선생의 장남인 필한[121] 씨와 또 다른 3명의 포

---

120 [편주] 황봉신(黃鳳信, 1887?~1918)·황봉운(黃鳳雲, 1889?~1918) : 황해도 평산 출신 형제 의병. 평산의병장 이진룡 휘하에서 일제에 맞서 싸우다가 1910년 서간도 관전현으로 망명했다. 1917년 이진룡이 일제에 체포되어 뤼순으로 압송되는 것을 보고 구출하려다가 함께 붙잡혀 1917년 12월에 사형선고를 받았고, 이듬해 5월 1일 이진룡과 함께 순국했다. 황봉신·황봉운 모두 1995년에 건국훈장 독립장이 추서되었다.

〈그림 36〉 윤필한(뒷줄 가운데)

수 곧 의병이었다. 음력 5월 28일[122] 새벽의 일기는 썩 청명하였다. 그래서 우리
는 점심밥을 싸서 지고 무장을 하고 산정으로 올라갔다.

　여기에는 무슨 길이 있지 아니하기 때문에 포수의 짐작으로 방향을 잡고 갔다.
백두산 일기는 변화무쌍한지라 갑자기 도중에 운무의 포위를 당하여 지척을 가
릴 수 없게 되어 올라 갈 방향을 잃어서 큰 곤란을 당하였다. 산정까지는 약 30리
나 되는데 그중에 20여 리는 초원이고 절정의 약 5리는 속돌(부석)밭과 층암이 있
다. 그리고 군데군데 눈이 쌓였으며 또 산골짝 시내에는 얼음이 두껍게 얼어 있
다. 절정에서 천지 언저리까지는 또 수 리를 내려가야 된다. 천지의 수면에는 두
꺼운 얼음이 많이 떠 있다.

---

121 [편쥐] 윤필한(尹弼漢, 1895~?) : 본명은 윤홍선(尹泓善), 호는 일우(一優). 윤세복의 1남 1녀 중 장
　　남이다. 1915년 백산학교 교장 전성규를 비롯하여 윤세복 등 30여 명과 함께 살인 누명으로 무송현
　　경찰서에 피검·투옥되어 옥고를 치렀다. 1919년 3월에 결성된 대한독립단에서 소모장으로 활동,
　　3·1운동에도 참가했다가 또다시 일경에 피체되어 서대문형무소에 수감되었다가 1927년에 출옥
　　된 뒤에도 항일투쟁을 계속했다.
122 [편쥐] 1915년 양력 7월 10일.

〈그림 37〉 백두산 천지

우리 일행은 산정의 산골을 당하였는데, 거기 냇바닥에 곰이 얼음 구덩이를 막 파고 간 흔적이 있는 것을 발견하였다. 포수들은 사방을 살펴보더니, "옳다. 저 놈이 저 산비탈에 누워 있구나!" 하고서 두 포수가 동시에 총을 서너 방 놓는다. 그래서 총알을 바로 맞은 곰은 소리를 지르면서 굴러 내려 와서 냇바닥 얼음 위에 엎어진다. 우리 일행은 그 쓰러져 죽은 곰 옆에 모여 섰다. 포수 중에 노인 한 분이 먼저 "백두산 마님, 참 감사하옵니다. 저희들에게 오늘 이런 큰 짐승이 잡히게 되었으니, 참 고맙습니다" 하고 성심껏 빈 뒤에 사냥칼을 허리에서 빼어 그 곰의 가죽을 벗기고 해부를 한다. 곰의 가장 귀한 물건이 열(웅담)[123]이므로 그것을 먼저 베어서 잘 갊아[124] 둔다.

젊은 포수 한 사람만 잡은 곰의 고기를 지고 사냥 막으로 돌아가게 하고, 윤필한 씨와 늙은 포수 한 사람과 동무하여 절정까지 올라가는데 눈이 녹아 빙판이

123 [편쥐] 열 : '쓸개'의 옛말 또는 평안도 방언.
124 [편쥐] 갊아 : '갊다'는 '저장하다'의 옛말.

된 곳을 만나면 엎드려서 겨우 기어 나가게 되었다. 모험을 하여 산정에 썩 올라 서니, 장쾌하다 장천! 일색의 망망한 천지가 바다와 같이 눈앞에 나타났다.

우리 일행은 잠깐 고개를 숙여서 기도를 드린 뒤에 곧 느낀바 있으니 이 거룩한 산수의 정기를 탄 금 태조,[125] 조선 태조,[126] 청 태조[127] …… 건국 영웅이 얼마런고 하는 역사적 회고심이 생겼다. 그래서 나는 청춘의 뛰는 피 두려움 없이 아래와 같은 한시를 지어서 읊었다.

울적하나 웅대한 뜻 백두산과 같으니,	鬱積雄心如白山
십년간 전적으로 이 칼을 갈았다네.	全然磨釖十年間
가을하늘 점차로 단풍절기 돌아오니,	秋天漸廻丹楓節
용마를 채찍질해 관문을 한번 나가	龍馬加鞭一出關
잠듦을 경계하여 천하를 훨훨 날고	戒眠扁翩天下慓
칼 빛을 번쩍이니 만방이 잠잠하네.	釖光閃閃萬邦屛
앞서서 오랑캐를 섬멸해 평정한 뒤,	先滅蠻夷平定後
세계를 휩쓸고서 개가 부르며 돌아오리.	掃淸世界凱歌還

그리고는 또 백두산 전경을 모사하여 직감한 바를 아래와 같은 시[128]로 읊었다.

백두산 백두산 백두산이라.

하늘 위냐 하늘 아래냐

하늘에 오르는 사닥다리로구나.

진세의 더러운 기운

---

125 [편주] 금태조(金太祖) : 본명은 완안아골타(完顏阿骨打, 1068~1123). 금나라 초대 황제이자 민족 영웅이다.

126 [편주] 조선태조(朝鮮太祖, 1335~1408) : 고려 말의 무신이자 조선의 초대 국왕이다. 초명은 이성계(李成桂)인데, 등극 후 이단(李旦)으로 개명했다.

127 [편주] 청태조(淸太祖) : 본명은 아이신기오로 누르하치(愛新覺羅 努爾哈赤 : 1559~1626).

128 [편주] 「白頭山」은 1915년 7월 10일(음력 5.28) 경에 지은 시로 『조광』 2-4(1936.4), 조선일보사출판부, 97~99쪽 및 『詩歌集 아름다운江山』(新興國語研究會, 1946.12), 1~3쪽에 실렸던 시를 다시 게재한 것이다. 3종 판본마다 맞춤법과 일부 시구에 약간씩 차이를 보인다.

발밑인들 어찌 미치리.
그는 세상을 내려 살피고
세상은 그를 우러러본다.
세상은 만민이요
그는 제왕이로구나.

○

그는 불을 뿜어 살았건만
더러운 이 세상은 또 거름밭 되었네.
이것 한번 씻고자
머리에 큰 물동이 이었구나
바닷가의 메냐 메 위의 바다냐.
이는 곧 천지로구나
예로부터 이 물 맞아
득천한 미리(용) 얼마뇨.

○

병풍을 두른 듯
둘러선 수십 첨봉은
산마루 곧 못 둑인걸.
총 끝에 창을 꽂아
백병전을 준비한 듯
위풍이 도는 그 모양.

○

천동 소리냐 지동 소리냐?
사방에 떨어지는 폭포 소린걸.
하늘의 경세종이라.
정신없이 잠자는 무리를 깨우는구나.

○

층층 첩첩이 쌓인

〈그림 38〉 금 태조

〈그림 39〉 조선 태조

〈그림 40〉 청 태조

백옥 같은 눈. 유리 같은 얼음
어느 땐들 녹으랴.
북극지와 짝 지을 듯.
이는 백두산의 기후.
그 늠렬한 기운은
나약한 자를 단련하는구나.

○

모였다가 흩어지고
흩어졌다가 모이는 구름, 안개
전선에 출동하는 대군같이 변동무상.
이는 백두산의 천기.
그 무궁한 조화 수단에
어느덧 비가 되어 줄줄 좍좍.
마르고 타 죽던 무엇에나
생명수가 되는구나.

○

북에서 쏜살 같이 불어오는
북빙양 얼음 깎던 칼날 바람
사람 살을 깎는 듯.
그러나 백두산이 방패 되니.
그 안에 든 무리야
엄동설한인들 어떠리.

○

누가 진세를 피하고자.
마음을 닦고자.
안광을 넓히고자.[129]

---

129 [편주] 『詩歌集 아름다운 江山』(1946)에는 "眼光을 넓히고자 하는가?".

묻지 말고 저리만 올라가소.

○

우뚝 선 보탑이로다¹³⁰

영원히 조선 겨레의 보탑이로구나.

마적단의 습격과 초로 같이 된 나의 생명

백두산에서 사냥을 마치고 중무리로 돌아온 우리는 이 마을에서 음력 6월 하순에 중국 마적단 30여 명의 습격을 당하여 우리가 가졌던 장총과 권총과 웅피를 있는 대로 빼앗겼다. 그러나 나는 "장꾸이더"¹³¹라는 지목을 받고서 자기들의 요구에 대한 만족을 주지 못한다는 죄와 또한 "다른 의병은 상투가 있는데 혼자 머리를 깎았으니 일본 헌병 보조원"이라는 혐의로 묶어서 달아매고 모든 악형을 당하고 최후에는 사형 선고를 받고 곧 사형 집행을 당하게 되었다. 총 구멍을 등에 내고 멀시 아니한 천변¹³²으로 집행을 당하려 나가던 나에게는 천시가 아찔하였다. 그러나 나는 정신을 차렸다. 대담하였다. 침착하였다. 그래서 사형장으로 50여 보나 끌려 나가던 나는 최후의 일언¹³³을 빌어 가지고 생명을 다투는 말이라 어떻게 정력이 있게 말을 하였던지, 적의 괴수는 감복하여 사형 집행 중지 명령을 내렸다. 그리고 차차로 오해가 풀려 생명의 위험은 없었으나, 형언하기 어려운 모든 악형으로 나의 몸에 이제도 흔적이 있다.

나는 서간도를 떠나서 서울을 향하여 오다가 안동현에서 상해로 가게 되었다.

---

130 [편쥐] 초고에는 "저리만 올라가소"와 "우뚝 선 보탑이로다" 사이에 "날빛보다 밝은 燈臺로다. 소경이 길을 짓을 듯('걸을 듯'의 오기-편주), 사나운 風雨에 길 잃은 사공들아! 精神 차려 노를 저어 저 燈臺만 보고 가쇼!" 구질이 더 있다.

131 [편쥐] 장꾸이더(掌櫃的) : 전주(錢主). 돈 궤짝을 관장하는 사람.

132 [편쥐] 천변(川邊) : 냇가.

133 [편쥐] 최후의 일언 : 마적 두목이 이극로를 두목으로 여겨 도망간 동료들의 총과 웅담, 녹용까지 내놓으라고 강요했는데, 이극로는 "당신이 내가 되었다면 이러한 죽음의 최후를 당하여 그 총 몇 자루와 웅담 얼마를 생명과 바꾸려 하겠소?" 하고 힘주어 반문했다. 이에 마적 두목이 감복하여 사형 집행 중지 명령이 내려졌다(이극로, 「마적에게 사형선고를 당한 순간―백두산에서 산양하다 부뜰리어」, 『조광』 3-10, 1937, 조선일보사출판부, 149~151쪽).

〈그림 41〉 박광 〈그림 42〉 이우식

　이 어린 청년이 만주 황야에서 헤매는 것을 보시던 윤세복 선생은 나를 권하여
서울로 가서 고학이라도 공부를 하라고 말씀하셨다. 그래서 나는 1915년 겨울에
무송현을 떠나 천여 리를 걸어서 안동현까지 나왔다. 그때에 박광[134] 씨가 경영
하던 여관에 들렀더니 이러한 소식이 들린다.

　나에게 "이병진(우식) 씨의 편지를 부쳤는데 그것을 못 보았느냐?" 하며, 그 내
용은 다름이 아니라 나를 상해로 와서 공부를 하라는 것이라고 박 씨가 말씀을
전하기에, 본래 공부의 길을 찾아가는 사람이라 곧 행장을 차린 뒤에 배를 타고

---

134 [편주] 박광(朴洸, 1882~1970) : 이명은 박근호(朴根浩), 호는 남정(南丁). 경북 고령 출신 독립운동
　가. 사위는 애국지사 유정 조동호(1892~1954). 중국 안동현에서 곡물무역상 신동상회(信東商會)
　를 경영하면서 독립운동의 거점으로 삼아 백산상회와 연계해 독립운동가 은닉이나 여비를 제공했
　다. 미국 샌프란시스코와 하와이 동포의 기관지인 『신한민보』와 『국민보』를 들여와 국내에 배포
　하며 항일의식의 고취에 힘썼다. 1977년 대통령표창(1990년 건국훈장 애족장)이 추서되었다.

상해로 가서 이우식[135] 씨를 만나게 되었다. 이번 행정의 여비는 내가 시베리아 치타에서 노동하여 벌어 온 돈으로 썼다.

3. 중국 상해에서 유학하던 때와 그 뒤

방랑 생활을 청산하고 수양의 길로 들어선 나에게 행로의 방향이 다를지언정 곤란 그것만은 여전하다. 내가 입학한 학교는 상해 불란서 조계[136]에 있는 독일 사람이 경영하던 동제대학[137]이었다.

이 학교의 예과에 입학이 된 나는 겨우 입학금 2원을 가지고 먼저 입학 수속을 한 뒤에 개학날부터 상학[138]을 하였다. 개학 제3일에는 게시판에 엄한 게시가 붙었는데 오늘부터 1주일 안으로 그 학기의 수업료와 기숙사비 합계 150원을 내지 아니한 학생에게는 입학을 취소한다는 것이다. 이런 게시를 보니 학비가 없어 입학한 나는 다소 마음에 불안이 없지 아니하였다. 입학일부터 학비 곤란을 받게 된 것은 나의 학비를 부담하고자 조선으로 들어온 이우식 씨의 후원이 뜻 같지

---

135 [편주] 이우식(李祐植, 1891~1966) : 호는 남저(南樗). 경남 의령 출신 부호·독립운동가. 일본 도쿄 정칙(세이소쿠)영어학교와 동양대학 철학과를 졸업했다. 1920년 안희제 등과 백산무역주식회사를 설립, 경영하면서 비밀히 대한민국 임시정부의 독립운동자금을 조달했다. 1926년 시대일보 사, 1927년 중외일보사 사장으로 일하면서 민족의식고취에 노력했다. 1929년 10월 조선어연구회의 조선어사전편찬회에 가입하여 재정을 지원했다. 1942년 조선어학회사건으로 2년 2개월의 옥고를 치렀고, 광복 후 조선어학회 재정이사로 선임되었다. 1963년 한글공로상을 받았고, 1977년 건국 훈장 국민장(독립장)이 추서되었다. 묘소는 경남 의령군 의령읍 서동리 58번지에 안장되어 있다.
136 [편주] 상해 불란서 조계 : 상해 조계는 1842년 남경조약에 의해 1845년 11월부터 1943년 8월까지 상해 일부 지역에서 지속된 외국인 통치 특별구로, 영미 열강의 '공동 조계'와 '프랑스 조계'로 나뉘었다.
137 [편주] 동제대학(同濟大學) : 독일 내과의사 에리히 파울룬(Erich Paulun, 1862~1909)이 1907년 중국 상해에 설립한 덕문의학당(德文醫學堂)이 동제덕문의학당(同濟德文醫學堂, 1908), 동제의공학당(同濟醫工學堂, 1912), 사립동제의공전문학교(私立同濟醫工專門學校, 1917), 동제의공대학(同濟醫工大學, 1924)을 거쳐 국립동제대학(國立同濟大學, 1927)으로 개칭되어 오늘에 이른다. 이극로가 진학할 당시의 교명은 '사립동제의공전문학교'였으며, 학교 건물은 현재 상해이공대학(上海理工大學) 내에 남아 있다.
138 [편주] 상학(上學) : 학교에서 그날의 공부를 시작함.

〈그림 43〉 옛 동제대학 건물

못한 까닭이다. 그것은 이우식 씨도 당시에 시하[139]로서 재산권이 자기에게 없었을 뿐 아니라 수년간 자기도 해외 생활에 금전 소비의 과대한 느낌을 그 가정에 주지 아니하지 못한 까닭이었다.

학비 바칠 마지막 기일을 하루 남겨 두고 별수 없이 나는 거짓 병 청가를 하고 일숙박 30전이라는 빈민 여관에 몸을 감추고 학비를 구하기에 힘썼다. 다행히 예관 신규식[140] 씨의 주선으로 사흘 만에 돈을 가지고 다시 학교로 들어가서 안심하

---

139 [편쥐] 시하(侍下) : 부모나 조부모를 모시고 있는 처지.
140 [편쥐] 신규식(申奎植, 1879~1922) : 호는 예관(睨觀). 교명은 신정(申檉). 충북 청주 출생. 관립 한어학교와 육군무관학교를 나와 육군 부위로 진급했으나, 1905년 을사늑약이 체결되자 죽음으로 항거하려고 음독했다가 실패, 오른쪽 눈만 실명했다. 1909년 대종교에 입교하여 시교사로서 1911년 중국으로 망명, 손문의 신해혁명에 가담했다. 1912년 비밀결사 동제사, 1915년 북경 독립지사들과 신한혁명당을 결성했다. 같은 해 1915년 박은식과 잡지 『진단(震檀)』을 발간하여 민족의식 고양을 통한 독립의식을 고취시켰다. 1917년 「대동단결선언」과 1919년 『대한독립선언서』에 서명했다. 1919년 대한민국 임시정부가 수립되자 의정원 부의장에 선출, 법무총장을 거쳐 1921년 국무총리 겸 외무총장이 되었다. 저서에 『한국혼』(1914)·『아목루』(유고 시집)가 있다. 1962년 건국훈장 대

고 공부를 하게 되었다.

개학한 며칠 뒤에 한문 선생은 작문 시간에 '부모은덕론'이라는 제목을 내어 주면서 두 시간 안에 지어 바치라고 한다. 한문을 어릴 때부터 국문으로 공부하여 온 중국 학생들은 작문지 여러 장에 가득 써서 한 시간 안에 바치고 나가는 사람도 적지 아니하다. 한 시간 반쯤 지나니 몇 사람 남지 아니 하였다. 그런데 평생에 순한문으로 논술한 작문이라고는 한 줄을 못 지어 본 나는 그때까지 작문지에 붓을 대어 보지도 못하고 눈만 껌뻑껌뻑하면서 앉았다가 생각하니, 백지를 그냥 드리는 것은 너무나 미안하다기 보다도 무성의로 오히려 선생에게 불경이 된다고 느껴졌다. 그래서 "부모은덕 천고지후 하이보지 일필난

〈그림 44〉 신규식

기(父母恩德 天高地厚 何以報之 一筆難記), 부모의 은덕이 하늘보다 높고 땅보다 두터운데 어떻게 그것을 다 갚겠습니까? 한 번의 붓놀림으로 적을 수가 없습니다"라고 겨우 한 줄을 써서 바쳤더니, 그 다음 작문 시간에 글을 꼲아[141] 왔는데 문체는 쌍대[142]체로 고아하며, 문의는 지극히 간단하면서도 할 소리를 다 하였다는 데에서 평왈, '일자천금(一字千金)'이라고 작문지 끝에 쓰였다. 이 평이 그때에 더욱 유명하였다. 이러하게 시작한 한문 작문도 3, 4년을 지내는 동안에 다소간 늘어서 나중에는 쉬운 뜻이나 표시할 만큼 짓게 되었다.

통령장이 추서되었고, 묘소는 국립서울현충원(임시정부요인묘소 8)에 안장되어 있다.
141 [편주] 꼲다 : 잘잘못을 따져서 평가함.
142 [편주] 쌍대(雙對) : 사율(四律)시의 중간 두 연구(聯句)를 말하는데, 여기서는 댓구(對句)를 이룬 문체를 말한다.

교내 기숙사의 살풍경에서 장사로 이름을 얻음

〈그림 45〉 문영빈

나와 한때에 같은 반에 입학한 조선 학생은 문우(영빈)[143] 씨와 최순 씨인데 우리 3인은 기숙사에서 한 방에서 거처하였다.

그 당시에는 중국 학교에서 공부하는 조선 학생들이 여러 가지 편의를 위하여 중국의 원적을 가지고 겉으로 조선 사람의 표를 내지 아니하는 일이 종종 있었다. 그래서 우리도 봉천 민적을 가지고 입학하였다.

그러나 언어 관계로 여러 사람을 오랫동안 속일 수는 없었다. 우리가 들어 있는 기숙사는 학교 운동실을 임시로 꾸며서 마치 병영처럼 백여 명의 학생이 한 칸에 들어 있었다. 불행히도 한 책상에 마주 앉아 한 전등불 밑에서 공부하는 중국 학생[144]이 있었는데 이 사람은 뒤에 알고 보니 다른 학교에서 품행 부정으로 퇴학을 두 번이나 맞고 온 학생이다. 함께 있던 문 씨는 상자에 든 양복과 돈을 이 사람에게 도적맞은 일이 있었다. 또 이 불량한 학생은 결석을 종종 하면서 밤낮으로 침대에 누워서 연애소설만 보는 사람이다.

그런데 하루 저녁에는 이 사람과 나와 전등불 싸움이 났다. 한 책상에서 공동으로 쓰라는 전등을 저 혼자 층계 침대에 올려다 걸고는 드러누워서 소설만 읽는다. 등불을 빼앗긴 나는 밤이면 공부를 할 수가 없다. 등불을 가지고 책상에 와서 같이 공부하기를 수 3차 권하였으나 끝끝내 듣지 아니한다. 그래서 하루 저녁에

---

143 [편주] 문우(文羽, 1891~1961) : 본명은 문영빈(文永斌). 호는 황남(篁南). 경남 하동 출신의 독립운동가. 백산무역주식회사의 대주주이자 감사를 지냈다.

144 [편주] 불량한 학생 : 성은 '장(張)' 씨로 알려져 있으며, 사건 당일 이극로에게 조선인을 멸시하는 욕설을 하여 자극하였다(「나의 이십세 청년시대(2)―서간도에서 적수로! 상해 가서 대학에 입학」, 『동아일보』, 1940.4.3).

는 저 혼자 전등불을 가지고 높은 층계 침대에 누워서 소설 보는 그 녀석에게 정당하게 권하였으나 듣지 아니 하기에 전등을 빼앗아서 그것으로 그 녀석을 내갈기고 또 큰 책상을 한 손으로 들어서 높이 2층 침대에 있는 녀석을 올려 첬다. 이와 같은 승강이가 나자 수백 명 학생이 모여 들었다. 그 결투의 이유를 들은 학생 무리는 공분에 이기지 못하여 "그런 놈은 죽도록 때려 주어라"고 사방에서 주먹이 불끈 불끈 나온다. 이때에 30세나 되어 보이는 거대한 대장부가 연대 위에 썩 올라서더니 나를 동정하고 그 놈을 공격하는 연설을 한바탕 하고 나를 찾아 인사한 뒤에 위안의 말씀을 하고 갔다. 그 사람은 당시에 그 대학 공과 4학년생인 봉천인 조후달[145] 씨다.

〈그림 46〉 조후달

이 조 씨도 빈한한 학생으로 그 학교에서 학업을 마치고 장학량[146] 씨의 신임을 받아 관비생으로 스위스와 독일에 가서 병기학을 전공하고 돌아와서 봉천에 있던 동북대학 총장으로 있다가 불행히 병으로 죽었다.

나는 이 조 씨의 동정을 받아 동제대학에서 고학의 편의를 얻게 되었다. 여러 가지 사정으로 말미암아 당시에 이우식 씨로부터 학비의 후원을 잘 아는 조후달 씨는 이러한 말을 하였다. "만일 당신이 우등의 성적을 가진다면, 또 나와 같이 이 학교에서 타자기 찍는 일을 도와준다면 교장에게 주선하여 면비생으로 특대하게 힘써 보겠다"고 하였다. 그래서 그 뒤 나는 면비생으로 공부하게 되었다. 그

---

145 [편쥐] 조후달(趙厚達, 자오호우다, 1886~1924) : 중국 요녕성 개원 출신 공학자·교육자. 일본 동경 호세이대학, 중국 청도공업대학, 상해동제의공대학을 졸업, 1918년부터 일본과 미국, 유럽 등지를 유람하면서 스위스 취리히공과대학에서 군사기술을 연구했다. 1922년 스위스(학교명 미확인)에서 공학박사학위를 취득했고, 같은 해 중문타자기를 발명했다. 귀국하여 1923년 동북대학 공과학장 겸 이과학장 등을 역임했으나, 지병으로 인해 독일에서 작고했다.
146 [편쥐] 장학량(張學良, 장쉐량, 1901~2001) : 중국 동북 군벌 장작림(張作霖, 장쭤린, 1875~1928)의 맏아들.

〈그림 47〉 우정원

러나 기숙사비, 교과서비, 기타 생활비는 나올 곳이 없었다.

그래서 이럭저럭 지내는 가운데 뒷날에 만주국 정부의 민정부 대신으로 있던 우정원[147] 씨가 나와 동반생이요, 또 한 방에서 기숙을 하였으므로 나의 사정을 잘 알 뿐 아니라 또 조후달 씨의 지도를 받던 학생인 것만큼 가다금 적지 아니한 도움을 주었다. 그리 그리 예과 4년이란 것이 잠깐 지나갔다.

1920년 2월 이 예과를 졸업한 뒤에 내 성격에는 하나도 맞지 아니한 의과와 공과뿐인 그 학교에서 과를 선택하여 그래도 공과가 나을 듯해서 공과에 입학하였다. 그래서 반년 동안이나 실습 시간이면 철공장에서 쇠메를 들고 벌건 쇳덩이를 치며 기계를 돌려 쇠를 깎으며 모형과 모래 구덩이에 앉아서 흙칼질을 하였고, 학과 시간이면 이화학 실험실에 앉아 도서판 앞에서 자와 양각기를 쥐었다. 그러나 아무리 생각하여도 용기화[148]의 선 하나를 바로 긋지 못하는 나의 소질로는 취미를 가질 수 없다.

그러므로 1920년 가을에 북경을 다녀서 조선으로 들어온 뜻은 독일 유학을 목적하고 학비를 주선하기 위하여 이우식 씨를 찾아온 것이다. 그래서 다소의 준비를 하여 가지고는 중국으로 돌아가게 되었는데 10년 만에 들어온 이 그립던 고국에서 2주간을 머물지 못하고 또 압록강을 건너갔다. 그런데 그때는 기미 삼일운

147 [편쥐] 우정원(于靜遠, 유징유안, 1898~1969) : 중국 요녕성 요양 출생. 1916년 상해 사립동제의공전문학교에 입학하여 1919년에 졸업했다. 1920년 독일에 유학한 뒤 1921년 스위스에 가서 포병사관학교를 졸업했다. 귀국 후 동북대학 교수, 동성특별구 경찰제삼총서장, 동성철로호로군총사령부 참모, 동성특별구 행정장관 공서참의, 만주국 협화회 총무처 처장(1932), 주일본공사관 참사(1933), 신경특별시 시장(1938), 산업부대신, 흥농부대신 등 요직을 역임했다. 1945년 만주국 멸망 후 피체되어 시베리아로 유배되었다가 1950년 무순전범관리소에 이송되었고 1966년에 사면된 뒤 1969년에 작고했다.
148 [편쥐] 용기화(用器畵) : 점·선·면의 위치나 형상 등을 기하학 도형으로 정확하게 나타낸 그림.

동 직후라 경계가 엄할 뿐 아니라 상해에서 온 나에게 자유가 있을 리 없다. 이런 부득이한 사정은 나에게 영원히 잊지 못할 한이 되었으니, 그것은 10년 만에 고향에 돌아가서 칠십 노령의 아버지를 반일 만에 다시 배별하게 된 것이 곧 영원한 배별이 되고 만 것이다.[149]

제2차로 조선을 떠난 나는 또 제2차의 10년 해외 생활을 결심하였다. 북경으로 가서 신성모 씨와 의논한 뒤에 곧 상해로 가서 퇴학 수속을 하여가지고 정든 동제대학을 떠난 뜻은 독일로 간다는 것이다. 그래서 북경으로 가서 신성모 씨 댁에 머물게 되었다.

그리고 상해 유학 시대에, 열렬한 혁명투사로서 당시 삼일운동 관계로 모여든 지사 중에 가장 젊은 청년으로서 혈전주의자였던 김원봉[150] · 이범석[151] 두 장군과 같이 일한 것은 가장 의의 깊은 일이다.[152]

베를린 행 노정은 자동차로 몽골사막을 지나서 시베리아 철도로 간다고 정하였다. 그리고 몽골 활불[153] 곧 왕의 어의로 고륜[154]에 머물던 경성 세브란스 의학전문학교[155] 졸업생인 이태준[156] 씨와 동행이 되어서 북경을 떠나던 때는 1920년

---

149 [편쥐 이극로의 부친 이근주는 1849년생으로 1923년 74세로 작고했다.
150 [편쥐 김원봉(金元鳳, 1898~1958) : 호는 약산(若山). 경남 밀양 출신 독립운동가, 월북 정치인. 1919년 11월 9일 의열단을 창단하여 의백(義伯, 단장)으로서 일제 수탈 기관 파괴, 요인 암살 등 무정부주의적 항일투쟁을 전개했다. 1940년대에는 광복군 부사령관, 대한민국 임시정부 국무위원 및 군무부장을 지냈다. 1948년 남북협상 때 월북하여 노동상, 최고인민회의 상임위원회 부위원장 등을 역임했다.
151 [편쥐 이범석(李範奭, 1900~1972) : 호는 철기(鐵驥). 서울 출신 독립운동가 · 군인 · 정치가. 1915년 중국으로 망명해 운남강무학교를 수석 졸업했다. 1919년 신흥무관학교 교관, 북로군정서 교관, 1920년 사관연성소 교수부장이 되었다. 같은 해 10월 청산리전쟁에서 제2대대 지휘관으로 활약했고, 1923년 김규식 등과 고려혁명군을 창설하여 기병대장을 맡았다. 1942년 한국광복군 총사령부 제2지대장, 1945년 광복군 참모장(중장)이 되었다. 1946년 환국하여 10월 조선민족청년단을 결성했다. 1948년 초대 국무총리와 국방부장관을 겸임했고, 1950년 주중국대사, 1952년 내무부장관을 역임했다. 대표 저서에 『우등불』이 있다. 1969년 건국훈장 대통령장을 수여받았고, 묘소는 국립서울현충원(국가유공자 제2묘역 1)에 안장되어 있다.
152 [편쥐 그리고~의의 깊은 일이다 : 초고에서 밝히지 못했던 내용이다. 이범석의 상해 체류 시기는 1915년 12월, 1919년 7~9월이었고(이범석, 『우등불』, 사상사, 1971, 474~476쪽), 김원봉은 1919년 의열단을 창단한 뒤 1920년도에 상해로 와서 단원들의 항일투쟁을 지휘하고 있었다.
153 [편쥐 몽골 활불 : 몽골의 마지막 황제 보그드 칸(Богд хаан, Bogd Khan(영), 1869~1924).
154 [편쥐 고륜(庫倫) : 몽골의 수도 '울란바토르'.
155 [편쥐 세브란스 의학전문학교 : 연세대학교 의과대학의 전신으로, 캐나다 토론토의과대학 교수 애비슨(O. R. Avison)이 설립자 겸 초대 교장으로 활동했다.

〈그림 48〉 김원봉

〈그림 49〉 이범석

〈그림 50〉 몽골 황제 보그드 칸

〈그림 51〉 이태준

〈그림 52〉 윤게른-시테른베르

156 [편쥐 이태준(李泰俊, 1883~1921) : 호는 대암(大岩). 경남 함안 출신 의사·독립운동가. 1911년 세
브란스 의학교(현 연세대 의대)를 제2회로 졸업하고, 1912년 중국 남경으로 망명하여 '기독회의원'
에서 의사로 일을 하다가 김규식의 권유로 1914년 몽골에 가서 '동의의국'을 개설하였고, 몽골 황제
보그드칸의 주치의가 되었다. 1919년 몽골 정부로부터 최고 훈장을 수여받았는데, 불행히도 1921
년 2월 일본과 긴밀한 관계를 유지하던 러시아백군 운게른-시테른베르크 부대에 의해 피살 되었
다. 1980년 대통령표창(1990년 건국훈장 애족장)이 추서되었다. 몽골 울란바토르 시내에 '이태준
기념관'이 개관되어 있다.

〈그림 53〉 이동휘   〈그림 54〉 박진순(앞줄 세 번째)

10월이다.

장가구[157]에 가서는 백당의 난리로 고륜으로 가는 자동차 길이 막혀서 여러 날을 기다렸으나 안정될 희망이 없으므로 부득이 북경으로 다시 돌아오고 말았다. 지금 생각하여도 아슬한 것은 그 수주일 후에 이태준 씨는 혼자 고륜으로 들어갔는데 즉시 백당군[158]에게 잡혀서 참살을 당하여 뼈도 못 찾게 된 것이다.

북경에 처져 있던 나는 행정의 방향을 수로로 돌리려고 생각하던 즈음에, 익년 봄에 상해로부터 전보가 왔는데 이동휘[159] 씨의 유럽행[160]에 동행을 청한 것이

---

157 [편주] 장가구(張家口, 장자커우) : 중국 하북성 북서부에 있는 도시로 내몽골로 통하는 교통 요충지다.

158 [편주] 백당군 : 러시아 백군 지휘관인 그리고리 세묘노프 휘하에서 '몽골의 미친 남작'으로 불리던 로만 표도로비치 운게른시테른베르크(1885~1921)와 그가 이끌던 아시아 기병대를 가리킨다.

159 [편주] 이동휘(李東輝, 1872~1935) : 함남 단천 출신 독립운동가. 18세 때 군관학교에 입학, 졸업 후 육군 참령을 지냈다. 1906년 한북흥학회를 조직, 1908년 서우학회와 연합하여 서북학회로 발전시켰다. 1907년 신민회를 조직, 1911년 105인 사건에 연루, 투옥되었다가 무혐의로 석방되었다. 1915년경 러시아로 망명, 한인사회당을 조직했다. 1919년 대한민국 임시정부 국무총리에 취임했다. 1921년 한인사회당을 고려공산당으로 개칭했고, 국무총리 직 사임 후 국제혁명자후원회 MOPR 원동지역 한인 책임자로 활동했다. 1995년 건국훈장 대통령장이 추서되었고, 국립대전현충원 무후선열제단에 위패(060)로 모셔져 있다.

160 [편주] 코민테른집행위원회, 소련 정부 당국, 레닌에 대한 외교전을 목적으로 상해과 고려공산당 대표단에 이동휘와 박진순, 홍도(洪濤, 1895~?)가 선정되었다. 홍도는 육로로 시베리아 횡단열차를 타고 이동했고, 이동휘와 박진순, 그리고 이극로는 해로로 우회하여 모스크바로 갔다(반병률, 『성재 이동휘 일대기』, 범우사, 1998, 330쪽).

〈그림 55〉 상해 항의 르 폴 르카호　　　　〈그림 56〉 베트남 사이공 항　　　　〈그림 57〉 싱가포르 항

다.[161] 이 전보를 받은 나는 곧 행장을 수습하여 가지고 상해로 내려가서 이동휘 씨를 만났다. 그런데 동행의 임무는 여행 중에 중국어의 통역과 또 서양어의 통역이다.

우리가 여행권 수속을 하여 가지고 프랑스 배[162]를 타고 상해를 떠나던 때는 1921년 6월이다.[163]

먼저 홍콩에 대고, 그 다음에 베트남 사이공[164]에 대서 하루 동안 쉬는데 시가와 부근지를 구경하고 떠나서 싱가포르[165]로 가서 또 하루를 머물다가 떠나려 할 때에 일본영사관 경관 한 사람과 영국 경관 두 사람이 배에 올라서 변성명[166]한 중국 여행권을 가진 이동휘 씨와 박진순[167] 씨의 여행권을 빼앗으려고 중국인 선객에 한하여 여행권 조사를 하여 두 사람을 발견하였으나, 남의 선객 여행권을 빼앗는 것은 그리 쉬운 일이 아니다. 함장에게 교섭하는 여러 가지 수속이 있으

---

161 [편쥐 당시 이극로는 북경에서 김원봉·신채호 등 54명 명의로 이승만과 정한경이 미국 정부에 제출한 위임통치 건에 대한 「성토문」(1921.4.19) 발표에 동참하고 있었다. 이동휘에게 이극로를 추천한 이는 신채호다. 이에 이극로는 중국어·독일어 통역과 경호를 맡게 되었다(위의 책).

162 [편쥐 프랑스 배 : 르 폴 르카(Le Paul Lecat)호.

163 [편쥐 정확한 출발 날짜는 1921년 6월 18일(위의 책, 331쪽).

164 [편쥐 사이공(Saigon) : 베트남 남부에 있는 도시로, 1976년에 호찌민으로 개칭.

165 [편쥐 싱가포르(Singapore) : 동남아시아 말레이반도 남쪽 끝에 있는 공화국.

166 [편쥐 일제측 첩보를 보면 이동휘는 중국 상해 민국일보사원 이각민(李覺民, 리쥐민)으로, 박진순은 복공망(卜公望, 부공왕)으로 여행권의 이름을 바꿨다.

167 [편쥐 박진순(朴鎭淳, 1897∼1938) : 러시아 연해주 태생 독립운동가. 1919년 이동휘 등 30여 명과 함께 한인사회당 결성에 주도적인 역할을 했고, 1921년 이동휘를 위원장으로 하는 상해파 고려공산당 결성에 참여했다. 1921년 6월 이동휘·이극로와 함께 상해를 떠나 10월 모스크바에 도착했다. 11월 3일 러시아혁명 4주년 행사에 참석한 뒤, 레닌을 비롯한 볼셰비키 지도자들을 면담하고 자유시 참변을 비롯해 이르쿠츠크파의 불법 활동과 전횡을 알렸다. 1922년 모스크바 극동민족대회에 한국 대표단의 일원으로 참석했고, 1923년부터 모스크바대학에서 공부했는데, 1930년대 스탈린의 숙청에 휘말려 희생되었다. 2006년 건국훈장 애국장이 추서되었다.

〈그림 58〉 콜롬보 항의 르 폴 르카호

〈그림 59〉 콜롬보 항

〈그림 60〉 지부티 항의 르 폴 르카호

〈그림 61〉 포트사이드 항

므로 시간이 없어 떠나게 된 배를 붙잡을 형편이 못 되어서 원통하다는 기색을 하면서 그냥 내려가게 되었다. 그래서 그 목은 무사히 지나갔다.

그러나 우리는 안심을 못하고 찌는 듯한 적도선의 인도양 사나운 풍랑을 거슬러 인도 스리랑카 콜롬보[168] 항구에 대었다.

이 항구에 대기 서너 시간 전 함장의 말이 "상해 프랑스 관청에서 무선 전보가 왔는데 이동휘와 박진순 두 사람은 입국을 허하지 아니한다"고 하였다. "그러니 만일 당신들이 콜롬보 항구의 영국 관청에 가서 당신들의 여행권에 영국 영지 통과 승인만 받아오면 우리 배로 포트사이드[169]까지는 갈 수 있다"고 하였다. 그러하기에 우리는 곧 대책을 생각한 바, 영국 관청에 우리만 가는 것보다 영국 사람들 데리고 가

---

168 [편쥐 콜롬보(Colombo) : 스리랑카의 최대 항구 도시.
169 [편쥐 포트사이드(Port Said) : 이집트 수에즈 운하 북쪽 끝에 있는 도시.

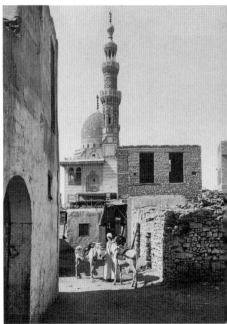

〈그림 62〉 카이로 기차역　　　　　　　　　　　〈그림 63〉 카이로 모스크

는 것이 나을 듯해서 그때에 배 가운데서 친하여진, 중국에서 20여 년을 예수교 전
도를 하고 귀국하는 영국 선교사 한 사람을 데리고 콜롬보 영국 관청에 가서 사정을
말하였다. 그리고 여행권에 영국 영지 통과 승인 인장을 찍은 뒤에 안심하고 시가
로 돌아다니면서 인도인[170]의 생활 상태를 살피는 가운데 유명한 불교 수도원[171]을
구경하고 배로 돌아와서 함장에게 여행권을 보였더니 좋다고 하였다.

　　그래서 무사히 그 배로 포트사이드까지 가게 되는데 산봉같이 높이 밀려오는
유명한 인도양 여름철 풍랑을 헤치고 여러 날 만에 아프리카 항구로는 처음으로
지부티[172]에 닿았다. 배가 하루 낮을 정박하는 동안을 이용하여 그립던 육지에

---

170 [편쥐 인도인 : 스리랑카인의 착오. 스리랑카의 대표 민족은 싱할라 족(불교인)이며, 인도인인 타
　　밀 족(힌두교인)은 소수 인종이다.
171 [편쥐 유명한 불교 수도원 : 콜롬보 항에서 남쪽 약 6km 거리에 있는 '강가라마야 사원(Gangaramaya
　　Temple)'이다.
172 [편쥐 지부티(Djibouti) : 아프리카 북동쪽 아덴만의 서쪽 연안에 있는 나라로, 1977년 프랑스 자치
　　령으로부터 독립한 공화국이다.

내려 항구를 돌아다니면서 구경하는 가운데 더욱 재미있는 것은 토인의 서당을 구경한 것이니, 그들이 몸을 흔들면서 소리를 질러 글 읽는 꼴은 마치 우리나라 사숙에서 한문 읽는 꼴과 같았다. 그들이 읽은 글은 아라비아 문자다.

종일 여기 저기 돌아다니다가 석양에 배에 들어와서 조금 있으니 배는 지부터를 떠난다. 그래서 몇 시간 지내니 배는 벌써 홍해로 들어섰다. 찌는 듯한 홍해의 더위를 무릅쓰고 수일 동안 가노라니 육지가 가까워 오는데 선객들은 갑판 위에 올라서서 멀리 아득하게 보이는 반공에 높이 솟은 예수교 성경에 이름난 시내 산을 바라본다. 그리고 한동안 가고 보니 때는 석양인데 수에즈 항에 왔다. 여기에서 잠시 지체하고 떠나서 수에즈 운하¹⁷³에 들어서니 황혼이 되었다. 그 이튿날 오전에 운하 출구 지중해에 있는 포트사이드 항에 배가 닿았다.

조건부로 오던 이동휘 씨와 박진순 씨는 여기에서 배를 내리지 아니할 수 없게 되었으므로 나도 또한 같이 내렸다. 우리는 서너 시간 동안 이 항구의 이모저모를 구경한 뒤에 기차로 이집트 서울 카이로¹⁷⁴로 들어갔다. 여기에서 이틀 동안 머물면서 박물관과 이슬람교 교당¹⁷⁵을 구경하고 그 부근에 있는 유명한 피라미드를 구경한 뒤에 많은 감회를 가지고, 이 도시를 떠나 알렉산드리아¹⁷⁶항으로 나가서 이탈리아 기선¹⁷⁷을 타고 이탈리아¹⁷⁸ 시칠리아섬¹⁷⁹의 항구 시라쿠사¹⁸⁰와 카타니아¹⁸¹를 들러서 나폴리¹⁸²항구에 닿았다.

여기에서 이틀 동안 구경하고, 바로 그 나라 서울 로마¹⁸³로 들어가서 사흘 동

---

173 [편쥐 수에즈(Suez) 운하 : 지중해와 홍해 · 인도양을 잇는 운하.
174 [편쥐 카이로(Cairo) : 이집트의 수도.
175 [편쥐 이슬람교 교당(Mosque) : 카이로는 아랍권 최대 도시로서 대표적인 알 아즈하르 모스크(Al-Azhar Mosque)를 비롯해 수많은 모스크가 세워져 있다.
176 [편쥐 알렉산드리아(Alexandria) : 이집트 북부 지중해에 면한 항구 도시. 이집트에서 카이로 다음으로 큰 도시다.
177 [편쥐 영국 화이트 스타 라인(White Star Line)이 아드리아티(RMS Adriatic) 노선과 일치하여, 영국 기선의 착오로 여겨진다.
178 [편쥐 이탈리아(Italia, Italy(영)) : 공식명칭은 이탈리아 공화국(Repubblica Italiana).
179 [편쥐 시칠리아(Sicilia, Sicily(영))섬 : 이탈리아 남서부에 있는 지중해 최대의 섬.
180 [편쥐 시라쿠사(Siracusa) : 이탈리아 시칠리아 섬 남동쪽 해안 카타니아 아래에 있는 도시.
181 [편쥐 카타니아(Catania) : 이탈리아 시칠리아 섬 카타니아 만 연안 에트나 산 기슭에 위치한 항구 도시.
182 [편쥐 나폴리(Napoli, Naples(영)) : 이탈리아 남서쪽에 있는 상업 도시로, 세계 3대 미항 중 하나다.

〈그림 64〉 알렉산드리아 항   〈그림 65〉 나폴리 항

안 머물면서 로마 극장의 유허와 로마 교황의 궁전[184]으로부터 서양의 고급 문화를 살펴보고 떠나서 지나는 걸음에 잠시 내려 역사 도시 밀라노[185]를 구경하고, 세계적 풍경으로 유명한 알프스 고산을 넘어 스위스 서울 베른[186]에 도착하여 하루 머문 뒤에, 국제회의가 자주 열리는 도시 제네바[187]를 구경하고, 독일 베를린[188]으로 직행하였다.

　여기는 나의 최종 목적지라 행장을 끌러 놓고 쉬게 되었다. 그러나 나의 여행이 한동안 더 계속하지 아니할 수 없는 것은 동행 이동휘 씨의 최종 목적지가 소연방 서울 모스크바[189]인 까닭이다. 그때는 러시아 혁명 뒤라 그 나라에 들어가기가 매우 어렵다 하기보다 특별한 관계가 아니면 입국을 시키지 아니하였다. 그

---

183 [편주] 로마(Roma, Rome(영)) : 이탈리아의 수도.
184 [편주] 로마 교황의 궁전 : 당시에는 로마였지만, 1929년 라테란 조약으로 로마 내 도시 국가인 바티칸 시국으로 독립했다. 이곳은 교황이 통치하는 신권 국가로 가톨릭교회의 상징이자 중심지다. 남동쪽의 성 베드로 대성당은 교황이 집전하는 대부분 의식이 열리는 곳이며, 교황이 거주 · 집무하는 공간은 대성당 오른쪽의 사도 궁전(Palazzo Apostolico)이다.
185 [편주] 밀라노(Milano, Milan(영)) : 이탈리아 북부 롬바르디아 주의 주도.
186 [편주] 베른(Bern) : 스위스의 수도.
187 [편주] 제네바(Geneva) : 스위스 서남쪽 끝에 있는 도시로, 독일 · 프랑스 · 이탈리아 3국을 연결하는 국제 활동의 중심지. 『조광』 초고에 "대정10년(1921) 8월 7일 제네바에서"라는 제목의 이극로 사진이 흐릿하게 실려 있는데, 배경은 몽블랑 다리다.
188 [편주] 베를린(Berlin) : 독일의 수도.
189 [편주] 모스크바(Москва, Moscow(영)) : 러시아의 수도.

<그림 66> 이탈리아 로마 콜로세움

<그림 67> 이탈리아 밀라노 두오모 성당

<그림 68> 스위스 제네바 몽블랑 다리

<그림 69> 몽블랑 다리에서 이극로(1921.8.7)

래서 연락하는 동안 1개월을 베를린에 머물게 되었다.

때는 늦은 가을이라 황엽이 뚝뚝 떨어지는 9월에 베를린을 떠나서 모스크바로 가게 되는데 독일 공산당 영수로 당시에 국회 대의사로 있던 피크[190] 씨가 동행의 한 사람이 되어서 여행 중에 많은 편의를 얻게 되었다.

우리 일행은 독일 동해안에 있는 슈테틴[191] 항구에 가서 배를 타고 에스토니아[192] 항 레발[193]에 이르렀다.

---

190 [편쥐 프리드리히 빌헬름 라인홀트 피크(Friedrich Wilhelm Reinhold Pieck, 1876~1960) : 독일 동부 구벤(Guben, 현 폴란드 구빈) 출신 정치인. 공산주의자로서 독일 민주 공화국(1949~1990) 초대 대통령을 역임했다.
191 [편쥐 슈테틴(Stettin) : 폴란드 서북단 오데르(Oder)강 하구에 있는 항구 도시. 1945년까지 독일령이었으나, 현재는 폴란드령 '슈체친(Szczecin)'으로 부른다.

〈그림 70〉 1920년대 독일 베를린 시내

〈그림 71〉 빌헬름 피크

〈그림 72〉 슈테틴 항

〈그림 73〉 탈린 항

거기에서 기차로 러시아 구 왕도 레닌그라드[194]에 가서 옛적에 찬란한 국도가

---

192 [편쥐 에스토니아(Estonia) : 발트3국 가운데 하나로, 북유럽에 위치하며 북쪽과 서쪽은 발트 해, 동쪽은 러시아, 남쪽은 라트비아와 닿아 있다.

193 [편쥐 레발 : 지금의 에스토니아 수도 탈린(Tallinn). 독립 전인 1918년까지 레벨(Revel)로 불렸으며, 독일어로 레발(Reval)이었다. 에스토니아 중북부에 위치하고 핀란드 만 남동해안에 접해 있으며, 핀란드 수도 헬싱키에서 해로로 80km 거리다.

194 [편쥐 레닌그라드 : 1921년 당시 명칭은 '페트로그라드'.

〈그림 74〉 상트페테르부르크 니콜라옙스키 역   〈그림 75〉 모스크바 륙스 호텔

이제는 혁명의 세례를 받아 폐허의 느낌을 주는 여러 가지를 두루 살펴 본 뒤에
떠나서 모스크바로 직행하여 국제 호텔[195]에 들게 되었다.

　나는 여기에서 3개월 동안 머물면서 건설 중에 있는 새 국도의 이모저모를 구
경하게 되었는데 크레믈 궁전[196]과 공산대학[197]과 기계 공장 등을 구경하며, 또한
때마침 10월 혁명 기념일을 당하였는지라 붉은 광장[198]에서 열린 적군의 관병식

---

195 [편쥐 국제 호텔 : 륙스(Люкс, Lux(영)) 호텔. 모스크바 트베르스카야 거리(Тверская улица) 10
　　번지에 위치, 1911년부터 고급 호텔로 개조되어 코민테른 회의 참석자 방문하는 각국 공산주의자
　　들의 숙소로 국제공산주의 운동의 거점이 되었다. 박진순이 이곳 '168호실'에 투숙했다는 기록(임
　　경석, 『한국 사회주의의 기원』, 역사비평사, 2003, 470쪽)이 있으므로, 이동휘와 이극로도 함께 묵
　　었을 것이다. 호텔 내 필립포프 제과점이 유명했다. 1953년 '센트럴(Центральная) 호텔'로 바뀌
　　었는데, 2007년부터 모스크바 시 당국의 승인 하에 건물 복원이 추진되어 2018년 개장을 목표로 진
　　행되고 있다(2018년 11월 현지 답사 결과 아직 공사 중). 새 명칭은 "Hilton Moscow Lux Hotel
　　Tverskaya(Хилтон Москва Люкс Отель Тверская)".
196 [편쥐 크레믈 궁전 : 공식명칭은 모스콥스키 크레믈(Московский Кремль). 옛 러시아 제국 시
　　절의 궁전으로, 성채(城砦, 성과 요새)라는 뜻이다. 영어로는 Kremlin(크렘린).
107 [편쥐 동방노력자공산대학(東方努力者共産大學, Коммунистический университет трудящи
　　хся Востока(КУТВ, 러)) : 1921년 4월 21일 코민테른에 의해 러시아 모스크바에 설립되었던 공산
　　주의 운동가 교육 기관. 중국의 등소평, 베트남의 호찌민, 그리고 한국의 많은 공산주의 운동가들
　　도 유학했다. 1938년에 폐교되었다. 사진 속 본관 건물은 현재 푸쉬킨스카야 플로시치 5번지 이즈
　　베스티야 홀(Известия Hall)로 바뀌었다. 참고로 조선학부 별관은 본관에서 남서쪽 1km 지점인
　　트베르스코이 불바르 13번지(Тверской Бульвар дом 13)에 있었고(임경석, 『이정 박헌영 일대
　　기』, 역사비평사, 2004, 155・158쪽) 현재 러시아은행으로 바뀌었다.
198 [편쥐 붉은 광장 : 모스크바 중앙부, 크레믈 성벽 북동쪽에 접한 광장.

<그림 76> 옛 크레믈 성벽

<그림 77> 동방노력자공산대학

<그림 78> 붉은 광장에서 트로
사열 장면

<그림 79> 리가 시내

<그림 80> 리투아니아 빌뉴스 역

<그림 81> 폴란드 바르샤바 빌

에서 군무위원장 트로츠키[199] 씨의 격려하는 연설을 들을 때에 세계 혁명을 부르
짖는 적군의 기상이야 말로 가을바람과 같이 위풍이 늠름한 느낌을 주었다.

　본래 약속하고 온 나는 이제 공부의 길을 찾아 지나가는 길에 라트비아[200] 서
울 리가[201]에 내려서 구경하고 떠나서 리투아니아[202]와 폴란드[203]를 지나서 베를
린으로 돌아오니 때는 1922년 1월이었다.

---

199 [편쥐] 레프 다비도비치 트로츠키(Лев Дави́дович Тро́цкий , Leon Trotsky(영), 1879~1940) : 우
크라이나 태생의 소련 정치가 · 사상가 · 노동운동가 · 초대 소련 외무부 장관을 맡았으며, 붉은 군
대 창립자다. 1940년 멕시코에서 암살당했다.
200 [편쥐] 라트비아(Latvia) : 발트3국 가운데 하나로, 북쪽은 에스토니아, 동쪽은 러시아, 남쪽은 리투
아니아와 접하고 있으며, 서쪽은 발트 해와 리가 만에 닿아 있다.
201 [편쥐] 리가(Riga) : 라트비아의 수도.
202 [편쥐] 리투아니아(Lithuania) : 발트3국 가운데 하나로, 동쪽과 남쪽은 벨라루스, 서쪽은 발트 해,
남서쪽은 러시아 연방 및 폴란드, 북쪽은 라트비아에 닿아 있다. 수도는 빌뉴스(Vilnius).
203 [편쥐] 폴란드(Poland) : 유럽 중동부 발트 해에 면한 공화국. 수도는 바르샤바(Warsaw).

4. 독일 베를린에서 유학하던 때와 그 뒤

나의 본성이라 할는지, 나는 어릴 때부터 무슨 일이나 성공과 실패를 돌보지 아니하고 다만 뜻을 세우고 그것으로써 분투하는 때에 낙을 가진다. 그러므로 무슨 일에나 먼저 예산을 세우고 시작한 일은 없다. 다만 먼저 뜻을 세울 뿐이다.

그러나 나의 생활은 언제나 모험이다. 내가 독일에서 유학하던 것도 물론 모험이다. 누가 나의 학비를 도와주겠다고 약속하여 준 사람은 하나도 없었다. 그때는 대전 뒤라 마르크 환율이 저락하였으므로 여비 중에서 남은 돈을 바꾸니, 한학기 학비는 겨우 되었다. 이것으로써 공부를 시작하였다.

1) 베를린대학 입학

내가 베를린대학[204] 철학부에 입학한 날은 1922년 4월 28일이다. 독일대학에는 입학시험을 보고 입학하는 것이 아니라 마땅히 고등학교나 대학예과의 졸업증서를 가지고야 입학이 된다. 그런데, 다만 독일어로써 가르치지 아니하는 학교에서 공부한 외국 학생에게만 따로 독일어 시험을 보이어서 합격이 되어야 비로소 입학이 된다. 나는 상해에서 독일 사람이 경영하는 독일어로 가르치는 학교에서 공부하였기 때문에 독일어 시험도 면제하게 되어 입학이 되었다.

그런데 자기가 배우고자 하는 과정을 자기가 짜는 대학이라 나는 무슨 학과를 선택하여야 될까 한참 동안 망설였다. 대학 규정에 의하여 학과는 자유로 가리되 한 주과에 적어도 두 부과는 공부하여야 시험 볼 자격을 얻으므로, 나는 정치학과 경제학을 수과로 삼고, 철학과 인류학을 부과로 삼고, 그 밖에 또 취미와 필요에서 언어학을 한 부과로 더하여 공부하게 되었다.[205]

---

204 [편쥐 베를린대학 : 당시 교명은 프리드리히-빌헬름대학교(Friedrich-Wilhelms-Universität). 1810 년 언어학자 빌헬름 폰 훔볼트가 창립했으며, 1828년에 프리드리히-빌헬름대학교, 1949년에 베를린 훔볼트대학교(Humboldt-Universität zu Berlin)로 명칭을 바꾸어 오늘에 이른다.
205 [편쥐 이극로의 독일 학적부에는 주과와 부과가 민족경제학(Nationalökonomie), 법학(Jura), 철학

〈그림 82〉 프리드리히-빌헬름대학교

그래서 4년 동안은 정식학생으로, 1년 동안은 연구생으로 전후 5년 동안 대학 생활을 하게 되는데 그때에 고라면 고요, 낙이라면 낙이라고 할 수 있는 온갖 경험을 다 쌓았다. 이렇다 할 학자의 기초도 없이 어떠하게 지내었을까? 이제 그때의 경과를 간단히 말하자면,

첫째, 빈민구역에도 매우 가난해서 전등 시설이 없고 조그마한 석유 등을 켜는 적은 방을 찾아 가서 거주하면서[206] 한 끼는 빈민 식당에서 먹고, 아침·저녁에는 주인집에서 보리차[207] 물을 끓여 가지고 검은 빵에 인조버터, 양배추 김치로 먹은 것이오, 그럴 뿐만 아니라 빈민 구역의 생활수준은 부민 구역의 그것에 비하여 평균 3분의 1이 못되는 것이오.

둘째, 대학에서 과목을 선택할 때에 무료로 듣는 과목을 많이 취한 것이오.

(Philosopie), 종족학(Ethnologie)으로 기록돼 있다.

206 [편쥐 이극로는 1922년 1월 10일 독일 베를린 샤를로텐부르크(Charlottenburg) 지구 아우구스부르 거슈트라세 23번지(Augusburger Str. 23) 다세대 주택에 하숙집을 정하고 고학을 시작했다. 이곳은 북동향 건물이다. 고향 후배 안호상은 1925년 초 이곳에서 1개월 가까이 동숙했다(안호상, 『한뫼 안호상 20세기 회고록』, 민족문화출판사, 1996, 87~88쪽). 1926년도 이극로의 「학적부」에는 주소 가 야고슈트라세 23번지(Jagow Str. 23)로 기재되어 있어서 이사를 간 것으로 보인다. 답사로 확인 한 결과 첫 하숙집에서 북쪽으로 2.58km 떨어진 모아비트(Moabit) 지구에 위치하며 더욱 외진 곳 이다.

207 [편쥐 보리차 : 말츠카페(Malzkaffee). 맥아를 까맣게 볶아 커피 대용으로 마시는 차.

〈그림 83〉 이극로의 하숙집 건물(가운데)　　　　　〈그림 84〉 재독한인유학생 사진 속 이극로(맨 뒷줄 오른쪽 세 번째)와 이의경(맨 앞줄 오른쪽 두 번째)

셋째, 대학에 조선어과 강사로 있게 되어서 도서관 차서의 보증금을 면하게 된 것이오.

넷째, 대학의 고학생을 위하여 시설한 식당, 세탁소, 폐의[208] 수신소, 구두 수신소, 문방구점 등 일체 경제기관을 응용한 것이다.

그리하고도 부득이한 경우에는 이따금 굶는 것이다. 이러한 방식으로 지내니 마르크 시세가 한창 떨어질 때에는 한 달의 생활비가 5, 6원에 불과하였고, 환율이 고정된 뒤에도 수업료까지 합하여 생활비가 매월 평균 50원에 불과하였다.[209] 이것은 곧 당시 일반 외국 유학생 학비의 보통 표준으로 3분의 1의 액수에 불과하다. 이러한 학비는 누가 대어 주었느냐 하면 이우식 씨의 도움이 있었던 것이다.

---

208 [편쥐] 폐의(弊衣) : 낡아 해진 옷.
209 [편쥐] 1922년 1원의 2018년 기준 화폐가치는 9,153원이며, 1마르크는 당시 1전(0.01원)으로 현재 가치는 86원이다. 1922년 독일 베를린에 유학한 박승철에 의하면, 당시 독일 학생 생활비는 60원 정도면 넉넉하다고 했다. 구체적으로 하숙비는 900마르크, 식비는 20~50마르크, 책값은 100마르크 내외, 차비는 포츠담에서 베를린까지 2등석 6마르크(3등석 4마르크), 양복은 1~4천 마르크, 구두는 400~700마르크 선이었다(박승철, 서경석·김진량 편, 「파리와 베를린」, 『식민지 지식인의 개화 세상 유학기』, 태학사, 2005, 207~208쪽).

2) 베를린대학 동방어학부에 조선어과를 두게 되다

〈그림 85〉 에리히 해니슈

1923년 10월에 베를린대학에 조선어과를 창설하고 3년 동안 강사로 있게 되었으니, 그 동기는 그때에 한문학자요, 만주어와 몽골학자인 해니슈[210] 교수에게 내가 몽골어를 배우게 되었다.

함께 공부하던 독일 학생들은 틈틈이 나에게 조선어를 배우다가 하루는 청하는 말이 "이럴 것이 아니라 정식으로 공개한 조선어과를 설치하는 것이 어떠냐?"고 묻기에, 물론 "좋다"고 하였더니, 그들은 말하였다.

"오늘날 빈궁한 독일은 유료 강사를 초빙하지 못할 것이니, 당신이 무보수 강사를 허락한다면 전례에 의하여 이것이 설치될 수 있다."

전례란 것은 당시 이탈리아와 불가리아가 각각 자국어의 세계적 소개를 위하여 국비로 강사를 베를린대학에 파송한 일이 있었다.

그들의 권고에 의하여 문부대신[211]에게 신청서를 제출하였더니, 곧 인가가 되었다.[212] 그래서 내가 그 대학을 떠날 때까지 3년 동안이나 그 강좌의 교편을 잡았다.[213] 조선어 연구생은 독일 사람 외에 러시아 사람과 네덜란드 사람이 있었다.[214]

---

210 [편주] 에리히 해니슈(Erich Haenisch, 1880~1966) : 독일 베를린 출신의 동양학자. 중국어·몽골어·만주어 전문가. 러시아 태생의 독일 언어학자이자 중국학 교수였던 빌헬름 그루베(Wilhelm Grube, 1855~1908)의 제자다. 그루베의 대표 저술은 『여진언어문자고(Die sprache und Schrift der Jučen)』(Leipzig, 1896)가 있다.

211 [편주] 문부대신 : 공식명칭은 학술 문화·국민교육부 장관(Minister für Wisennschaft, Kunst und Volksbildung).

212 [편주] 동양어학과 학장 대행 오이겐 미트보흐(Eugen Mittwoch, 1876~1942)가 학술 문화 국민교육부 장관 앞으로 조선어 강좌 공문을 발송한 날짜는 1923년 8월 10일이고, 장관 대리 카를 하인리히 벡커(Carl Heinrich Becker, 1876~1933)의 강좌 승인 공문 회신 날짜는 동년 8월 31일이다. 미트보흐는 9월 17일자로 이극로에게 결과 통보를 하였다.

213 [편주] 1923년 겨울학기부터 1926년까지 조선어를 포함한 총 38개어가 개설되었다. 3년간 전체 수강생 가운데 중국어(Chinesisch) 수강 인원이 135명(5.0%), 일본어(Japanisch)가 77명(2.8%), 조선어(Koreanisch)가 17명(0.6%) 비율이었다.

214 [편주] 이극로는 강의 진행 과정에서 통일되지 않은 조선어 철자법 문제로 수강생들의 지적을 받았던

〈그림 86〉 김두봉　　　　　　　　　〈그림 87〉 상해 상무인서관

　내가 상해에 있을 때에 김두봉[215] 씨와 한글을 연구하게 되었는데, 그때에 김 씨의 창안인 한글 자모분할체 활자를 만들려고 상무인서관[216] 인쇄소에서 여러 번 함께 다니면서 교섭한 일이 있다.

것으로 보인다. "그때 독일, 화란, 불란서 등 주장 세 나라 학생들이 조선말을 배흐려는 뜻을 말하므로 리씨는 그 대학 총장에게 그 뜻을 옮겨 가지고 아무 보수 업시 한 독립된 '조선어학과'라는 것을 세우게 됐다 한다. 그러나 배흐든 학생들이 넘어도 철자법이 열 갈래 스무 갈래로 뒤둥대둥한데 괴이한 눈을 뜨고 "그대 나라말은 어째서 이다지 철자법이 통일 못됏는가? 사전이 업다니 참말인가!" 등등하고 질문이 언제나 떠나지 안흘때마다 리씨는 "허히 이런 민족적 부끄러운 일이 어데잇담!" 하고 얼굴을 붉히고 말문이 마쳤다 한다. 이런 얼굴에 침뱃는듯한 부끄럼을 참아가면서 네헤 동안을 꾸준히 가르치다가 일천구백이십팔년 귀국…"(「조선어학회 이극로 씨」,『조선일보』, 1937.1.1). 독일에서 외국인들을 상대로 조선어강좌 시에 겪은 체험은 그가 귀국한 뒤 조선어사전 편찬에 주력하게 된 동기가 되었다.

215 [편주] 김두봉(金枓奉, 1889~1960?) : 호는 백연(白淵). 경남 기장(현 부산광역시 기장군) 출신으로 1908년 보성고보 졸업 후 교사로 근무했다. 대종교 초대 도사교 홍암 나철의 수제자인 동시에 한힌샘 주시경의 수제자였나. 조선광문회에서 조선어사전『말모이』편찬사업에 참여하는 등 한글학사로도 이름이 알려졌으며, 1914년에『조선말본』을 저술했다. 1919년 중국 상해로 망명해 1924년 대한민국 임시정부 의정원 의원에 선출되었고, 1935년 조선민족혁명당 중앙집행위원을 맡았다. 이후 1942년 연안에서 활동하면서 조선독립동맹에 가담, 그 해 7월 주석이 되었다.

216 [편주] 상무인서관(商務印書館) : 1897년에 하서방(夏瑞芳, 샤루이팡) 등이 창립한 중국 최초의 근대 출판사. 본래 인쇄소로 시작했는데 총리아문 장경·남양공학 교장을 지낸 장원제(張元濟, 장위안지, 1867~1959)에 의해 중국 최고의 출판기업으로 성장했다. 1932년 일본이 상해를 침공하면서 건물이 파괴되었다.

그래서 나는 혹 이야기를 하였더니, 그 말을 들은 독일 언어학자들은 독일 국립 인쇄소에 그 활자를 준비시키자는 의논을 붙여서 허락되었다. 나는 그 일을 도와서 곧 상해로 김두봉 씨에게 편지하여 그 활자가 한 벌 부쳐 왔다.

그래서 그것을 본떠서 4호 활자를 만들었는데, 첫 시험으로 『동방어학부연감』에 이광수[217] 씨의 『허생전』[218] 몇 장을 인쇄하였다.[219] 서양에서 한글 활자 준비는 독일 국립 인쇄소가 효시가 될 것이다.

---

217 [편주] 이광수(李光洙, 1892~1950) : 평북 정주 출신 작가·언론인. 1905년 일진회 유학생으로 선발되어 도일, 대성중학에 입학했다가 이듬해 메이지학원 중학부 3학년에 편입해 학업을 계속했다. 1910년 귀국해 정주 오산학교 교원이 되었다. 1914년 세계여행을 결심하고 중국 상해로 건너갔다가 신규식의 추천으로 미국 샌프란시스코 『신한민보』 주필을 맡고자 미국으로 향하고자 했으나 그해 8월 러시아 치타에서 제1차 세계대전이 일어났다는 소식을 듣고 귀국해 오산학교에서 다시 교편을 잡았다. 1915년 재차 도일, 1916년 와세다대학 철학과에 입학했다. 1917년 장편소설 『무정』을 발표해 소설의 새로운 역사를 개척했다. 1918년 일본을 거쳐 상해에서 『독립신문』 사장 겸 편집국장에 취임했다. 1921년 귀국, 선천에서 일경에게 체포되었으나 불기소처분이 되자 이때부터 변절자라는 비난을 받았다. 1922년 『개벽』에 「민족개조론」을 발표하여 민족진영에게 물의를 일으켰으며, 또한 일제를 찬양하는 글과 학병 권유의 연설을 번갈아 발표했다. 광복 후 반민족행위처벌법으로 구속됐다가 병보석으로 출감했으나, 한국전쟁 중 피랍되어 평북 강계에서 병사했다. 묘소는 평양 재북인사묘역에 안장되어 있다.
218 [편주] 이광수, 『허생전』, 시문사, 1924.
219 [편주] 이극로는 『허생전』 원문의 세로쓰기를 가로쓰기 형태로 바꾸고, 한글을 지면 왼쪽에, 독일어 번역문을 오른쪽에 함께 실었다. 주인공 허생이 변진사에게서 돈을 빌리고 안성의 류진사 집에 머물며 과일 매점을 시작하는 대목인 「변진사」(3쪽)·「안성장」(3쪽)·「과일무역」(1쪽만 발췌)에서 「과일무역」장을 없애고 「안성장」으로 합쳐서, 「변진사」·「안성장」 2장으로 마무리했다. 이극로가 『동방어학부연감』에 기고한 글의 제목은 「한 조선 지식인의 삶 한 장면」이다. 그는 해제에서 "첫째, 새로 국립인쇄소에 구비된 한글 활자를 널리 알리고, 둘째, 조선어 학습을 위한 보조교재를 제공하기 위하여"라는 두 가지 목적을 밝히고 있다. 그런 다음, "약 35세의 작가 이광수가 1924년 서울에서 출간한 현대소설 『허생전(Hē Sāng-djēn)』을 저본으로 삼았으며, 소설의 주인공 허 씨는 효종조 때 지식인"이라고 소개했다. 1냥 = 약 0.5마르크라고 비교하면서 조선조 수량 단위인 냥, 돈, 푼, 접에 관한 간단한 설명도 달았다. 끝으로 독일어 번역을 감수해 준 피굴라 박사에게 감사의 뜻을 전하며 글을 마쳤다. 후고 하인리히 피굴라(Hugo Heinrich Figulla, 1885~1969)는 한국어에 정통한 인물로, 1935년에 *Prolegomena zu einer Grammatik de koreanischen Sprache*을 저술했다.

〈그림 88〉 이광수의 『허생전』　　　　〈그림 89〉 이극로의 『허생전』(독역)

3) 수학여행

① 수학여행단

나는 베를린대학 재학 중에 독일 학생의 수학여행단과 함께 각 지방으로 다니
면서 공장, 기타 실업 기관과 또 여러 가지 문화 시설을 많이 견학하였다. 학생 단
체로 가므로 개인으로는 도저히 볼 수 없는 것을 보게 되었고, 또 경제적으로는
보통 여비의 3분의 1이 못 드는 그러한 모든 편의를 얻게 되었다.

이 수학여행단을 보면 차리고 나서는 것이 마치 출전하는 군대와 같다. 그들이
타는 기차는 화물차와 같은 4등차다. 이 4등차에는 앉는 걸상도 없다. 그러므로
맨 바닥에 그냥 주저앉고 또 그냥 드러눕는다. 왜 이런 차가 있는가? 그것은 빈민
을 위한 경제적 의미도 있겠지마는 그보다도 군국주의의 정신에서 생긴 일반으
로 하여금 전시에 화물차로 수송되는 군대 생활의 훈련을 평상시에 받고 있으라

〈그림 90〉 수학여행단과 이극로

는 뜻이다.

더욱 놀랄 일은 큰 도시나 산촌을 물론하고 도처에 이런 여행단 숙박소를 설비하여 놓았는데, 그것은 마치 전시에 야영과 같이 되었다. 혹은 창고 같은 넓은 칸에 보릿짚을 한길이나 높게 깔아 놓아서 그 속에 파묻혀 자게 되었으며, 혹은 층계침대의 포 가마니에 마른 풀을 넣어서 얹어 두었다. 그리고 아무 다른 설비는 없고 물 끓여 먹는 가마만 걸어 두었다. 그런데 그때에 우리 수학여행단도 가는 곳마다 그런 숙박소를 찾아 가서 자게 되었다.

② 농촌 견학

1926년 8월에 베를린에서 동으로 100여 리를 나가서 체케리크[220] 농촌에 한 달 동안 머무르며 농촌상황을 연구하게 되었다. 여기는 오더강역[221] 삼림이 울창한 곳인데, 이 농촌에는 산림 관리소가 있고 거기에는 독일에서 이름이 높은 농림 기

---

220 [편쥐] 체케리크(Zäckerick) : 독일과 폴란드 접경에 위치하며 독일 브란덴부르크 동부지역에 속했으나, 현재는 폴란드 영토다. 폴란드어로는 '시에키에르키(Siekierki)'.
221 [편쥐] 오더(Oder)강역 : 독일과 폴란드 국경을 흐르는 강 근처 지역.

사로 여러 가지 기계를 발명한 임정관 슈피첸베르크[222] 씨가 소장으로 있었다.

나는 자주 그 분을 찾아 가서 사귀게 되어서 임업에 대한 상식을 적잖이 얻게 되었다. 나는 이 농촌을 중심하고 수십 리를 돌아다니면서 농사짓는 법과 농촌 경제 현상을 살펴보았다. 그리하는 가운데 독일 농민의 자작자급의 정신과 실제를 알게 되었다. 한쪽에는 대규모의 현대식 기계 농촌법이 실행되고 있으면서, 다른 한쪽에는 소규모 경영으로 타작은 도리깨질을 하고 있다. 농가에서는 면양을 몇 마리씩 길러서 그 양의 털을 깎아 손으로 두르는 물레에 실을 자아서 그것으로 속옷, 양말 등을 짜서 자작자급하는 집이 많다. 처처에 협동조합이 있어서 농촌 경제 조직이 원만하게 되었다.

〈그림 91〉 카를 슈피첸베르크

③ 벤덴족의 부락을 방문

베를린에서 동남으로 100여 리를 나가면 슈프레발트 지방[223]이 있다. 여기는 저지 평야인데 수로가 사방으로 통하며 작은 목선으로써 교통이 편리하게 되어 있다. 그 곳 토족으로 있는 슬라브 민족에 속한 벤덴족[224]이 산다. 이 민족은 이제도 자기의 고유한 문화를 가지고 살아간다. 인류학을 부과로 삼아 공부하는 나는

---

222 [편쥐] 카를 슈피첸베르크(Karl Spitzenberg, 1860~1944) : 독일 중부 튀링겐 주 산간 마을 아이흐스펠트의 마르틴펠트에서 출생. 당시 체케리크 지역 산림감독관으로, 발명가이기도 했다.

223 [편쥐] 슈프레발트(Spreewald) : 독일 동부 브라덴부르크 주에 속하며 베를린 남동쪽 100km 지점에 위치한 지역. 수백 개의 작은 강과 운하가 종횡으로 흐르는 늪지대로 1991년 유네스코에 생물권보전지역으로 등록되었다.

224 [편쥐] 벤덴족 : 12세기 이전 엘베 강과 오더 강 사이의 발트해 남안과 그 배후지는 슬라브령이었다. 이 지역 슬라브계 여러 지족들을 벤덴(Wenden)족이라 부르며, 오늘날까지 전통 문화와 언어, 복장을 지키고 있다. 슈프레발트 벤덴족 축제인 '레데-페스트(Lehde-Fest)'는 매년 7월과 9월에 열린다. 축제 시에 주민들이 전통 복장을 하고 배를 타고 다니며 자신들의 생활상을 보여준다. 베를린에서 1시간 거리인 뤼베나우(Lübbenau)역 하차. 공식 홈페이지는 http://www.spreewald.de/

〈그림 92〉 슈프레발트 벤덴족 주민

이 특수한 처지에 있는 민족문화를 연구하고자 1923년 8월에 김준연[225] 씨와 김
필수[226] 씨와 더불어 그 지방을 순회하여 많은 참고를 얻었다.

225 [편주] 김준연(金俊淵, 1895~1971) : 호는 낭산(朗山). 전남 영암 출신 언론인·독립운동가·정치
　　인. 1920년 동경제대 독법과를 졸업한 뒤, 1922년부터 2년간 독일 베를린 대학에서 법학과 경제학
　　을, 영국 런던대학에서 정치학을 수학했다. 1925년 『조선일보』 모스크바 특파원으로 근무하다가
　　귀국하여, 1926년부터 민족주의자 통합단체인 신간회에 참여했고, 1928년 『동아일보』 편집국장
　　재직 시 제3차 조선공산당(ML당) 사건에 관련되어 6년간의 옥고를 치렀다. 출감 후 동아일보 주필
　　을 지내다가 1936년 손기정의 일장기말살사건에 연루되어 사임한 뒤, 광복 후 우익으로 전향했다.
　　저서에 『독립노선』(1947)·『나의 소전』(1957)·『나의 길』(1966)·『나의 편력』(1969)이 있다. 1963
　　년 대통령표창(1991년 건국훈장 애국장)을 수여받았고, 묘소는 국립대전현충원(애국지사 제3묘역
　　190)에 안장되어 있다.
226 [편주] 김필수(金弼洙) : 일본 와세다대학 경제과를 마친 뒤 1923년 독일에 건너가 유학생으로서 유
　　덕고려학우회 회계로 활동했다.

4) 학업의 경과

내가 베를린대학에서 4년 동안에 학업을 마치고 또 그곳 연구실에서만 1년을 연구하게 되었다. 그동안에 교수를 받은 교수의 수는 44명인데, 그중에서 연구실에 관계있는 교수는 경제정책과 재정학의 권위인 슈마허 씨[227]와 사회학과 사회경제학의 권위인 좀바르트 씨[228]와 인식론의 권위인 마이어[229] 씨와 민족심리학과 인류학의 권위인 투른발트 씨[230]다.

나의 학위논문 제목은 「중국의 생사공업」[231]이다. 이 문제를 슈마허 교수의 연

---

227 [편쥐] 헤르만 슈마허(Hermann Schumacher, 1868~1952) : 독일 브레멘 출신 정치경제학자. 뮌헨 프라이부르크대학 등지에서 공부하고 1891년 예나대학에서 박사학위를 받았다. 1893년 미국 뉴욕에서 공부했고 1897년부터 1898년까지 동아시아 프로이센 무역 대표단원으로서 일본, 중국, 한국을 여행한 경험이 있다. 1899년 키엘 대학, 1901년 본 대학을 거쳐 1917년부터 1935년까지 베를린대학교 사회정치학 교수를 지냈다. 딸은 엘리자베스 슈마허, 사위는 물리학자 베르너 하이젠베르크. 저서에 『중국의 관광무역 조직』(1899), 『세계 경제 연구』(1911), 『국가학』(1930), 『세계 경제에서의 삶』(1947) 등이 있다. 묘소는 베를린 다렘 묘지(Friedhof Dahlem-Dorf)에 있다.

228 [편쥐] 베르너 좀바르트(Werner Sombart, 1863~1941) : 독일 작센-안할트 주(하르츠 지구의 에름스레벤) 출신 경제학자·사회학자. 베를린대학을 졸업하고 1904년 막스 베버 등과 *Archiv für Sozialwissenschaft und Sozialpolitik* 편집을 시작했으며, '경제체제' 개념을 중심으로 이론과 역사를 종합한 경제사회를 전체적으로 파악하는 길을 찾으려고 했다. 1917년 베를린대학 교수를 역임, 1931년 베를린상과대학 명예교수가 되었다. 저서에 *Sozialismus und Soziale Bewegung*(1896), *Der Proletarische Sozialismus*(1924), *Die drei Nationalökonomien*(1930) 등 다수가 있다. 묘소는 베를린 다렘 산림묘지(Waldfriedhof Dahlem)에 있다.

229 [편쥐] 하인리히 마이어(Heinrich Maier, 1867~1933) : 독일 남부 바덴-뷔르템베르크 주(하이덴하임 안데어브렌츠) 출신 철학자. 튀빙겐 에버하르트-카를대학교의 논리학적 심리주의자 크리스토프 폰 지그바르트 문하에서 철학을 공부해 1892년 박사학위를 받았다. 1911년 튀빙겐대학, 1918년 하이델베르크대학, 1922년 베를린대학에서 강의했다. 부인은 지그바르트의 딸인 안나 지그바르트(Anna Sigwart). 주요 저서에 *Die Syllogistik des Aristoteles*(1896), *Psychologie des emotionalen Denkens*(1908), *Philosophie der Wirklichkeit*(1926)이 있다.

230 [편쥐] 리하르트 투른발트(Richard Thurnwald, 1869~1954); 독일 민족학자·사회인류학자. 오스트리아 빈에서 태어나 보스니아에서 법학 교육을 받은 뒤, 민족학연구에 뜻을 두고 1924년 베를린대학 교수가 되었다. 솔로몬 군도, 미크로네시아, 뉴기니 및 동아프리카를 조사한 바 있나. 독일 사회인류학의 창시자로서 주목받고 있다. 주요 저서에 『민족사회학적 기반에서 고찰한 인류사회』(1931~1935), 『원시공동체의 경제』(1932)가 있다. 투른발트는 1928년 2월 25일 최린·이극로와 함께 만찬을 하면서 "민족의 본질은 첫째 '어학의 통일'로서 동일한 문화생활을 해온 그 배경으로 된 것인 까닭에, 민족적 단결이란 무엇보다 강하다"고 강조한 바 있다(최린, 『여암문집』 상, 여암최린선생문집편찬위원회, 1971, 275쪽).

231 [편쥐] 원제목은 *Die Seidenindustrie in China*. 이극로가 박사학위 논문 작성 시, 스위스 철학박사 이관용의 동생 이운용(李沄鎔, 1900~1964)은 자신이 소유하고 있던 타자기를 빌려주었고, 이극로는 사용법

〈그림 93〉 슈마허

〈그림 94〉 좀바르트

〈그림 95〉 마이어

〈그림 96〉 투른발트

이 서툴렀으나 잘 쓰고 나서 반납을 했다 한다. 이운용은 귀국 후 연세대 독일어 교수, 중앙방송국장을 역임했다. 그는 이극로에 대해 "근엄하고 학구적이며 성품이 좋았다"고 회고 했다(이운용의 장남 이해석(1930년생) 씨와 대담(2009.12.10. 오후 1~2시, 서울대입구역 인근 찻집에서).

구실에서 받은 뒤에 논문을 쓰는데 제일 큰 곤란을 당한 것은 중국의 통계가 불충분한 것이었다. 이 생사 공업은 동양의 가장 중요한 공업으로 그 상품이 세계 시장을 독점한 것이다. 이 연구실에서는 누구나 논문을 다 쓰면 그것을 강연하여 교수의 평을 받는다. 흔히는 강연 중에 강단에서 쫓겨 내려가는 수가 많다. 아직도 인식이 못 되었으니 돌아가서 더 연구하여 가지고 오라 한다. 그렇지 아니하면 강연 뒤에는 많은 비평을 받고 돌아가서 많이 수정하게 된다. 그냥 괜찮다 하고 받는 논문은 1년에도 몇 개가 아니 된다.

그런데 나의 논문은 강연 뒤에 의외로 호평을 받게 되었다. 슈마허 교수는 간단한 말로 "이극로 씨는 독일의 과학적 방법을 완전히 학득[232]하였다. 이 논문을 학자적 논

〈그림 97〉 이극로의 박사논문

문으로 인정한다" 하였다. 이때에 연구생은 모두 나에게 주목하여 축하의 뜻을 보였다. 슈마허 교수는 그 연구실을 떠날 때에 나를 불러서 그 이튿날에 만나자고 약속을 하여 주었다. 그 다음날에 만났더니, 그 선생은 나의 논문에 우등의 점수를 주고 어느 큰 서점[233]에 소개하여 출판하게 되었다. 규정에 의하여 학위논문은 인쇄하여 수백 부를 대학에 바치는 것이다. 일반은 논문을 자기의 돈으로

---

232 [편취] 학득(學得) : 지식을 습득.
233 [편취] 어느 큰 서점 : 빌헬름 크리스티안 출판사(Whilhelm Christians Verlag). 베를린대학에서 동남
    쪽으로 도보 10분 거리에 있었다.

박는다. 그런데 내 것은 특선으로 교수의 추천이 되었기 때문에 그 서점에서 원고료대로 그 논문 책 수백 부를 제공하였다. 그래서 인쇄비 수백 원은 경제가 되었으므로, 어려운 나에게는 그것도 큰 도움이 되었다. 논문이 통과[234]된 월여 뒤에 구술시험을 지나고 학위 수여식을 하던 날은 1927년 5월 25일이다.

나는 중학으로부터 대학까지 10년 동안 독일 교육을 받는 중에 독일 정신을 알게 되었으니, 그것은 근로·조직·과학·무사 이 4대 정신이다.

5) 세계 약소민족대회 참가

베를린대학에서 동창으로 있던 김준연 씨가 일찍이 귀국하여 동아일보사의 기자로 있던 때다. 세계 약소민족대회[235]가 벨기에 수도 브뤼셀에서 열린다는 말을 듣고 국내의 대표로 나와 황우일[236]을 파견하

〈그림 98〉 브뤼셀 에그몽 궁전

---

234 [편쥐] 이극로의 박사학위논문 통과일은 1927년 2월 3일이다. 이극로는 자신의 사진 뒷면에 "이 사진은 4260해(1927) 2달 4날(박사시험에 붙은 다음날)에 벨린에서 박인 것"이라는 기록을 남겼다.
235 [편쥐] 세계 약소민족대회 : 1925년 베를린, 파리, 런던 등 세계 각국의 주요 도시를 중심으로 피압박계급과 민족을 보호하기 위한 반제국침략주의대연맹(Liga gegen Imperialismus und für nationale Unabhängigkeit)이 결성되었다. 이 반제국침략주의대연맹은 제국주의에 대한 대응책 강구 목적에서 피압민족반제국주의대회(Kongresses gegen Koloniale unterdrückung und Imperialismus)를 1927년 2월 벨기에 브뤼셀 에그몽 궁전(Palais d'Egmont)에서 개최하였다. 당시 국내 언론에서는 대회의 명칭을 '피압박민족대회'나 '약소민족대회'라고 번역했다. '세계약소민족대회'(김법린·이극로의 회고) 내지 '피압민족반제국주의대회', '반식민지압박민족회의'라는 표현도 회자되었다. 영문 공식 명칭은 International Congress against Colonial Oppression and Imperialism인데 직역하면 '국제 반식민제·제국주의 대회'다. 피압박민족대회 개최 시간 및 장소는 1927년 2월 10일부터 15일까지, 벨기에 브뤼셀 에그몽 궁전으로 확정되었다. 위원장에 영국인 조지 랜즈버리(George Lansbury, 1859~1940), 부위원장에 네덜란드인 에도 핌멘(Edo Fimmen, 1881~1942), 뮌첸베르크와 함께 인도인 차토파디아야(V. Chattopadhyaya, 1880~1937)가 사무총장을 맡았다. 이 대회에는 세계 21개국 174개 단체가 참가했다.
236 [편쥐] 황우일(黃祐日) : 강화도 출신으로 일본 동경외국어학교를 마치고 독일로 유학하여 베를린대학 경제과를 졸업했다. 1927년 벨기에 브뤼셀 세계피압박민족대회에 이극로, 이의경, 김법린과 함께 한국 대표로 참가했고, 1929년에 귀국했다.

게 되어서 만주에 나가 여비를 나에게 부쳤다. 그래서 또 독일유학생 대표로 이 의경[237]과 함께 이 약소민족대회에 출석하게 되었는데, 당시에 프랑스학생 대표로 온 김법린[238] 씨와 여행 도중에 있던 허헌[239] 씨와 함께 일을 의논하고 그는 방청객으로 다 같이 대회에 참석하게 되었다. 조선 대표단을 조직하게 되어 나는 이 대표 단장이 되어서 대회에 활동하게 되었다.

대회에 제안할 것을 상의한 바,

① 마관조약을 실행하여 조선 독립을 확보할 것.
② 조선 총독정치를 즉시 철폐할 것.
③ 상해 대한 임시정부를 승인할 것이다.

대회가 열리기 전일에 이상의 안을 간부에게 제출하였으나, 우리뿐만 아니라 참가한 약소민족 대표가 다 제안이 있음에도 불구하고 그들은 다 무시하고 반영운동을 중심하였기 때문에 중국·인도·이집트 문제만 가지고 떠들고 말게 되었다.

---

237 [편쥐] 이의경(李儀景, 1899~1950) : 이명은 이미륵(李彌勒), 독일명은 Mirok Li(미로크 리). 황해도 해주 출신 망명 작가. 경성의전 재학 중 3·1운동에 참가했다가 중국 상해를 거쳐 독일로 망명했다. 독일 뷔르츠부르크대학, 하이델베르크대학을 거쳐 1925년에 뮌헨대학으로 전학하여 동물학을 전공했다. 1927년 벨기에 브뤼셀 세계피압박민족대회에 이극로, 황우일, 김법린과 함께 한국 대표로 참가했다. 1946년 *Der Yalu fließt*를 출간하여 독일문단에서 화제를 일으켰다. 1963년 대통령표창 (1990년에 건국훈장 애족장)이 추서되었고, 묘소는 독일 뮌헨 서쪽 그레펠핑 신묘지(묘소번호 145-147)에 안장되어 있다.
238 [편쥐] 김법린(金法麟, 1899~1964) : 호는 범산(梵山), 프랑스명은 Fa Ling Kin(파링 킨). 경북 영천 출신 승려·독립운동가·교육자. 3·1운동 때 부산 범어사 만세운동을 주도했고, 1921년 프랑스로 유학하여 1926년에 파리대학 철학과를 졸업했다. 1927년 세계피압박민족대회에 참가하여 본회 첫 날인 2월 10일 일본 공산주의 운동가 가타야마 센(片山潛, 1859~1933)의 기조연설에 이어서 「한국에서 일본제국주의 정책 보고」라는 제목으로 일제 규탄 연설을 했다. 1928년 귀국한 뒤 1929년 조선어사전편찬회 준비위원으로 참가했다. 1930년에는 한용운의 지시로 불교계 비밀결사 만당(卍黨)을 결성했고, 1942년에는 조선어학회사건으로 투옥되었다. 1952년 문교부장관, 1959년 원자력 원장, 1963년 동국대학교 총장을 역임했다. 1995년 건국훈장 독립장이 추서되었고, 묘소는 서울시 도봉구 쌍문 1동 산 271번지 선영에 안장되어 있다.
239 [편쥐] 허헌(許憲, 1885~1951) : 함북 명천 출신 변호사·독립운동가·정치가. 1927년 신간회 중앙 집행위원장, 1927년 보성전문학교 교장, 광복 후 조선건국준비위원회 부위원장, 1946년 남조선민주주의민족전선 수석의장, 남조선노동당 위원장을 지냈다. 1947년 경 월북 후 1948년 북한 최고인민회의 의장 겸 김일성대학 총장, 1949년 조국통일민주주의전선 중앙위원회 의장을 역임했고, 1951년 작고했다. 묘소는 평양 애국렬사릉에 안장되어 있다.

<그림 99> 김준연

<그림 100> 황우일

<그림 101> 이의경

<그림 102> 김법린

<그림 103> 허헌

<그림 104> 기타야마 선

그러나 개회 제1일에 분과 위원회를 조직하게 될 때에 나는 원동위원회의 정치산업부 위원이 되었다. 대회가 열려 의안을 상정하여 토의하게 될 때에 간부회에서 미리 작정한 배영에 관한 몇 나라 일만 토의하고 말게 되었다. 나는 여기에서 대회 의장단에 대하여 질문을 개시하여 "조선 문제를 토의하겠느냐? 아니 하겠느냐?"고 강경한 말로 그들의 불공평을 공격하자, 의장단은 그 단상에서 잠시

〈그림 105〉 세계피압박민족대회 광경

상의하더니 그러면 조선 문제를 토의하고 아니하는 것을 중의에 붙이는 것이 좋
겠다고 그 가부를 물었다. 약소민족 대표는 다 동의하였으나 결국 거수 표결의
결과는 3점의 차로 조선 독립 문제를 토의 안 하기로 되고 말았다. 그러니 이 문
제는 더 말할 수 없었다.[240]

　이 대회에 참석한 인물은 중국 대표로 풍옥상[241] 계의 녹종린[242] 장군, 장개
석[243] 계의 소력자[244]였다. 대회 대표 의장은 네덜란드 암스테르담[245]에 있는 국제
노동조합 연맹회 서기장 핌멘[246] 씨였다.

---

240 [편쥐] 이극로는 국제회의에서 얻은 결과에 크게 낙심했을 것이다. 그는 독일로 돌아와 묵묵히 『한
　국, 그리고 일본제국주의에 맞선 독립투쟁(Korea und sein Unabhängigkeitskampf gegen den
　japanischen Imperialismus)』(1927)을 집필하였고 3개월 뒤 자비출판하기에 이른다.
241 [편쥐] 풍옥상(馮玉祥, 펑위샹, 1882~1948) : 중국 안휘성 소호시 출생. 기독교인 장군으로 1924년
　에 자신의 부대를 국민군으로 개편한 뒤 장작림과 대전을 벌이다가 패배했다.
242 [편쥐] 녹종린(鹿鍾麟, 루중린, 1884~1966) : 중국 하북성 정주 출신 군인. 청나라 서북군 총사령관
　풍옥상의 부하로 1924년 청 마지막 황제 푸이(溥儀)를 자금성에서 내쫓은 과오를 범한 인물이다.
243 [편쥐] 장개석(蔣介石, 장제스, 1887-1975) : 중국의 정치　군사 지도자로서 대한민국 임시정부를
　지원했으며, 중화민국의 총통을 지냈다.
244 [편쥐] 소력자(邵力子, 사오리쯔, 1881~1967) : 중국 절강성 소흥시 출신 정치가・교육자. 감숙성・
　섬서성 정부주석, 전국인민대표대회 상무위원회 위원, 인민정치협상회의 전국위원회 상무위원 등
　을 지냈다. 국민당혁명위원회에 참가하여 대 중공 화평을 주장했고, 국공화평회의의 국민당 측 대
　표로 교섭하던 중 중공정권에 참가했다.
245 [편쥐] 암스테르담(Amsterdam) : 네덜란드의 수도.
246 [편쥐] 에두아르트 카를 핌멘(Eduard Carl Fimmen, 1881~1942) : 에도(Edo) 핌멘으로 알려져 있다.

〈그림 106〉 녹종린　　　　　　〈그림 107〉 소력자　　　　　　〈그림 108〉 에드 핌멘

6) 베를린에서 떠나 베르당 행, 파리를 지나 런던 행

독일에서 학업을 마친 뒤에 나는 영국 서울 런던[247]으로 유학을 가게 되었다. 이것도 무슨 예산이 있어서 한 것은 아니다. 당시 런던 항해대학에 재학하고 있는 친구 신성모 씨가 나의 학위 수여식에 참석하려고 일부러 베를린까지 와서 축하하여 주던 것은 너무도 감사하였다.

나는 신 씨와 동행이 되어서 런던으로 가게 되었는데, 노정은 특별한 방향을 정하였으니 그 경로에는 구주대전이 서구 전선의 가장 중요한 전적지와 파리에 구경하기로 되었다.

1927년 6월 6일에 신성모 씨와 함께 베를린을 떠나서 라인 강역에 있는 루드비히스하펜[248]시를 향하였다. 이곳은 세계적으로 유명한 독일의 염료 공업 지대다.

네덜란드 노동조합 대표를 지냈다.

247 [편주] 런던(London) : 영국의 수도.

248 [편주] 루드비히스하펜(Ludwigshafen) : 독일 남서부 라인란트팔츠 주의 주도로, 화학 공업 도시다.

그 익일인 7일에 우리는 베를린 지멘스 전기공업 주식회사[249]의 소개서를 가지고 이게 염료공업주식회사[250]를 방문하였다.

그 회사의 친절한 인도로 종일 중요한 공장을 구경하고 석양에 그 시가를 떠나서 프랑스의 신국경을 넘어서 시비 많은 엘사스-로트링겐[251] 땅을 들어섰다.

8일에는 메스[252]시를 구경하고 떠나서 유명한 베르됭[253] 전적을 구경하러 갔다. 이곳은 프랑스의 제1 요새지로서 구주대전 시에 가장 참혹하게 오랫동안 싸운 곳이다. 그러므로 누구나 구주대전의 전적을 구경하려면 이리로 온다.

우리는 미국인 여객들과 동행이 되어서 자동차로 종일 돌아다니면서 여러 가지 전적을 두루 구경하는데 포연탄우[254]가 그친 지 근 10년이 된 그

〈그림 109〉 이극로 박사학위 수여식
(왼쪽부터 신성모, 이극로, 안호상)

때에도 아직 곳곳에 채탄공사가 있는데 대포 탄환을 땅속에서 캐어 내어서 군데군데 무더기를 지어서 산더미처럼 쌓아 놓았다.

그 곳의 전적 진열관을 구경하고 있을 때에 한 쪽으로는 멀리서 울려오는 예배당의 천당 종소리가 들린다. 그때에 나는 선악을 겸비한 것은 인간이란 것을 새

---

249 [편쥐 지멘스 전기공업주식회사(Siemens AG) : 베르너 폰 지멘스(1816~1892)가 1847년에 설립한 독일 최대의 전기 · 전자기기 제조회사.
250 [편쥐 이게 염료공업주식회사(I. G. Farbenindustrie AG) : 1925년 12월 25일에 설립된 세계 최대의 독일 화학 공업 카르텔.
251 [편쥐 엘사스-로트링겐(Elsaβ-Lothringen) : 프랑스어는 알자스-로렌(Alsace-Lorraine). 1871년 프토이센-프랑스 선생 후 프랑크푸르트 소약에 따라 녹일 제국의 영토가 되었으나, 1919년 베르사유 조약으로 프랑스령이 되었다. 1940년 나치 독일에 의해 다시 합병되었다가 1945년 제2차 세계 대전이 끝난 후 프랑스 영토로 되돌려 졌다.
252 [편쥐 메스(Metz) : 프랑스 북동부 모젤 주의 도시로, 로렌 지방의 주도다.
253 [편쥐 베르됭(Verdun) : 프랑스 로렌 레지옹의 뫼즈 데파르트망의 도시. 1916년 제1차 세계대전 당시 프랑스와 독일 간 격전지로, 이 전투에서 독일은 33만 7천 명, 프랑스는 37만 1천 명 이상이라는 많은 희생자를 내었다.
254 [편쥐 포연탄우(砲煙彈雨) : '포탄 연기와 비 오듯 하는 탄알'이라는 뜻으로, 치열한 전투를 이르는 말.

〈그림 110〉 이게 염료공업주식회사 공장

〈그림 111〉 메스 시내

〈그림 112〉 베르됭 전사자 묘지

〈그림 113〉 베르됭 요새 전적에서 이극로
(왼쪽 두 번째)와 신성모(맨 오른쪽)

삼스럽게 또 한 번 느끼고 베르됭 시가로 돌아와서, 익일 파리로 직행하였다.

여기에서 수일 머무르면서 프랑스 문화 시설을 두루 구경하고, 특히 역사 깊은 베르사유 궁전[255]을 의미 있게 구경하였다.

6월 15일 아침에 파리를 떠나서 영국해협을 건너서 당일 저녁 런던에 닿아서 신성모 씨가 숙박하고 있는 항해대학[256] 내 기숙사에 들어가서 함께 침대를 같이 하게 되었다.

---

255 [편쥐] 베르사유 궁전(Château de Versailles) : 프랑스 파리 남서쪽의 도시 베르사유에 있는 궁전.
256 [편쥐] 항해대학(航海大學) : 정식명칭은 킹 에드워드 7세 항해대학(King Edward VII Nautical College).
　　주소는 런던 커머셜로드(Commercial Rd.) 680번지.

〈그림 114〉 베르됭 역

〈그림 115〉 파리 시내

〈그림 116〉 베르사유 궁전

5. 영국 런던에서 유학하던 때와 그 뒤

1927년 여름에 내가 런던에서 처음 머물던 집은 항해대학 안에 있는 기숙사인데 이 학교는 런던 동부에 있어 그 이웃은 템스 강[257]을 사이에 두고, 저편에는 그리니치 천문대[258]가 있고 이편에는 인도를 삼키어 먹은 동인도회사[259]가 있다.

여러 천 톤이 되는 기선이 오고가는 깊은 템스 강 밑을 뚫고 나간 큰 버스 길[260]은 우리가 날마다 그리니치 공원[261]에 산보 다니는 길이다. 이 공원 옆에는 그리니치 천문대가 있고 이 천문대 앞에는 지구 경도와 영점선을 새긴 돌바닥이 있고 그 옆으로 조금 나오면 천문대의 정문이 있는데 그 옆 담벼락에는 세계 항해의 표준 시계를 박아 두었다. 이 영점선을 밟으며 이 표준 시계를 볼 때마다 학술계의 역사성이 중한 것을 더욱 느끼게 되었다.

〈그림 117〉 신성모　　　　　〈그림 118〉 런던 항해대학　　　　　〈그림 119〉 그리니치 공원

---

257 [편주] 템스강(Thames River) : 영국 런던 중심부를 흘러가는 길이 346km의 강.
258 [편주] 그리니치 천문대(Royal Observatory, Greenwich) : 1675년에 세워진 영국의 왕립천문대로, 런던 교외 그리니치에 설립되어 경도의 원점이 되었다.
259 [편주] 동인도회사(East India Company) : 대항해 시대, 유럽 여러 나라에서 인도양・동아시아에 대한 모직물 시장 및 향료 획득 등의 독점 무역을 목적으로 세워진 영국의 민간 회사.
260 [편주] 항해대학에서 남쪽에 있는 그리니치 공원으로 가려면 와핑(Wapping)에서 로더히스(Rotherhithe)까지 해저로 연결되는 '템스 터널(Thames Tunnel)'을 통과하거나 아니면 '그리니치 도보 터널(Greenwich Foot Tunnel)'을 지나야 한다. 전자를 이용하면 약간 돌아가는 경로로 5km, 후자로는

〈그림 120〉 그리니치 천문대　　　　　　　〈그림 121〉 런던 정치경제대학교

　나는 한동안 식사를 조선 가정에서 하게 되어서 여러 해 만에 조선 음식을 런던에서 먹게 된 것도 또한 인상 깊은 일이다. 이 집주인은 구주대전 당시에 노동의 길을 찾아서 시베리아로부터 온 함경도 원적을 가진 정 씨의 가정이다. 영국 풍속을 아는 데에 도움이 될까 하여 마지막으로 몇 달 동안은 주인을 영국인 가정에 정하고 있었다.

　찌는 듯이 덥던 여름철도 어느 덧에 지나가고 북국의 찬바람이 돌게 되자 학창을 찾아 구름 같이 모여드는 학생은 런던대학 거리를 요란하게 한다. 나도 학창을 찾아온 사람이라 1927년 11월 23일에 런던대학[262] 정치경제학부에 정식으로 입학하여 한 학기동안 청강하며 연구실에 다니게 되었다. 여러 교수의 강연 중에 더 재미있게 들은 것은 라스키[263] 교수의 정치이상 발달사와 영[264] 교수의 전시

　　최단 경로로 3km 거리다. 규모면으로 볼 때 이극로가 주로 이용한 해저터널은 '템스터널'로 사료된다.
261　[편쥐 그리니치 공원(Greenwich Park) : 영국 런던 왕립공원 가운데 하나로 1433년에 개상한 넌석 0.7km²의 공원으로, 템스 강 남쪽 런던 동부 지역에 있다.
262　[편쥐 런던대학 : 런던정치경제대학교(London School of Economics and Political Science(LSE). 1895년 런던 중심 지역 웨스트민스터시 존 거리(John Street)에 설립된 대학교로서 1902년 현재의 호턴 거리(Houghton Street)로 이전하였다.
263　[편쥐 해럴드 라스키(Harold J. Laski, 1893~1950) : 영국 맨체스터 출신의 정치경제학자. 옥스퍼드대 뉴칼리지에서 수학한 뒤 캐나다 맥길대(1914~1916)와 미국 하버드대(1916~1920)에서 가르쳤다. 1920년 귀국하여 노동당에 가입했고, 1926년 런던정치경제대의 교수가 되어 사망 시까지 재직

〈그림 122〉 라스키 　　　　　　　　　〈그림 123〉 영

〈그림 124〉 셀리그먼 　　　　　　　　〈그림 125〉 정환범

경제문제와 셀리그먼[265] 교수의 문명족과 야만족과의 문화적 관계론이었다.

이 대학에 있을 때의 일로 잊지 못할 것은 상해에서 친하게 지나던 정환범[266]

하면서 정치학을 강의했다. 1930년대에 '영국 민주주의의 위기'를 해명하는 과정에서 마르크스주의로 전향했다. 1945년 노동당 당수로 선출되었다. *Grammar of Politics*(1925), *The State in Theory and Practice*(1935), *Faith, Reason, and Civilization : An Essay in Historical Analysis*(1944) 등 다수의 저서를 남겼다.

264 [편쥐] 앨린 어보트 영(Allyn Abbott Young, 1876~1929) : 미국 오하이오주 켄턴 출신 경제학자. 위스콘신대를 졸업하고 코넬대 교수 등을 지냈다. 1927년 런던정치경제대 교수 에드윈 캐넌(Edwin Cannan)의 공석으로 인해 영국의 저명한 경제학자 윌리엄 베버리지(William Henry Beveridge)가 초청해서 런던정치경제대에 머물다 런던에서 작고했다.

265 [편쥐] 찰스 가브리엘 셀리그먼(Charles Gabriel Seligman, 1873~1940) : 영국 런던 출생. 영국 민족학의 선구자. 1913년부터 1934년까지 런던정치경제대에서 인종학을 강의했다. 대표 저서에 『아프리카 인종(*Races of Africa*)』(1930)이 있다.

군을 여러 해 만에 만나서 한 교실에서 청강하게 된 것이다.

1927년 10월에는 최린[267] 씨를 처음으로 런던에서 만나 수차 상종하게 되었다. 그래서 11월에 최린 씨와 공탁 씨와 더불어 케임브리지대학[268]을 시찰하였다.

1927년 천기 청명하고 서늘한 가을에 신성모 씨와 함께 런던 예수교 구세군[269] 본부의 소개서를 가지고 그 기관에서 경영하는 농장을 구경하러 갔다. 이 농장은 영국 빈민의 자제를 모아서 식민지의 농업경영 기술을 수삼 년 동안 가르치고, 또 각 식민지에 대한 일반 지식을 가르친 뒤에 지원에 의하여 각 식민지의 농촌으로 소개하여 보낸다. 이 농장은 런던에서 동편으로 수십 리를 나가면 옛날 성터가 있는 곳에 있다. 여기에서 우리는 영국의 식민지 정책과 농업 기술을 잘 보았다.

내가 영국에서 깊이 느낀 것은 영국의 언론 자유다. 일요일에나 기타 공휴일에 보면 큰 거리에나 공원[270]에 마치 야시장 노천 가게를 죽 벌려 놓듯이 곳곳에 각

---

266 [편주] 정환범(鄭桓範, 1903~1977) : 충북 청원 출신 독립운동가. 3·1운동에 참여했다가 중국 상해로 망명했다. 1919년 신규식의 밀명을 받고 국내에 진입, 스코필드 박사가 촬영한 학살 장면 등의 사진 50여 매를 임시정부에 전달하여 일제의 진상을 전 세계에 폭로하는 한편 의열단에 가입하여 항일투쟁을 위한 훈련을 받았다. 1922년 영국 런던대에서 경제학을 전공했고, 1934년 스위스 프리부르대에서 경제학 박사학위를, 1938년 영국 케임브리지대에서 경제학 석사학위를 취득했다. 1940~1942년까지 대한민국 임시정부 외무차장으로 봉직했다. 광복 후 1946년에 신한공사 총재, 1948년 대한체육회장, 주중대사관 초대 특사, 1949년 주일대표부 공사를 역임했다. 1952년 미국 아메리칸대학에서 정치학 박사학위를 취득했으며, 1955~1957년에는 청주대 제2대 학장을 역임했다. 1977년 건국포장(1990년 건국훈장 애국장)을 수여받았고, 묘소는 국립대전현충원(애국지사 제1묘역 55)에 있다.

267 [편주] 최린(崔麟, 1878~1958) : 호는 고우(古友), 천도교 도호(道號)는 여암(如庵). 함남 함흥 출신 천도교인·언론인. 일본 메이지대학을 졸업하고 귀국해 보성고보 교장을 지냈다. 3·1 운동 민족대표 33인 가운데 한 사람으로 독립운동가로 활동하다가 1934년 중추원 참의에 임명, 1937년 총독부 기관지 매일신보 사장에 취임해 내선일체를 설파했고, 1941년 조선임전보국단 단장 등을 지내면서 친일 인사로 전향했다. 광복 후 반민특위 재판 공판을 3차례 받았고, 한국전쟁 때 납북되었다.

208 [편주] 케임브리지대학(University of Cambridge) : 옥스퍼드대학교와 함께 영국에서 가장 오랜 전통과 유서를 자랑하는 대학교.

269 [편주] 구세군(Salvation Army) : 1865년 런던 이스트 엔드(East End)에서 감리교 목사 윌리엄 부스가 창시하여 군대식으로 조직·운영되는 기독교 교파이자 국제 자선단체.

270 [편주] 공원 : 하이드파크(Hyde Park). 영국 런던 중심부 버킹엄 궁전 북서쪽에 있는 큰 공원으로, 자유로운 옥외 연설장인 연설자 코너(Speakers' Corner)가 유명하다. 이극로는 공탁, 최린과 함께 하이드파크를 산책하면서 연설자 코너에서 영국의 언론 자유에 대해 깊은 인상을 받았다(최린, 앞의 책, 234쪽).

〈그림 126〉 최린　　　　　〈그림 127〉 케임브리지 대학교　　　　　〈그림 128〉 하이드파크 연설자 코너

정당이나 각 종교 단체나 기타 사회 단체가 각각 노천 연대를 차리고 자기의 주
의를 선전하는 것은 물론이요, 영국 식민지 백성들이 와서 자기의 독립 연설을
하는 연대까지 나타난다. 그리하면 오고가는 사람들은 여기 저기 돌아다니면서
제 마음에 맞는 대로 들어서 사상을 계발하며 사회정세와 국제정세를 통찰하게
된다. 그 결과는 영국 사람이 모든 일에 억제의 태도로 나가게 하고 맹종적 태도
를 없게 한다.

　1928년 1월 9일에 런던을 떠나 벨기에 서울 브뤼셀을 지나 그 다음 날 베를린에
도착하였다. 이곳에 다시 와서 4개월 동안이나 머무르게 된 것은 인연이 깊은 베
를린대학에서 언어학과 음성학을 연구한 편의가 있게 된 까닭이다. 그래서 음성
학 실험실[271] 주임 베틀로[272] 교수의 지도를 받아 조선어 음성도 실험하게 되었다.

　그리하고는 귀국할 준비를 하는데 여행권 수속을 마치고 미국 경유 횡빈[273] 행
의 통선 차표를 사고, 도중에 여러 곳에 시찰의 편의를 위하여 여러 선생의 소개

271　[편쥐] 음성학 실험실(Phonetisches Laboratorium) : 1928년 2월 8일에 최린이 "백림대학 일부분인
　　성음학연구소에 가서 구경하였다"는 회고가 있다(위의 책, 270쪽).
272　[편쥐] 프란츠 베틀로(Franz Wethlo, 1877~1960) : 독일 베를린의 교육자・실험음성학자.
273　[편쥐] 횡빈(橫濱, 요코하마) : 일본 혼슈(本州) 가나가와현에 있는 국제 항만 도시. 후지산 동쪽에 위치
　　한다.

그림 129〉 베를린에서 최린(왼쪽 두 번째)과 이극로　　　　〈그림 130〉 위베르 페르노　　　　〈그림 131〉 에마누엘 슈라메크

장을 얻어 가지고는 1928년 4월 25일에 베를린을 작별하고 떠나서 바로 런던으로 건너갔다.

　런던에서 며칠을 지나고 5월 1일에 또 그 곳을 떠나서 다시 파리로 갔다. 여기에서 1개월을 지나게 된 것은 잠시라도 프랑스 문화를 접촉하여 보는 것이 나에게 적지 아니한 참고가 되리라고 생각한 까닭이다. 아닌 게 아니라 이 한 달 동안은 나에게 큰 도움을 뜻밖에 준 것이 있으니, 그것은 파리대학 음성학부에서 주임 페르노[274] 교수와 그 조수 체코슬로바키아 사람 슈라메크[275] 박사의 요구에 응하여 조선어 음을 그 실험실에서 실험적으로 연구하게 된 것이다.[276]

　물론 그 한 달 동안에 실험비가 수백 원이 났을 것은 환한 일이다. 그러나 그들은 과학 연구가 자기들의 사명인 것만큼 큰 취미를 가지고 실험한 것이다. 슈라

274　[편쥐] 위베르 페르노(Hubert Pernot, 1870~1946) : 프랑스 동부 오스톤 출신 음성학자로 고대 그리스어 전문가. 1911년 파리 언어학협회 회장, 1912년 파리대 문학부 그리스어 및 그리스 문학 강사, 1924년~1930년 음성학연구소(L'Institut de Phonétique) 소장 등을 지냈다.

275　[편쥐] 에마누엘 슈라메크(Emanuel Šrámek, 1881~1954) : 체코 브르노 출신 음성학자. 체코 프라하 카를대학 철학학부에서 공부한 뒤, 1915년부터 1916년까지 브르노에서 수학 및 실험 물리학을 연구했다. 1921년 프랑스에 유학하여 프랑스 음성학자 아베 루슬로(Abbé Rousselot, 1846~1924)를 사사했고, 소르본대 실험 음성 연구실 조교로 일했다. 1931년 귀국해 체코 브르노 마사리크대학에 교수로 재직했다.

276　[편쥐] 이극로가 1928년 5월 15일 육성으로 녹음한 레코드 2종—「조선 글씨와 조선 말소리」, 「인내천－천도교리 발췌」가 프랑스 국립도서관에 전해 온다. 이에 앞서 파리대학 유학생 이정섭(李晶燮, Li Tsing Sieh, 1899~?, 1926년 졸업)은 1923년 5월 1일에 「한국어 음절」 육성 녹음을 남겼다.

〈그림 132〉 이극로 육성 녹음 원판　　　　　　　〈그림 133〉 공탁

메크 박사와 나는 날마다 5, 6시간이나 실험실에 앉아서 약 1개월 동안을 지나게
되었다. 마지막 날에는 슈라메크 씨가 웃으면서 하는 말이 "당신이나 내가 다 미
련한 사람이오. 우리가 이 한 달 동안에 실험한 일의 분량은 연구생과 더불어 보
통 때와 같이 하려면 한 학기 동안이나 하는 것이오"하고 둘이 웃었다. 왜 그는 그
렇게 열심히 하였는고 하면 실험 대상자를 하나 구하는 때에는 돈이 들어도 그리
쉽지 못한 까닭이라고 한다.

　내가 파리에 머무르던 때의 일로 잊지 못할 것은 당시에 파리대학에 재학 중이
던 공탁[277] 씨가 인도하여 주셔서 여러 가지 편의를 얻은 것이다. 연구와 시찰이
끝난 뒤에 파리를 떠나서 런던으로 건너가니 이 날은 1928년 5월 24일이었다.

　구주를 작별할 날을 3주일을 앞둔 나는 시간을 경제적으로 이용하지 아니하면
시찰의 목적을 달하기 어렵게 되었다. 그래서 마지막으로 영국 각지와 아일랜드
를 시찰할 프로그램을 짰다. 먼저 현대 문명의 이기인 비행기를 한번 타는 것도

---

277 [편쥐] 공탁(孔濯, 1900~1972) : 본명 공진항(孔鎭恒), 호는 탁암(濯菴). 경기도 개성 출신 기업가·
　외교관·행정가. 개성 실업가 공성학(孔聖學)의 차남이다. 일본(와세다대학 영문과), 영국(런던대
　학 경제과), 프랑스(파리대학 사회과)에 유학한 뒤, 만주에서 만몽산업주식회사를 경영했다. 광복
　후에는 초대 주프랑스한국대리공사(1949), 제4대 농림부장관(1950), 천도교 교령(1955)을 역임했
　다. 이극로에게 한글운동을 독려하여 진로를 결정케 한 장본인이다.

〈그림 134〉 맨체스터 빅토리아대학

〈그림 135〉 맨체스터 역

빼지 못할 일이다 하여 6월 1일에는 런던에서 15, 16인이 타는 시가 관람 비행기를 타고 런던 전 시가의 중요한 곳을 내려 살피게 되었다. 비행기를 타본 것은 이때가 평생에 처음이었다.

런던대학 교수들의 소개장을 가지고 각지로 떠나던 날은 1928년 6월 4일이다.

먼저 영국 공업도시 맨체스터[278]에서 공장들과 대학[279]과 기타 제반 시가 시설을 구경하고, 5일 밤중에 맨체스터 정거장을 떠나서 아일랜드 서울 더블린[280]으

---

278 [편쥐] 맨체스터(Manchester) : 영국 잉글랜드 북서부의 도시로, 런던에서 336km 떨어져 있다.
279 [편쥐] 지금의 맨체스터대. 당시 명칭은 맨체스터 빅토리아대학(Victoria University of Manchester)이었다.
280 [편쥐] 더블린(Dublin) : 아일랜드의 수도.

〈그림 136〉 아일랜드 의회와 오설리번 문부성 장관(왼쪽 네 번째)

〈그림 137〉 글래스고 부두

로 건너가게 되었다.

6월 6일 이른 아침에 더블린에 도착하여 수 시간에 시가를 구경하고, 아일랜드 문부성[281]을 방문하여 그 나라의 국어교육 현상[282]을 조사하였다.[283] 때 마침 아

---

281 [편쥐 문부성 : 정확히는 교육부(Minister for Education)다. 1921년에 개설되었고, 1928년 당시 장관은 존 오설리번(John Marcus O'Sullivan, 1881~1948)이었다.
282 [편쥐 현상(現狀) : 나타나 보이는 현재의 상태.
283 [편쥐 이극로는 아일랜드인들이 영어를 공용어로 사용하고 간판과 도로표식 등 모든 것이 영어로 표기된 것을 보고 '우리말과 글도 저런 신세가 되지 않겠는가'라는 생각을 했고, 조국에 돌아가면 모국어를 지키는 운동에 한평생을 바치자고 결심했다(김일성, 『세기와 더불어』 8, 평양 : 조선로동

일랜드 국회가 개회 중이라 방청을 청하였더니 친절히 허락하여 주었으므로 의미 있게 방청하였다.

역사 깊은 새 나라를 하루 동안에 보고 떠나게 된 것은 나의 여정의 일자가 허락하지 아니한 까닭이다. 이날 석양에 기선을 타고 더블린 시를 섭섭히 작별하고 떠나서 스코틀랜드 공업도시 글래스고로 향하고 가게 되었다.

6월 7일 아침에 배는 글래스고[284] 부두에 닿았다. 공장들과 대학을 구경하고, 그 이튿날 8일에는 문화고도 에든버러[285]로 가게 되었다. 이곳에 닿아서는 버스를 타고 그 부근지의 명소인 포스 브리지[286]에 가서 유명한 큰 철교를 구경하고 돌아와서 에든버러대학[287]과 고도시의 이모저모를 구경하였다. 글래스고와 에든버러에서 각 1숙박을 기독교 청년회관에서 한 것도 여행 기념의 하나가 된다.

6월 9일 오전 10시에 에든버러 정거장을 떠나서 직행차로 당일 오후 6시 반에 런던에 도착하였다. 내가 이제까지 기차를 탔던 가운데에 한참 먼 거리를 가본 것이 이 철도선이었다. 에든버러에서 조금 나오다가 글라스고로 가는 갈림길 정거장에서 잠시 정차하고는 런던까지 직행하니, 최대 속력으로 가는 기차가 8시간을 한숨에 달아난 것이다.[288]

6월 11일에는 옥스퍼드 대학 도시로 가서 각 학원의 제반 시설을 시찰하고 왔다. 케임브리지[289]와 옥스퍼드[290]는 영국의 젠틀맨(신사)을 길러 내는 양사원이다.

당출판사, 1998, 401~402쪽).

284 [편쥐] 글래스고(Glasgow) : 영국 스코틀랜드에 있는 도시.

285 [편쥐] 에든버러(Edinburgh) : 스코틀랜드의 수도.

286 [편쥐] 포스 브리지(Forth Bridge) : 1890년에 완성된 스코틀랜드 동해안의 포스(Forth)만을 횡단하는 길이 2,530m의 철도교로, 에든버러 서쪽 퀸스페리에서 남북으로 걸려 있다.

287 [편쥐] 에든버러대(University of Edinburgh) : 1582년 스코틀랜드 에든버러에 설립된 명문 국립대학교.

288 [편쥐] 에든버러의 웨이벌리(Waverley) 역에서 런던의 킹스 크로스(Kings Cross)역까지 동부지역 62/km를 달리는 '이스트 코스트 메인 라인'으로, 본 노선 및 신형 증기기관차를 "플라잉 스코츠맨(The Flying Scotsman)"이라고 불렀다.

289 [편쥐] 케임브리지 : 케임브리지대학(University of Cambridge). 영국 런던에서 북동쪽 90km 거리인 케임브리지셔 주 케임브리지에 자리한, 800년의 역사(1209년에 설립)와 전통을 자랑하는 명문대학이다.

290 [편쥐] 옥스퍼드 : 옥스퍼드대학(University of Oxford). 영국 잉글랜드 남동부 옥스퍼드셔 주 옥스퍼드에 자리한 대학교로 세계 최고의 명문대학이다. 옥스퍼드는 세계적으로 유명한 대학도시이자 관광지이기도 하다.

〈그림 138〉 포스 브릿지

〈그림 139〉 플라잉 스코츠맨

누구나 그 학원에 들어서면 곧 느끼는 것이 신사풍이다. 이 학원 안에는 소학교
도 겸하여 있는데 출입하는 소학생도 긴 학자복을 입고 다닌다. 그들은 지식을
배우는 것만 목적이 아니라, 행실 곧 신사 예법을 배우는 것이 어느 점으로 더 중
요하다.

　6월 12일에는 런던대학[291]에 가서 음성학 권위인 대니얼 존스[292] 교수를 방문

291　[편쥐 런던대학 : 유니버시티 칼리지 런던(University College London(UCL). 1826년 런던 중심부 블
　　룸스버리(Bloomsbury) 가워 거리(Gower Street)에 설립된 대학교. 본교는 앞서 런던정치경제대에
　　서 북서쪽 1km 떨어진 곳에 있다.

292　[편쥐 대니얼 존스(Daniel Johns, 1881~1967) : 영국 런던 출신의 음성학자. 영국파 실용음성학 확
　　립에 공헌한 인물로, 런던대 음성학 교수(1921~1949), 국제음성학협회장(1950~1967)을 역임했
　　다. 저서에 *The Pronunciation of English*(1909), *An English Pronouncing Dictionary*(1917),

〈그림 140〉 옥스퍼드 대학

〈그림 141〉 대니얼 존스

〈그림 142〉 사우샘프턴 항과 머제스틱 기선

하여 조선어 음에 대한 논평을 들어 많은 참고를 얻어 가지고 돌아왔다.

나는 6월 13일 오전에 런던을 작별하고 기차로 사우샘프턴[293]항으로 가서 반일 동안 그 항구를 구경하고, 오후 5시에 머제스틱 기선[294]을 타고 그 항구를 떠나서 동 8시에 프랑스 셰르부르[295] 항에 잠시 닿았다가 곧 떠나서 아메리카 뉴욕으로 바로 항행하게 되었다.

나를 일부러 전송하기 위하여 런던에서 동행하여 사우샘프턴 부두까지 나와 갑판위에서 작별하고 간 신성모 씨는 항해왕인 것만큼(신 씨의 항해술은 영국에서도 이름이 높다), 나는 그 분에게서 항해 상식을 많이 얻게 되었다. 다른 배의 삯에 견준다면 퍽 비싼 선비인 것도 불구하고 내가 이 머제스틱 기선을 타게 된 것은 신 씨의 권고를 받은 까닭이다. 그는 배의 전문가라 세계 각국 배의 내용과 역사를 환히 알고 있다.

신 씨는 나에게 늘 말하였다. "이다음에 미국으로 가게 되거든 마땅히 머제스틱을 타라"고 말하면서, 한 나라는 구경을 못 할지라도 그 배는 구경하여야 된다는 것이다. 그 까닭은 그 배가 당시에 최신식이요, 최대 기선으로 5만 6천 5백 51톤[296]이라는 엄청나게 큰 배다. 그리고 그 배의 기관실에는 기술상 관계로 독일 기사를 전임으로 두었다. 이 배는 독일이 영국과 해상의 패권을 다투기 위하여

An Outline of English Phonetics(1918), *The Phoneme : Its Nature and Use*(1950)가 있다.

293 [편쥐] 사우샘프턴(Southamton) : 영국 잉글랜드 남동부에 있는 항구 도시.
294 [편쥐] 머제스틱 기선(RMS Majestic) : 1922년~1934년 화이트 스타 라인에서 운영했던 초대형 증기선. 전장 291.4m, 속력 23.5노트(43.5km/h), 수용인원 2,145명.
295 [편쥐] 셰르부르(Cherbourg) : 프랑스 서북부, 영국 해협에 면한 항만 도시.
296 [편쥐] 톤 : 정확히는 선박 무게 단위인 그로스톤(GT).

〈그림 143〉 신성모   〈그림 144〉 항해 중인 머제스틱 기선   〈그림 145〉 뉴욕 항

세계대전 전에 독일에서 만들다가 전쟁 중에 공사를 중지하였던 것인데, 대전 후
에 준공하여 배상으로 영국에 바쳐서 영국의 선적을 가지게 된 역사가 있는 배
다. 이 배는 크기로만 세계의 제일이 아니라 또 속력으로도 세계의 제일이다. 이
배는 일주야, 24시간에 항행한 길이 570.80마일²⁹⁷이었다. 내가 태평양을 건널
때에 타던 시베리아환이나 천양환의 속력은 일주야에 370.80마일²⁹⁸이 되었으니
그것과 비한다면 2백마일의 큰 차이가 있다.

구주 대륙을 떠난 제3일인 6월 15일과 그 이튿날에는 풍랑이 상당히 세었다.

16일 오후 5시에는 선원이 선객을 인도하여 기선의 기관실을 관람하게 하였
다. 보통 다른 배에서 안 하는 것을 이 배에서만 한 것은 선객이 기관실을 관람하
게 한 일이다. 이것은 당시에 세계 조선계의 혁명을 일으킨 배인 것만큼 선객들
의 요구에 응한 것과 또 영국의 자랑으로 한 것이다.

산과 같은 이 배가 쏜살같이 달아나서 어느덧 아메리카 대륙을 우리 눈앞에 나
타나게 하였다. 선객들은 "저기가 아메리카다" 하면서 기뻐하는 것은 마치 당시
에 콜럼버스가 신대륙을 발견하고 기뻐한 듯이 한다. 때는 6월 19일 오후 3시인
데, 배는 벌써 뉴욕 항구 밖에 닿았다.

항로 게시판에 보니 영국 사우샘프턴 항에서 뉴욕 항까지 온 전 항로는 3,159
마일²⁹⁹이다. 배가 닿자 미국 관리는 경호선을 타고 달려와서 우리 배에 올라섰
다. 그들이 선객의 여행권과 짐 조사를 마친 뒤에 하륙하게 되니 때는 오후 5시였

---

297 [편쥐 570.80마일 : 918.6km.
298 [편쥐 370.80마일 : 596.7km.
299 [편쥐 3,159마일 : 5,083.9km.

〈그림 146〉 장덕수 　　　　　　〈그림 147〉 한상억 　　　　　　〈그림 148〉 허정

다. 부두에 내리니 장덕수[300] 씨와 한상억[301] 씨와 허정[302] 씨가 마중을 나와서 반가이 만나 주었다. 그래서 이 분들의 인도로 뉴욕 시에 있는 록펠러 국제관[303]으로 가서 편안히 머무르게 되었다.

---

300 [편쥐] 장덕수(張德秀, 1895~1947) : 호는 설산(雪山). 황해도 재령 출신 독립운동가・정치가. 일본 와세다대학 정경학부를 졸업하고, 1920년『동아일보』초대 주필이 되었다. 1923년 미국 컬럼비아 대학에서 경제학 박사학위를 받고 귀국, 1936년 동아일보사 부사장을 역임했다. 1938년에서 1945년까지 조선임전보국단 발기인・이사 등을 지내면서 일제 식민통치 정당성 및 전쟁 협력 주장 등 친일 행각으로 인해 친일 인사라는 오점을 남겼다. 광복 후 한국민주당을 창당, 외교부장・정치부장 등을 지내다가 1947년 암살되었다.

301 [편쥐] 한상억(韓相億, 1898~1949) : 서울 출신으로 1922년에 독일로 유학했으며, 1924년 스위스 취리히 대학에서 경제학을 전공했다. 1928년 미국에서 창간된 순 한글 주간신문『삼일신보』발기인으로 참여했으며, 1929년 5월 20일에 귀국했다. 1934년 남작 작위를 승계 받아 조선귀족으로서 친일반민족행위 704인(징지 부문 습작) 명단에 포함되있나.

302 [편쥐] 허정(許政, 1896~1988) : 호는 우양(友洋). 부산 출신 정치가. 보성전문학교 법과를 졸업, 3・1운동 참가 뒤 중국으로 망명하여 대한민국 임시정부에 참여했다. 프랑스에서 재불한인거류민회 회장, 미국에서 뉴욕한국유학생회 회장에 임명되었고, 1922년 북미한인교민총단장, 그리고『삼일신보』사장이 되었다. 광복 후 교통부장관, 사회부장관, 국무총리서리, 서울특별시장(1957~1959)을 지냈다. 정치일선에서 물러난 뒤 통일원 고문(1969~1984), 국정자문위원으로 일했다. 저서에『내일을 위한 증언』((사)샘터사출판부, 1979)이 있다.

303 [편쥐] 록펠러센터(Rockefeller Center) : 미국 뉴욕에 있는 초고층 건물이다.

6. 귀국 도중에 미국 시찰하던 때와 그 뒤

내가 미국을 돌아서 귀국한 것도 억지의 짓이다. 그러나 기대한 아메리카 문화를 한번 시찰하는 것이 나의 중요한 프로그램이므로 실행할 결심을 한 것이다. 내가 이우식 씨로부터 받은 여비는 런던에서 시베리아를 지나서 조선까지 돌아올 그것밖에 아니 되었다. 그런데 여정을 달리 잡아 놓고 또 시찰의 프로그램을 더하니 여비 예산은 본래 그것보다 2배나 늘었다. 이 여비를 차입하는 데에는 영국에서 신성모 씨가 힘을 썼고 미국에서 장덕수 씨가 힘을 썼다.

1928년 6월 19일부터 한 달 동안 뉴욕에 머무르면서 각 방면을 시찰하게 되었는데[304] 그때에 나를 친절히 혹은 길을 인도하여 주셨으며 혹은 간담을 하여주신 분은 그전부터 친한 친구로 장덕수 씨와 한상억 씨와 이희경[305] 씨요, 뉴욕에서 처음으로 사귄 분으로 김양수[306] 씨, 김도연[307] 씨, 윤홍섭[308] 씨, 서민호[309] 씨, 장석영[310] 씨,

---

304 [편주] 이극로는 6월 24일 오후 8시 뉴욕한인예배당에서 뉴욕한인청년회 주최로 미국 첫 국어 강연을 했다(「리극로박사의 국어강연」, 『신한민보』, 1928.7.5).

305 [편주] 이희경(李喜儆, 1890~1941) : 평남 순천 출신 의사·독립운동가. 1904년 미국으로 건너가 1907년 오하이오대학교에서 영문학을 전공했고, 졸업 후 시카고대학교에서 의학박사학위를 받았다. 1915년 하와이에서 병원을 개업하여 하와이 거주 한인동포들을 대상으로 의료봉사를 했다. 1918년 12월 중국 상해로 건너가 이듬해 대한민국 임시정부 의료기관 '재상해대한적십자회'를 조직하고 초대 회장에 선임되었다. 1920년 5월 임시정부 외무차장 겸 외무총장대리에 임명되어 외교활동에 전력했다. 1923년 독일에 건너갔다가 다시 미국을 거쳐 1934년에 귀국해 1937년 서울 인사동 136번지에서 박용준과 함께 이희경 내과를 개원했다(「의학전공삼십년, 독일에서 이희경 씨 금의환향」, 『동아일보』, 1937.7.4). 1968년 건국훈장 국민장(독립장)이 추서되었고, 묘소는 국립서울현충원(애국지사묘역 97)에 안장되어 있다.
참고로 포상자 공적조서에 "(이희경은) 1935년 국내 사정의 정탐과 비밀활동을 위해 귀국하던 도중 일본 요코하마에서 일본 수상경찰에게 체포되어 국내로 압송 도중 심한 고문을 당해 병보석으로 출감된 뒤 서거했다"는 내용은 사실이 아니다. 1938년 일제 증인신문조서에 본인 스스로 "독립운동을 후회한다"는 진술을 하는 한편, 신문지상에 의학칼럼을 기고하고 있기 때문이다.

306 [편주] 김양수(金良洙, 1896~1971) : 호는 약영(若嬰). 전남 순천 출신 독립운동가. 일본 와세다대학 정치경제학부 졸업하고 미국으로 건너가 컬럼비아 대학에서 신문학을 전공했다. 1925년 미국 하와이에서 열린 태평양회의에 서재필·김활란·신흥우 등과 함께 참석, 성명을 통하여 총독정치의 진상을 폭로했다. 1926~1927년 미국 뉴욕에서 『삼일신보』 주필로서 동포들의 독립정신 고취에 주력했다. 1931년에 영국, 중국을 거쳐 귀국, 1935년 조선어학회에 참여, 사전편찬사업의 재정적 뒷받침을 담당했다. 1942년 10월 조선어학회사건에 연루되어 1945년 1월 징역 2년에 집행유예 4년을 선고받았다. 광복 후 1960년에 원자력원장을 역임했고, 1963년 대통령표창(1990년 건국훈장 애국장)을 수여받았다.

안승화[311] 씨, 허정 씨, 이동제[312] 씨, 이원익[313] 씨, 김병호[314] 씨 등이었다.

---

307 [편주] 김도연(金度演, 1894~1967) : 호는 상산(常山). 서울(강서구 염창동) 출신 독립운동가·교육인·정치인. 1919년 2·8 독립선언 당시 11명의 대표 중 한 사람이다. 1922년 도미, 콜롬비아대학교 대학원에서 경제학 석사학위를 받고, 아메리칸대학교 대학원에 진학하여 박사학위를 받았다. 그 뒤 『삼일신보』를 발간하는 등 활발한 활동을 벌이다 귀국했고, 조선어학회 재정을 돕다 조선어학회 사건 관련자로 구속 수감되었다. 광복 직후 한민당 창설에 참여했고, 초대 재무부 장관을 역임했다. 저서에 『나의 인생백서』(일신문화사, 1965)가 있다. 1963년 대통령표창(1991년 건국훈장 애국장)을 수여받았고, 묘소는 북한산 수유지구 독립유공자 묘역에 안장되어 있다.

308 [편주] 윤홍섭(尹弘燮, 1893~1957) : 호는 창석(滄石). 서울 출생. 윤택영의 장남으로 일본 와세다대학교를 졸업, 1922년에 미국으로 건너갔다. 뉴욕에서 장덕수·필지성과와 같이 코스모폴리탄 클럽에서 활동하였으며, 1928년 『삼일신보』 발기인, 영업부 직원을 지냈다. 오레곤 주립대학 신문과 졸업 후 컬럼비아대 대학원을 거쳐 1935년 아메리칸대학에서 국제정치학을 전공, 「국제적 극동관계상의 조선(Korea in International Far Eastern relations)」으로 박사학위를 받았다. 1935년 11월 귀국 후 흥업구락부에 참가했다가 일경에 체포되었다. 광복 후 구왕궁사무청 사무관장, 숙명학원 이사장을 역임했다.

309 [편주] 서민호(徐珉濠, 1903~1974) : 전남 고흥 출신 정치인. 보성고보(1921)와 일본 와세다대학 정경학부(1923)를 거쳐 미국 웨슬리언대학교와 컬럼비아대 대학원 정치사회학부를 졸업했다. 귀국하여 1935년 전남 벌교읍에 송명학교를 설립해 교장을 지냈고, 1942년 조선어학회사건으로 1년간 복역했다. 광복 후 조선전업 사장과 초대 광주시장을 역임했고, 조선대학교 설립을 주도했다. 1950년 정치에 입문하여 민의원 부의장을 거쳐, 1963년 자민당 최고위원과 민중당 최고위원, 1966년 민주사회당 대표최고위원, 1967년 대중당 대표최고위원을 지냈다. 지서에 『나의 옥중기』(1962), 『이래서 되겠는가』(1970)가 있다. 2001년 건국훈장 애족장이 추서되었고, 묘소는 국립대전현충원(애국지사 제3묘역 93)에 안장되어 있다.

310 [편주] 장석영(張錫英, 1894~1982) : 경기 강화 출신 감리교 목사·교육자. 1926년 미국 유학길에 올라 컬럼비아대학을 거쳐 유니온신학대학에 박사학위를 받고 미감리회에서 목사 안수를 받고 귀국한 뒤 연희전문학교 교목으로 10년간 봉직했다. 해방 후 미군정청, 대한적십자사에서 일했고 이화여대, 감리교신학교 등에서 강의했다. 1966년 기독교초교파운동본부 총재를 지냈다. 원문에 장현영(張顯英)으로 되어 있으나, 당시 김도연과 친분이 있었던 뉴욕 유학생은 '장석영'이어서 이를 바로 잡았다.

311 [편주] 안승화(安承華) : 함남 정평 출신 재미사업가. 미국 남캘리포니아대학을 졸업하고 뉴욕대학 상과를 다닌 뒤 동양물품 무역회사를 차려 사업가의 길을 걸었다(「상업시찰차로 안승화씨 입경」, 『동아일보』, 1935.7.17). 1943년 뉴욕에서 조직된 고려경제회(Korea Economic Society)에서도 활동했다.

312 [편주] 이동제(李東濟, 1896~?) : 함남 함흥 출신 사업가. 일본 와세다대학을 졸업하고 1925년에 미국으로 건너가 뉴욕 컬럼비아대학 정치학부를 졸업했다. 1930년에 귀국한 뒤 만주국 중앙은행에서 9년 근무, 도자기 제조공장을 2년간 경영하면서, 1936년 신경(新京)조선인민회 부회장을 지냈다. 광복 후 1947년에는 조선생활품영단 이사장을 역임했다.

313 [편주] 이원익(李源益, 1877~?) : 서울 출신으로 1902년 미국 샌프란시스코에 정착했고, 애국동맹단 서기원, 대한인소학교 교사(1910), 국민회 서기 등을 지냈다. 1907년부터 한글타자기 개발에 매진하여 1912년에 뉴욕으로 옮긴 뒤 미국 최초로 한글타자기 발명에 성공했다(「국문 글시 쓰는 기계 신발명」, 『신한민보』, 1912.6.17).

314 [편주] 김병호(金炳鎬, 1894~?) : 재미사업가로 미국 캔자스시티, 뉴욕에 살다가 1933년부터 L.A.로

〈그림 149〉 김양수

〈그림 150〉 김도연

〈그림 151〉 윤흥섭

〈그림 152〉 서민호

〈그림 153〉 안승화

〈그림 154〉 이동제

내가 여기에서 시찰한 것은 컬럼비아대학,[315] 뉴욕일보사,[316] 시오니스트기관(유태국건설기관),[317] 천주교당, 예수교당, 테일러학회(작업방법연구소)[318] 박물관, 흑인

이주했다. 하와이 호놀룰루 대조선독립단 단원·한인협회 서기·국민회 임원으로 활약한 김진호(金振鎬)의 동생이다. 또한 독립운동가 현순 목사의 사위로, 부인은 엘리자베스 현(Elizabeth Hyun).

315 [편쥐] 컬럼비아대학(Columbia University in the City of New York) : 미국 뉴욕 시 맨해튼에 있는 사립대학교.

316 [편쥐] 뉴욕일보사 : 뉴욕 시 43가 229번지에 있던 뉴욕 타임즈(The New York Times) 본사 건물.

317 [편쥐] 시오니스트기관 : 미국 시온주의자(이스라엘 민족주의자) 조직(The Zionist Organization of America, ZOA)으로 여겨진다.

318 [편쥐] 테일러학회 : 테일러협회(Taylor Society). '테일러'는 *The Principles of Scientific Management*(1911)을 저술한 현대경영학의 아버지 프레드릭 테일러(Fredrick Winslow Taylor, 185

의 예배당, 흑인의
극장, 조선인의 각
종 실업기관, 기타
제반 시설이었다.
　내가 이원익 씨
를 수차나 특별히
방문한 것은 '한글'
자모의 활자와 타
자기에 대한 강화
를 듣고자 한 까닭
이다. 이원익 씨

〈그림 155〉 컬럼비아대학

는 발명의 소질이 많은 분인데 '한글' 타자기를 30년 전에 최초로 발명한 사람이
다. 그의 '한글' 타자기는 미국에 있는 조선인 기관에서 벌써 널리 쓰고 있다.

　동 7월 2일에 테일러학회에 가서 미국 각지의 각종 공장을 시찰할 소개서를 얻
어 가시고, 이튿날 3일 아침에는 원행 버스를 타고 뉴욕 시를 떠나 그날 밤 보스
턴[319] 시에 닿아서 기독교 청년회관 기숙사에 머물렀다.

　7월 4일은 미국 독립기념일이요, 보스턴 시 미국 독립군이 창의한 곳이다. 이
곳의 독립 기념은 특별히 성대한데, 이 기념의 성황은 나에게 잊지 못할 감상을
주었다. 여기서 정성봉[320] 씨와 하경덕[321] 씨를 만나서 그분들의 인도로 하버드대

　6~1915)다.

319　[편쥐] 보스턴(Boston) : 미국 북동부 매사추세츠 주의 동부 및 대서양 연안에 있는 주도로 미국에
　　서 가장 역사가 오래된 도시.
320　[편쥐] 정성봉(鄭聖鳳, 1898~?) : 평북 영변 출생. 연희전문학교를 졸업했고 1919년 3 · 1운동에 참
　　가했다가 성역 8개월을 선고받고 수감되었다. 1920년 조선학생회 지육부장을 맡고, 시국강연을 활
　　발히 하다가 1923년 미국에 망명, 보스턴에 정학해 보스턴대학에서 신학을 전공했고, 1925년 흥사
　　단에 입단했다. 1928년 『삼일신보』 발기인 중 한 사람이다.
321　[편쥐] 하경덕(河敬德, 1897~1951) : 호는 안당(晏堂). 전북 익산 출신 사회학자 · 언론인. 평양 숭실
　　중학교를 거쳐 1915년 미국에 건너가 1925년에 하버드대학 사회학과를 졸업했다. 1928년 『사회법
　　칙(Social Laws)』으로 철학박사학위를 받고 이듬해 귀국한 뒤, 1931년 연희전문학교 교수로 재임하
　　는 한편, 흥사단에 가입해 민족운동에 힘썼다. 광복 후에 『코리아 타임즈』 창간 등 언론계에 큰 업
　　적을 남겼다. 저서로는 『사회법칙』, 『사회학입문』이 있다.

〈그림 156〉 하경덕　　　　〈그림 157〉 미국 독립기념관　　　　〈그림 158〉 미국
독립기념관에서 이극로

학[322]과 기타 공장 등을 구경하고, 6일에는 보스턴 시를 떠나서 프레이밍햄[323]으
로 가서 공장을 구경하고, 7일에는 프로비던스[324]에서 공장을, 뉴헤이븐[325]에서
예일대학[326]을 구경하고 저물게야 뉴욕 시로 돌아와서 머무르게 되었다.

　7월 23일에 뉴욕 시를 떠나서 프린스턴[327]에 잠시 내려서 대학[328]을 구경하고,
저녁에 필라델피아[329] 시에 닿아서 숙박하였다.

　24일에는 여기에서 미국 독립기념관[330]과 신문사와 백화점 등을 구경하고, 서
재필[331] 씨를 방문하였다. 나는 이 노선생에게 조선 근세의 회고담을 물은 것도

322 [편쥐] 하버드대학(Harvard University) : 미국 매사추세츠 주 케임브리지 시에 있는 사립 종합대학교.
323 [편쥐] 프레이밍햄(Framingham) : 미국 매사추세츠 주 미들식스카운티의 읍.
324 [편쥐] 프로비던스(Providence) : 미국 북동부 로드아일랜드(Rhode Island) 주의 주도.
325 [편쥐] 뉴헤이븐(New Haven) : 미국 북동부 코네티컷 주 뉴헤이븐카운티에 있는 상공업의 중심지
　　　이자 예일대학 등이 있는 대학 도시.
326 [편쥐] 예일대학(Yale University) : 미국 코네티컷 주 뉴헤이븐에 있는 사립 종합대학교.
327 [편쥐] 프린스턴(Princeton) : 미국 북동부 뉴저지 주 머서군 중부에 있는 도시.
328 [편쥐] 프린스턴대학(Princeton University). 1746년 미국 뉴저지 주 프린스턴에 설립된 사립 종합대
　　　학교. 미국 동부 8개 명문 아이비리그에 속해 있으며, 미국의 최고 대학 중 하나로 손꼽힌다.
329 [편쥐] 필라델피아(Philadelphia) : 미국 북동부 펜실베이니아 주의 동쪽 끝에 있는 도시.
330 [편쥐] 미국 독립기념관(Independence Hall) : 미국 펜실베이니아 주 필라델피아 중심부에 있는 역
　　　사적 건축물로, 1979년에 유네스코 세계문화유산으로 지정되었다.
331 [편쥐] 서재필(徐載弼, 1864~1951) : 호는 송재(松齋). 전남 보성 출신 독립운동가·언론인·정치
　　　인·의학자. 1884년 김옥균 등과 함께 갑신정변에 적극 참가했다가 일본을 거쳐 1885년 미국으로

〈그림 159〉 서재필　　　　〈그림 160〉 신동기(왼쪽)의 주필리핀대사 임명 사진

의미 없는 것이 아니었다.

25일에 그 곳에서 기관차 공장, 조선소 등 여러 가지 공장을 구경하였다.

26일에는 필라델피아 시에서 박물관과 대학 등을 구경하고 떠나서 저녁에 수도 위싱턴[332]에 도착하여 신동기[333] 씨 집(구미위원부 집)에서 1주간 머무르면서 여러 가지를 구경하고 또 시찰의 주선을 하게 되었다.

내가 여기에서 시찰한 것은 국립박물관,[334] 경제연구소, 위싱턴기념각,[335] 링

망명했다. 1895년 귀국한 뒤 1896년에 『독립신문』을 창간했다. 1989년 다시 미국으로 건너간 뒤 1921년 대한민국 임시정부 위싱턴회의 한국 대표단 부대표로 임명되어 외교활동을 전개했다. 광복 후 1947년 미군정청 최고정무관으로서 귀국했다가 1948년 다시 미국으로 돌아가 1951년 필라델피아에서 작고했다. 1977년 건국훈장 대한민국장이 추서되었고, 1994년 유해가 봉환되어 국립서울현충원(애국지사묘역 219)에 안장되었다.

332 [편쥐] 위싱턴 : 미국의 수도. 정식명칭은 '위싱턴 컬럼비아 특별구'이며, 위싱턴 D.C.(Washington, D.C.)로 줄여 이른다.

333 [편쥐] 신동기(申東起, 1898~?) : 전북 전주 출신으로 1921년 일본 북해도농과대학을 졸업, 1923년 미국으로 건너가 워싱턴내학에서 생물학을 선공하고 1929년 귀국했나. 광복 후 미군성상관 비서실장, 한국무역진흥 동경지사장을 역임, 1960년 주필리핀 대한민국 대사로 재직했고, 1961년 5·16 군사정권이 들어서자 미국으로 떠났다. 부인은 한국 최초의 여의사 한소제(1899~1997) 여사(「한부인과 동반, 신동기 씨 환향」, 『동아일보』, 1929.2.20).

334 [편쥐] 국립박물관 : 미국 위싱턴 D.C.에 있는 스미스소니언 협회 산하의 세계적인 박물관으로 정식 명칭은 국립자연사박물관(National Museum of Natural History)이다.

335 [편쥐] 위싱턴기념각 : 위싱턴기념탑(Washington Monument). 미국 초대 대통령 조지 위싱턴을 기리기 위해 수도 위싱턴 내셔널몰(National Mall) 서쪽 끝에 세운 높이 168m의 이집트 오벨리스크형

〈그림 161〉 링컨기념관 앞에서 이극로 　　　　〈그림 162〉 미국 의회도서관 　　　　〈그림 163〉 피츠버그 （

컨기념관, 국회도서관,[336] 하워드대학(흑인종을 위하여 특설한 것)[337] 등이다.

이밖에 주선과 조사를 위하여 방문한 기관은 홍인종사무국, 상무성, 노동성, 농무성 등이다. 미국 시찰의 편의를 위하여 위에 말한 여러 기관에서 소개서를 얻어 가지고, 워싱턴을 떠나서 피츠버그[338] 시로 향하였다.

이튿날[339] 아침에 그 도시에 내려서 미국 철물주식회사[340]를 방문하고 그 회사의 소개로 철도궤도 제조소와 식료품 제조소를 시찰하고, 밤차로 피츠버그 시를 떠나서 디트로이트[341] 시로 향하였다.

3일 아침에 디트로이트시에 닿아서 세계 자동차 왕국인 포드 자동차 공장을 시찰하고, 조선 사람으로 미국에서 중국요리 대왕이라는 정안주식회사[342] 요리점을 방문하였다.

4일 오후에 버스로 디트로이트를 떠나서 시카고[343] 시로 향하였다.

5일 새벽 시카고에 닿아서 기독교 청년회관 여관에 주인을 정하고, 4일 동안

석조탑. 『조광』 초고에 이극로의 기념 사진이 있고, 답사 일자는 1929년 7월 29일이다.

336 [편쥐 국회도서관 : 미국 의회도서관(Library of Congress).

337 [편쥐 하워드대학(Howard University) : 1867년 흑인 고등교육을 목적으로 워싱턴 D.C.에 설립된 사립대학으로, 교명은 학교 설립 모금을 주도했던 남북전쟁 영웅이자 설립자 '올리버 오티스 하워드' 장군의 이름에서 딴 것이다.

338 [편쥐 피츠버그(Pittsburgh) : 미국 펜실베이니아 주에 있는 상공업 도시. 미국의 철강 재벌 카네기가 철강 사업을 시작하여 1892년 '카네기 철강회사'를 세웠고, 철강도시로도 불린다.

339 [편쥐 1928년 8월 2일.

340 [편쥐 미국 철물주식회사 : 미국 최대 철강회사인 'US스틸(United States Steel Company)'.

341 [편쥐 디트로이트(Detroit) : 미국 동북중부 미시간 주 남동쪽에 있는 도시.

342 [편쥐 정안주식회사 : 1922년 정양필 · 안재창 · 조오홍 3인이 합자하여 설립했고, 사업이 점차 확대되어 1928년에 30만 달러의 자본을 소유하였다.

343 [편쥐 시카고(Chicago) : 미국 동북중부 일리노이 주 북동부에 있는 도시.

〈그림 164〉 디트로이트 정안주식회사　　　　　〈그림 165〉 일리노이대학　　　　　〈그림 166〉 찰스 스튜어트

머무르면서 유태 시오니스트기관과 세계 시장을 정복하고 있는 농기 공장과 도축장, 양복 공장, 박물관 등을 시찰하였다. 일요일[344]에 조선 사람 예배당에 가서 여러 동포를 만났다. 여기에서 길을 많이 인도하여 주신 분은 이동제 씨와 염광섭[345] 씨다.

8월 8일 저녁에 시카고를 떠나서 한밤중에 샘페인[346]에 닿아서 하룻밤 자고, 이튿날에 어배너 농촌대학[347]에 가서 스튜어트[348] 씨를 방문한 끝에 인도자를 얻어서 대학과 농업실험장 전경을 시찰하였다.

저녁차로 그 곳을 떠나서 새로 1시 반에 세인트루이스[349]에 도착하여 숙박하였다.

10일에는 이곳에서 양말 공장과 기타 여러 가지 공장을 구경하고, 밤차로 떠나서 캔자스시티[350]시로 향하였다.

---

344 [편쥐] 1928년 8월 5일.
345 [편쥐] 염광섭(廉光燮, 1893~1981) : 서울 출신으로 한국인 최초의 심리학자. 1914년 미국으로 이민해 1930년 시카고대에서 심리학 박사학위를 취득하고 시카고대 교수를 지냈다. 광복 후 미군정청 고문으로 귀국하여 서울대 심리학과에서 심리학을 강의했으며, 1948년 미국으로 돌아갔다.
346 [편쥐] 샘페인(Champaign) : 미국 동북중부 오하이오 주에 있는 카운티.
347 [편쥐] 어배너 농촌대학 . 미국 일리노이 주에 있는 주립대학교로, 정식명칭은 '어배너-샘페인 일리노이대학교(University of Illinois at Urbana-Champaign, UIUC)'.
348 [편쥐] 찰스 스튜어트(Charles Leslie Stewart, 1890~1974) : 일리노이 출신으로 1924년부터 1959년까지 어배너-샘페인 일리노이대학교에서 농업경제학 교수를 지냈다. 주요 저서에 『미국의 토지제도(Land tenure in the United States)』(1916)가 있다. 묘소는 일리노이 주 우드론 묘지(Woodlawn Cemetery)에 안장되어 있다.
349 [편쥐] 세인트루이스(Saint Louis) : 미국 서북중부 미주리 주 미시시피 강가에 있는 도시.
350 [편쥐] 캔자스시티(Kansas City) : 미국 미주리 주에 있는 도시.

11일 이튿날 아침 캔자스시티에 닿아서 자동차와 비행기학교를 구경하고, 순회자동차로 전 시가를 구경하고, 밤차로 떠나서 털사[351]로 향하다.

12일 아침 오클라호마[352]주 털사에 도착하여 버스로 파허스카[353]에 가서 홍인종[354] 가정을 방문하여 그들의 생활 상태를 시찰하고 밤에 털사로 돌아왔다. 이곳 홍인종은 그 생활상태가 백인종에 그렇게 떨어지지 아니하였다.

13일에는 털사에서 석유광과 석유정제 공장을 시찰하고, 14일에는 홍인종 사무처에 가서 홍인종의 현황을 조사하고, 한날에 털사 시를 떠나서 익일 아침에 애머릴로[355]시에 도착하였다.

주농청지소를 방문하여 시찰의 목적을 말하니, 인도자와 함께 자동차로 20여 마일 밖에 있는 광야로 가서 개방 목축하는 물소[356] 떼를 구경하게

〈그림 167〉 도기 굽는 홍인종과 이극로

한다. 이 지방의 특산물은 물소다. 이 물소 고기는 세계시장에 중요한 자리를 차지하고 있다.

15일 저녁차로 애머릴로 시를 떠나서 익일 아침에 앨버커키[357] 시에 닿다. 홍인종 사무처를 방문하니, 인도자 한 사람을 시켜 이슬레타 홍인종촌[358]으로 가게 한다. 나는 여기에서 반일 동안 그들의 생활 상태를 살펴보고 돌아왔다.

---

351 [편쥐] 털사(Tulsa) : 미국 오클라호마 주 북동부에 있는 도시.
352 [편쥐] 오클라호마(Oklahoma) : 미국 남부에 있는 주.
353 [편쥐] 파허스카(Pawhuska). 미국 오클라호마 주 오세이지카운티에 있는 도시.
354 [편쥐] 홍인종 : 인디언(미국 원주민).
355 [편쥐] 애머릴로(Amarillo) : 미국 남부 텍사스 주 북서부에 있는 도시.
356 [편쥐] 물소 : 정확한 명칭은 '미국 들소(American Bison[아메리칸 바이슨]'. 흔히 버팔로(American buffalo)로 불린다.
357 [편쥐] 앨버커키(Albuquerque) : 미국 서부 뉴멕시코 주에 있는 도시.
358 [편쥐] 이슬레타 홍인종촌(Isleta Pueblo) : 푸에블로 인디언은 뉴멕시코 주와 애리조나 주, 텍사스 주에 부락을 이루어 사는 미국 원주민 인디안 부족들을 말한다. 대부분 뉴멕시코 주 앨버커키 남쪽 리오그란데 계곡에 산다.

17일 아침 8시에는 앨버커키시를 떠나서, 동 7시에 산타페[359]시에 닿아서 홍인종 사무처를 방문하니 인도자를 시켜 먼저 홍인종 문화박물관을 구경하게 하고, 그 다음에 자동차로 수십리 밖에 있는 홍인종촌 테수크[360]로 가서 그들의 생활 상태를 시찰하고 돌아왔다. 위에 말한 두 홍인종촌의 생활은 좀 원시풍이 있는 것만큼 아직도 그 고유한 문화를 그대로 보존하고 있다.

〈그림 168〉 그랜드캐니언

18일 아침에 산타페시를 떠나서 늦은 밤에 그랜드캐니언[361]에 도착하다. 이 날은 지하 금강산이라고 할 수 있는 그랜드캐니언을 구경하게 되었다. 이곳은 평지 속에 화산이 터져서 금강산 같은 경치를 이루었는데 한복판에는 탁류로 된 강이 급히 흐른다.

이곳 풍경을 구경하는데 세 가지 방법이 있으니, 첫째는 비행기를 타는 것이오, 둘째는 말을 타는 것이오, 셋째는 도보로 가는 것이다. 길이 험하고 사막이 있어서 도보는 상당한 모험이 된다. 때는 아침 성염이라 도보로 가던 나는 혹서를 만나서 큰 곤란이라 하기보다 위험한 상태에 빠졌다가 겨우 정신을 차려가지고 돌아왔다. 도보자 중에 혹은 구원대가 말을 가지고 와서 구원하여 가기도 하였다.

저물게 평지로 올라 온 나는 밤차를 타고 그랜드캐니언을 떠나 그 이튿날 저녁때에 캘리포니아[362] 로스앤젤레스[363]에 도착하였다.

8월 21일과 22일 이틀 동안은 로스앤젤레스와 그 부근에서 고무 공장과 석유 정제소와 석유광과 과수원 등을 구경하다.

---

359 [편쥐] 산타페(Santa Fe) : 미국 뉴멕시코 주의 주도.
360 [편쥐] 테스크(Tesuque) : 미국 뉴멕시코 주 산타페 시에 있는 도시.
361 [편쥐] 그랜드캐니언(Grand Canyon) : 미국 서부 애리조나 주 북부에 있는 고원지대를 흐르는 콜로라도 강에 의해서 깎여진 거대한 계곡.
362 [편쥐] 캘리포니아(California) : 미국 서부 태평양에 면한 주.
363 [편쥐] 로스앤젤레스(Los Angeles) : 미국 캘리포니아 주 남부에 있는 도시.

〈그림 169〉 강영승　　〈그림 170〉 황사선　　〈그림 171〉 백일규　　〈그림 172〉 신한

　22일 저녁에는 조선인 자유교당 안에서 국민회 주최로 열린 환영회석에서 '한글' 문제로 강연하다. 이곳에서 인도하여 주신 분은 함병찬[364] 씨와 강영승[365] 씨였다.

　23일 아침 차로 로스앤젤레스를 떠나서 태평양 연안철도로 이날 늦은 밤에 샌프란시스코[366]에 도착하여 중국인 기독교 청년회관에 머물면서 닷새 동안 시찰하게 되었다.

　26일에는 조선인 예배당에서 '한글'에 대한 강연을 하고,[367] 27일에는 가주대학[368]을 방문하다.

　28일에는 국민회 상항지방회의 만찬 초대를 받다. 여기에서 인도하여 주신 분은 황사선[369] 씨와 백일규[370] 씨와 신한[371] 씨였다.

---

364 [편쥐 함병찬(咸秉燦, 1895~1971) : 평남 평양 출생. 1916년 미국에 망명해 샌프란시스코에 정착했다. 1920년 흥사단에 입단, 샌프란시스코 한인교회 엡윗청년회장, 상항지방회 서기(1925), 나성국민회지방회 학무(1928), 나성한인공동회 발기인(1930) 등으로 활동했다. 원문의 함동찬(咸東燦)을 바로 잡음. 2018년 대통령표창 추서.

365 [편쥐 강영승(康永昇, 1888~1987) : 본명은 강지승(康之昇). 평남 평양 출생. 1905년에 가족과 하와이로 이민한 뒤 1912년에 미국으로 이주, 1921년에 대한인국민회 총회장을 지냈다. 누이는 애국지사 강혜원, 부인은 애국지사 강원신이다.

366 [편쥐 샌프란시스코(San Francisco) : 미국 캘리포니아 주의 서쪽에 있는 항만 도시.

367 [편쥐 이극로는 8월 26일(일) 오후 3시 상항한인예배당에서 황사선의 주최로 '국어가 민족의 생명'이라는 주제로 한글강연을 했다(「국어가 민족의 싱명」, 『신한민보』, 1928.8.30).

368 [편쥐 가주대학(加州大學) : 캘리포니아대학교(University of California, UC). 1868년에 설립된 미국 캘리포니아 주의 공립 대학교.

369 [편쥐 황사선(黃思宣, 1884~1974) : 평북 의주 출생. 고등학교 교사 출신으로 1913년에 도미, 1928년 상항한국인연합감리교회 담임 목사로서 안창호의 흥사단 활동, 이대위 목사의 항일운동, 한인들을 위한 구호사업 및 교육계몽에 함께 전념했다(「흥사단 제9단우 황사선 이력서」; 성백걸, 『샌프

〈그림 173〉 샌프란시스코 항   〈그림 174〉 호놀룰루 항

1928년 8월 29일 정오에 내가 탄 시베리아환은 샌프란시스코 부두를 떠난다. 선객을 전송하러 나온 군중은 일시에 만세 소리를 지른다. 보내는 자, 가는 자 서로 흰 수건을 흔드는 동안에 벌써 배는 망망한 대양에 일엽편주가 되고 말았다.

풍정낭평[372]한 태평양을 그대로 헤어 나가는 배가 떠난 뒤 이레 되던 9월 4일 아침 7시에 하와이 호놀룰루[373] 항까지 전 항로는 2,914마일[374]이다.

부두에 마중을 나온 조선인 청년회 총무 이태성[375] 씨의 인도로 이정근[376] 씨

란시스코의 한인과 교회』, 상항한국인연합감리교회100년사편찬위원회, 2003, 390~396쪽). 또한 상항국어학교 교장으로서 이극로의 국어 강연을 홍보했다(『신한민보』, 1928년 8월 23일자, 「국어 박사의 강연을」).

370 [편쥐 백일규(白一圭, 1880~1962) : 호는 약산(藥山). 평남 증산 출생. 동학 접주로 활동했고, 1905년 하와이에 이민해 미국 본토에서 학업을 계속했다. 장인환 · 전명운 의사의 재판후원회 회장이 되어 의거의 정당성을 알리고 석방 노력에 힘썼다. 1914년 『신한민보』 주필, 1919년 대한인국민회 북미지방총회 학무원, 1926년 북미대한인국민회 총회장을 역임했다. 1946년 하와이 『국민보』 주필로서 한국인의 권익옹호에 힘썼다. 뒤에 미국 본토로 돌아가 북미대한인국민회 중앙감찰위원을 지냈다. 저서에 『한국 경제사』(1920)가 있다. 1997년 건국훈장 독립장이 추서되었고, 묘소는 국립대전현충원(애국지사 제2묘역 975)에 안장되어 있다.

371 [편쥐 신한(申韓, 1885~?) : 영어명은 헨리 한 신(Henry Han Shinn). 미국 캘리포니아 차이나타운에서 이발소를 운영했다. 부인은 박강애(Kang-aie Park), 사위는 재미국제문제전문가 선우학원(Harold Hakwon Sunoo, 1918~). 신한은 출항을 앞둔 이극로를 위해 1928년 8월 28일 오후 7시에 만찬회를 열어 주었다(「리박사 위하야 만친회 긔회」, 『신한민보』, 1928.8.30). 이극로는 샌프란시스코 체류 시 황사선, 신한, 백일규 외에 차이나타운 근처에서 엉클 샘 레스토랑(Uncle Sams Restaurant)을 경영했던 양주은(1879~1981, 애국지사)의 신세도 입었다.

372 [편쥐 풍정낭평(風靜浪平) : 바람이 자고, 물결도 잔잔함.

373 [편쥐 호놀룰루(Honolulu) : 미국 하와이 주 오아후 섬 남동부에 있는 주도.

374 [편쥐 2,914마일 : 4,689.6km.

375 [편쥐 이태성(李泰成, 李泰聖, 1888~1942) : 함남 함흥 출신으로 1904년 하와이로 이민했다. 1914년 호놀룰루 한인기독청년회 총무 및 누이누청년회 한인부 총무를 역임했다. 1925년 연합구제금

〈그림 175〉 이태성   〈그림 176〉 힐로 항   〈그림 177〉 이승만

여관에 주인을 정하고 한 달 동안 머물면서 하와이를 시찰하게 되었다.[377]

하와이에서 시찰한 것은 조선 사람의 경제계, 종교계, 일반 생활 상태와 사탕수수 농장, 파인애플 농장, 제당 공장, 파인애플 통조림 공장, 제빙소, 감옥, 정신병자 요양원, 하와이대학[378] 박물관 등이다.

9월 18일 석양에 호놀룰루항에서 배를 타고 떠나서 하와이 본도 힐로[379] 항으로 항행하여 그 이튿날 아침에 대서 이관묵[380] 씨의 인도로 제반을 구경하게 되었다.

21일에는 자동차로 동반하여 화산을 구경하고 돌아오는 길에 이승만 박사가 경영하는 동지촌[381]에 들어가서 하룻밤을 자게 되어 이승만[382] 박사에게서 그 곳

　　모집위원회 선전부에서 활동했고, 『하와이한인학생연회보』 발간에 일조했다. 2005년 건국훈장 대통령표창이 추서되었다.

376 [편쥐] 이정근(李正根, ?~1956) : 하와이 거주 사업가로서 『신한민보』 총편집인(1943), 라나이 지방회장 등을 지냈다. 자택 주소는 호놀룰루 쿠아키니 거리(Kuakini St.) 57번지(「간친회의 성황」, 『국민보』, 1936.12.30). 하와이 국민회 총회장을 지낸 애국지사 이정건(李正健)과 혼동되기도 한다.

377 [편쥐] 이극로는 1928년 9월 8일과 13~15일 누아누청년회관에서 '조선말과 글'을 주제로 강연했다 (「리극로박사의 강연」, 『신한민보』, 1928.9.20).

378 [편쥐] 하와이대학교(University of Hawaii, UH) : 미국 하와이 주 호놀룰루에 있는 주립 대학 군으로 1920년에 종합대학으로 승격되었다. 이극로가 답사할 당시의 건물은 현 마노아(Manoa) 교정.

379 [편쥐] 힐로(Hilo) : 미국 하와이 주 하와이 섬 북동쪽에 있는 도시.

380 [편쥐] 이관묵(李觀默, 1883?~1943) : 하와이 라나이교회 목사로서, 1906년 실력양성과 교육 장려를 목적으로 하는 자강회를 조직했고, 하와이지방총회 재정검사원, 『독립신문』 하와이지국 임원, 대한인국민회 대의원 등으로 활약했다.

381 [편쥐] 동지촌 : 1925년 이승만이 동지식산회사를 조직해 힐로 남서쪽 올라아(Olaa) 지역에 건설하고자 했던 한인촌으로, 1931년에 재정악화로 문을 닫았다.

382 [편쥐] 이승만(李承晩, 1875~1965) : 호는 우남(雩南). 황해도 평산 출신 독립운동가 · 정치가 · 대한민국 임시정부 초대 대통령, 대한민국 초대 대통령. 대표 저서에 『독립정신』이 있다. 1949년 건국훈장 대한민국장을 수여받았고, 묘소는 국립서울현충원(이승만대통령묘소)에 안장되어 있다.

사정을 많이 들었다.

22일에는 동지촌의 생활 상태를 구경하고, 오후에 떠나서 힐로항으로 돌아오다.

23일 석양에 이승만 박사와 함께 힐로 항을 떠나서 그 이튿날 아침에 호놀룰루 항에 다다르다. 하와이에서 조선 사람이 사는 도처의 경제문제, 교육문제, 조선 어문제로 강연하여 준 것과 또한 환영과 초대를 받은 것은 나의 기억에 언제나 남아 있다. 호놀룰루에 있는 범태평양 회의[383]의 9월 24일 오찬회에 참석하여 인류 도덕문제로 연설한 것도 잊지 못할 기억의 하나다.

10월 1일 석양에 천양환을 타고 호놀룰루 항을 떠나서 횡빈으로 향하게 되었다. 이 호놀룰루항에 배가 닿거나 떠날 때에 기관[384]이 있으니, 그것은 곧 환영이나 전송을 온 사람들이 그 선객에게 자연화나 인조화를 실에 꿰서 만든 화환을 목과 팔뚝에 걸어 주는 것이다. 이것은 본래 토인의 풍속이라고 한다. 그래서 그런 화환을 파는 사람은 토인들이다. 나의 목과 두 팔뚝에도 그런 화환의 짐이 무겁게 실렸다.

이러한 전별이 있은 뒤 천양환은 어느덧 해천공장[385]의 태평양 위에서 넓고 푸른 망망한 바다에 한 알의 좁쌀 같이 외로이 떠나간다. 그럭저럭 떠난 지 닷새가 되었다. 배 위의 게시판 일부[386]에는 하루를 건너 뛰어 7일이 없어지고서 8일이 나오게 되었다. 이것이 무슨 까닭인가 알고 보니 동서 경도 교차점인 180도를 당한 날이라고 한다. 여기에서 하루를 빼어야 일자 계산이 맞는 까닭이다. 보잘 것 없는 것도 인간이지마는 위대한 것도 인간이다.

대양 부도[387]인 일편 선상에도 무선 전보를 통하여 세계 소식을 전하는 선중 일일신문을 박아서 선객에게 돌리고, 갑판 위에는 낮이면 운동회가 열리고 밤이면 무도회가 열리며 활동사진과 연극이 나온다.

동년 10월 12일 아침이다. 멀리 부사산[388]이 보인다. 여러 날 동안에 그립던 육

---

383 [편주] 1928년 8월 9일부터 19일까지 호놀룰루에서 범태평양 동남아 여성협회(PPSEAWA) 회의가 열렸다.
384 [편주] 기관(奇觀) : 기이한 광경.
385 [편주] 해천공장(海天共長) : 바다와 하늘이 끝없이 멀리 보임.
386 [편주] 일부(日付) : 날짜.
387 [편주] 부도(浮島) : '수면에 떠 있는 듯이 보이는 섬'으로 비유한 구절.
388 [편주] 부사산(富士山, 후지산) : 일본 시즈오카 현 북동부와 야마나시 현 남부에 걸쳐 있는 해발 3,776m의 산.

〈그림 178〉 천양환

〈그림 179〉 천양환과 횡빈 항

지도 반가우려니와 더욱이 오랫동안 그립던 동양 산천이 반갑다. 때는 오전 11시인데 배가 횡빈 항에 닿았다.

수상 경찰과 해관 세무관은 어느덧 갑판위에 올라서서 선객의 여행권과 짐을 조사한다. 모든 절차가 끝난 뒤에 선객은 장사진으로 상륙한다. 그 부두에 나와 서로 안면이 있는 사람은 한 분도 없었다. 그러나 내가 그 배로 온다는 소식을 듣고 마중을 나오신 분은 최승만[389] 씨와 박사직[390] 씨와 민석현[391] 씨와 안상록[392]

---

389 [편주] 최승만(崔承萬, 1897~1984) : 호는 극웅(極熊). 경기도 안산 출신 언론인 · 교육자. 1915년 보성중학교를 졸업한 뒤 1917년 일본 동경관립외국어학교 노어과에 입학했다. 1918년 동경에서 『학지광』 편집위원, 1919년 『창조』 동인으로 활동했고, 1919년 2 · 8독립운동 거사에 주동 역할을 했다. 1922년 동경조선기독교청년회 기관지 월간 『현대』 주간을 지냈다. 동양대학(東洋大學) 인도윤리학과에 편입해 1923년에 졸업했다. 같은 해 5월부터 1929년 6월까지 재일본 동경 조선 YMCA 총무를 맡았다. 1929년 8월 미국에 건너가 1930년 6월 매사추세츠 주 스프링필드대학을 졸업하고 같은 해 조선 YMCA 연합회 기관지 『청년』 주간, 1934년 『신동아』 잡지부장으로 활동하다가 1936년 일장기 말소사건으로 퇴직했다. 광복 후 미군정청 교화국장, 연희대학교 교수로 활동, 1951년 제주도지사, 1952년 제주대학 초대 학장, 1954년 이화여대 부총장 등을 역임했다. 저서에 『극웅필경』(1970), 『바르고 옳게 살자』(1983), 『나의 회고록』(1985)이 있다.

390 [편주] 박사직(朴思稷, 1887~1930) : 호는 수암(壽菴). 평북 태천 출신 천도교인. 보성중학교를 졸업하고, 천도교 태천군교구 쌍수학원(雙水學院) 원장을 지냈다. 1922년 일본에 유학하여 재단법인 자강회 이사를 지냈고, 1927년 일본대학 종교학과를 졸업한 뒤 1929년에 귀국했다. 귀국한 뒤 조선농민사 이사장을 맡고 농민운동을 전개하던 중 작고했다.

391 [편주] 민석현(閔奭鉉) : 손병희의 비서를 지낸 천도교인으로 일본 주오대학 경제과를 졸업한 뒤 1923년 재단법인 자강회(自彊會) 이사장, 1926년 천도교 청년당 동경당부 조직, 천도교 동경종리원 간부를 지냈다. 부인은 이종숙 여사. 자택은 도쿄시 도시마구 스가모 7정목 1653번지(東京市 豊島區 巢鴨七丁目 一六五三番地)에 있었다.

392 [편주] 안상록(安相綠, 1905~1982) : 백산 안희제의 장남이자 농민운동가다. 동경의전 재학 시 재일유학생들과 함께 이극로를 만나 우에노 공원에서 촬영한 사진이 있다(유족 안경하 전 광복회 부산시지부장과 대담, 2013.2.12. 오후 3~4시, 부산광복기념관에서). 묘소는 경남 의령 부림면 입산

〈그림 180〉 최승만　　〈그림 181〉 박사직　　〈그림 182〉 민석현　　〈그림 183〉 안상록

씨였다. 이 분들은 큰 종이에 내 성명을 써서 들고 출입구에 서서 기다린다. 이것을 본 나는 반가워서 곧 그 분들에게 인사를 한 뒤에 짐을 찾아 동경으로 부치게 하고, 그 분들과 작반하여 동경으로 들어가서 두 달 반이나 머물게 되었다.

　시찰단도 힘 있는 소개가 아니면 시찰의 목적을 달하기가 어려운데, 하물며 개인이야 더 말할 것도 없다. 내가 구미 각국의 시찰은 유력한 분의 소개서를 많이 가졌기 때문에 뜻과 같이 이루었다. 그러나 앞으로 시찰을 하려는 데에는 새로 힘 있는 소개서를 얻지 아니하면 아니 되겠다. 그래서 박사직 씨와 민석현 씨를 통하여 판곡방랑[393]과 아부충가[394]를 알게 되어서 그 분들의 소개로 동경 상공 회의소와 대판 상공 회의소에 가서 소개서를 얻어 가지고 일본 안의 각 방면 상공업을 시찰하게 되었다.

　그래서 동경, 대판,[395] 경도,[396] 신호,[397] 광도,[398] 팔번,[399] 전교,[400] 반능[401] 등지의

리 선영에 안희제 지사와 함께 안장되어 있다.
393　[편주] 판곡방랑(阪谷芳郎, 사카타니 요시로, 1863~1941) : 일제 관료이자 정치가. 동경 사단법인 조선협회 회장을 지냈다. 자택은 도쿄시 고이시카와구 하라정 126번지(東京市 小石川區 原町一二六番地)(현재 文京區 白山4丁目 7)에 있었으며, 묘소는 도쿄 야나카레이엔(谷中靈園 : 乙11号2側)에 안장되어 있다.
394　[편주] 아부충가(阿部充家, 아베 미쓰이에, 1862~1936) : 『경성일보』 사장, 『매일신보』 사장을 역임했고, 사이토 총독의 고문으로 조선의 지식인들을 회유하는 작업에 결정적 역할을 수행했다.
395　[편주] 내판(大阪, 오사카) : 일본 혼슈 서부 오사카 만에 면한 상업 도시.
396　[편주] 경도(京都, 교토) : 일본 교토 남부 교토분지에 있는 고도.
397　[편주] 신호(神戸, 고베) : 일본 혼슈 서부 효고 현의 현청소재지로, 일본을 대표하는 항만 도시.
398　[편주] 광도(廣島, 히로시마) : 일본 히로시마 현 서남쪽에 있는 시.
399　[편주] 팔번(八幡, 야하타) : 일본 후쿠오카 현에 있던 공업도시로 1963년에 기타큐슈(北九州) 시로 통합되었다.
400　[편주] 전교(前橋, 마에바시) : 일본 혼슈 군마 현 중앙부에 있는 현청소재지.
401　[편주] 반능(飯能, 한노) : 일본 사이타마 현(埼玉縣)에 있는 도시.

〈그림 184〉 판곡방랑

〈그림 186〉 야부충가

〈그림 186〉 부산 잔교

〈그림 187〉 동래 온천장

25개소의 공장을 시찰하고, 또 그 분들의 소개로 16개 전문 대학교를 시찰하고, 기타 제반 회사의 시설을 시찰한 뒤에 현해탄을 건너던 날은 1929년 1월이었다.

선명한 아침 햇빛에 그립던 고향 산천은 아득히 눈앞에 보인다. 어느덧 연락선은 부산잔교에 닿았다. 부두에는 백형으로부터 가족 일단과 여러 친지들이 마중을 나왔다.

이제는 긴 여행의 피로를 동래 온천장[402]에서 풀게 되었다.

여기에서 며칠 쉬어가지고 고향에 돌아가서 수일을 머물고는, 다시 떠나서 조선 각지를 시찰하려고 경성으로 왔다. 서울에 오자 먼저 조사한 것이 조선어 연구기관과 조선어 연구자다. 이 방면 동지자의 환영 밑에서 조선어학회(당시에는 조선어연구회라 하였음)에 입회하였다.

그리고는 서울에서 각 방면을 시찰하고 조사한 뒤에 나는 전 조선 시찰의 8개월 프로그램을 세웠다. 왜 이런 순서를 정하였느냐 하면 첫째는 세계 각국을 시찰하던 인상이 깊이 있고 지식이 새로워 있을 때에 조선을 보아야 비교관에서 인식이 잘될 것이오, 둘째는 나의 움직여 갈 앞길에서 자신을 얻고자 하는 것이다.

나의 여정 순서는 제1로로 경의선, 제2로로 호남선, 제3로로 경부선, 제4로로 함경선이다. 이 4대 간선을 중심하여 가지고 또 지선과 자동차선과 선로를 연락하면서 전 조선을 일주할 때에 만주의 안동현과 용정시[403]를 겸하여 돌게 되었는데, 시찰의 프로그램은 어떻게 짰느냐 하면 실업계와 교육계와 사상계를 중심하고 명승고적을 가미한 것이다. 이런 프로그램의 목적을 잘 달성하는 데에는 방법이 바로 서야 될 것이니, 제일 중요한 것은 좋은 인도자를 얻는 문제다. 여기에 대하여 좋은 안을 하나 생각하였으니 곧 신문사 지국을 응용하는 것이다. 그래서 동아일보사·조선일보사·중외일보사에 각각 자기 신문지국으로 돌리는 소개서를 패스처럼 써서 달라고 청하였더니 친절히 써 주시므로 그 석 장의 패스 소개서를 가지고 많은 편의를 얻었다.

위에 말한 프로그램으로 8개월 동안에 시찰한 것은 공장을 중심하고 광산, 농장, 어장을 합하여 126처요, 대·중·소학교를 중심하고 또 도서관, 신문사, 사찰을 합하여 98처다. 여정의 최종선을 마치고 돌아오는 길에 세계 명산인 금강산[404]을 두루 구경하고 구룡연[405] 맑은 물과 해금강[406] 창해 물에 진세의 더러운 몸과 마음을 씻어 버리고 외로운 몸으로 서울로 돌아왔다.

끝으로 세계 여행과 아울러 국내 여행의 소감을 말하겠다.

---

402 [편쥐] 동래 온천장(東萊溫泉場) : 부산광역시 동래구 온천 1동 호텔농심(옛 봉래관) 주변으로, 전국 유수의 온천지다.

403 [편쥐] 용정시(龍井市) : 중국 길림성 연변조선족자치주 남동부에 있는 현급시. 남쪽은 두만강 상류 지역으로 백두산 산록에 해당한다.

404 [편쥐] 금강산(金剛山) : 강원도의 북부에 있는 높이 1,638m의 명산.

405 [편쥐] 구룡연(九龍淵) : 강원도 금강산 외금강지역 구룡연구역 구룡동 구룡폭포 아래에 생긴 못.

406 [편쥐] 해금강(海金剛) : 금강산 외금강 동쪽에 펼쳐진 아름다운 호수와 해안 및 바다 절경.

조선은 반도로 산야와 강해가 조화된 것이나 또 가려한 것이 세계에 첫째가는 것은 틀림이 없고, 해륙 물산이 구비하고 풍부한 것이나 춥도 덥도 아니한 건강 기후로 과연 이상적 낙원이다. 이러한 곳에서 많은 자연의 혜택을 입고 사는 조선 민족이라 안락을 좋아할 것도 자연이다.

그러나 한 국민이 안락에 빠지면 그 국가가 미약하거나 멸망하기 쉽다. 이것을 생각할 때에 조선 민족의 장래를 위하여 그 고토인 만주 대륙으로 진출하여 시베리아에서 얼음을 깎던 겨울철의 칼날바람에 살을 에어 가는 듯한 고와 또는 몽골 사막의 모래에 달구어 나오는 여름철의 불꽃같은 바람에 살을 익히는 듯한 고를 맛보아 대 자연의 위력과 싸우고 사는 인고단련[407]하는 어떠한 역경에도 살아 갈 수 있는 백성이 되어야 한다. 그래서 이제 조선 민족은 고구려의 무강을 가하지 않으면 아니 되겠다는 생각이 났다.[408]

---

407 [편주] 인고단련(忍苦鍛鍊) : 어려움을 참고 단련함.
408 [편주] 끝으로~생각이 났다 : 초고에는 "끝으로 한 말슴 부처쓸 것은 나의 學費와 歐美及朝鮮의 視察費를 負擔하야 주신 李祐植씨의 原意는 永遠히 잊지 못하며 感謝를 드리는 바이다. 丙子年(1936-편주) 六月 二十二日 京城府 鐘岩里에서"라고 기록되어 있다.

III

길돈사건 진상 조사와 재만 동포 위문

재만 동포 위문사 겸 만주 당국 교섭사로 1930년 9월 30일에 서울을 떠나 봉천, 장춘, 길림,[409] 교하,[410] 돈화[411] 각지를 순회하고 10월 25일 경성으로 돌아오다.

이 '길돈사건'이란 것은, 당시 중국 영토인 만주 길림과 돈화 사이의 철도 연선 각지에 사는 조선 동포에게 만주 당국의 가혹한 탄압으로 축출, 살해 등 참변이 있었다. 그 원인은 조선 동포 중 공산주의자의 어떠한 음모가 있다는 것이다. 당시 만주 당국은 장학량 씨가 봉천성장 겸 동북군총사령으로, 장작상[412] 씨가 길림 성장 겸 동북군 부사령으로, 희흡[413] 씨가 동북군 참모로 있었다.

길돈사건이 발생하자 조선 내 동포가 물 끓듯이 떠들어 언론계는 긴장해 졌다. 그래서 신간회를 중심한 각 사회 단체는 연합회의를 하고 그 대책을 협의한 결과로 재만 동포 위문사 겸 만주 당국 교섭사를 파견하기로 되었다.

9월 초에 서울을 떠날 준비를 하는데 시일이 촉박하였기 때문에, 자동차로 나를 동반하여 다니시는 유진태[414] 씨와 서정희[415] 씨는 먼저 나를 파견하는 각 사

---

409 [편쥐] 길림(吉林, 지린) : 중국 길림성 중앙에 있는 도시로, 송화강 연안에 있는 교통 요충지다.

410 [편쥐] 교하(蛟河, 자오허) : 중국 길림성 액목현(額穆縣)에 있던 행정구역.

411 [편쥐] 돈화(敦化, 둔화) : 중국 길림성 동부 연변조선족자치주의 북서부 목단강 상류에 있는 도시.

412 [편쥐] 장작상(張作相, 장쭤샹, 1881~1949) : 장작림의 동생.

413 [편쥐] 희흡(熙洽, 시치아, 1883~1950) : 중국 요녕성 심양 출생. 청 태조 누르하치의 아우 무르하치(穆爾哈齊)의 후예로, 중국 길림성 대리주석(代理主席) 겸 동북변방군 길림부대(東北邊防軍吉林部隊) 부사령(副司令)을 역임한 군벌이다.

414 [편쥐] 유진태(兪鎭泰, 1872~1942) : 호는 백은(白隱). 충북 괴산 출신 독립운동가. 1898년 대한제국 무관학교에서 수학했고, 1920년 조선교육회를 설립하고 교육 계몽활동을 계획했다. 1922년 조선 물산장려회 발기준비위원회 준비위원에 선임, 1927년 신간회 경성 지회장이 되었고, 1932년 조선 일보 사장에 취임했다. 1993년 건국훈장 애국장이 추서되었고, 묘소는 국립대전현충원(애국지사 제2묘역 232)에 안장되어 있다. 1929년 이극로의 혼례 때 주례를 서 주었다.

415 [편쥐] 서정희(徐廷禧, 1886~?) : 호는 농천(農泉)·묵재(黙齋). 경기도 포천 출신 노농운동가·정치인. 1925년 조선공산당에 입당, 일경에 체포되었다가 풀려난 뒤 조선농민총동맹 중앙위원을 역임했으며, 신간회에 가입하였다. 한국전쟁 중 납북, 1957년 재북평화통일촉진협의회 중앙위원을

회 단체를 방문하고 "만주 관헌과 만주 각지 상회와 신문사 소개서를 얻어 가지고 서울을 떠나라"고 하였다.

그러나 그때에 꼭 떠나야 될 날짜는 하루 밖에 남지 아니하였다. 그래서 나는 자동차 위에 올라 앉아 유·서 두 선생에 대하여,

"선생님들, 오늘 프로그램은 저에게 일임하여 주십시오. 시간이 오늘 하루 밖에 없으니 길을 바로 잡아 다니지 아니하면 실수하기 쉽습니다. 파견하는 우리 사회단체보다 먼저 중국 사람의 기관부터 찾아가서 이것도 외교 사절인 것만큼 그들에게 그 나라에 어떠한 사명을 가지고 간다는 것을 통정하고 소개서를 받는 것이 급합니다. 우리 사회단체만은 시간이 없으면 다녀와서 인사를 가도 괜찮습니다"

하고, 자동차를 바로 명치정[416]에 있는 중국총영사관으로 몰아 달렸다.

그래서 총영사[417]와 면담하고 만주 당국과 또 다른 여러 기관에 가는 소개서를 받아 가지고, 그 다음에 남북 각 총상회로 달려가서 역시 여러 소개서를 얻어 가졌다.

그 다음에는 조금 시간 여유가 있기에 자동차를 먼저 경운동에 있는 형평사[418] 집으로 달렸다. 운전수 더러 "자, 이제는 형평사로 갑시다"고 하니, 유·서 두 선생은 나를 물끄러미 쳐다보며 "여보, 어째서 먼저 백정의 자식들이 모인 형평사로 가자는 말이오?" 하고 어이가 없다는 태도를 보였다.

"예, 시간이 모자랄까 하여 먼저 형평사로 갑니다. 다른 사회단체는 다녀와서 인사를 가도 괜찮습니다. 만일 다른 데를 먼저 가고 형평사를 빼놓았다가 뒤에 간다면 그들은 아직도 계급관념이 있는가 하고 섭섭하게 생각할 수 있는 까닭입니다. 다른 사회단체야 그런 염려가 없겠지요"하였더니, 두 선생은 씩 웃으면서 "참 정치가 자격이 있소" 하였다. 이 날에 부랴부랴 달린 자동차의 속력으로 인사

지냈다.

416 [편쥐 명치정(明治町) : 지금의 서울시 중구 명동.

417 [편쥐 당시 총영사는 중국 상해 출신 장유성(張維城, 장웨이청, 1894~1941)으로 1929년 11월부터 1931년 8월까지 재임했다.

418 [편쥐 형평사(衡平社) : 일제강점기 백정 인권해방운동 단체로 장지필 등이 주도하여 1923년 경남 진주에서 처음 설립했다. 1924년에 조선형평사중앙총본부라 고치고 본부를 경성에 두었다. 서울 종로구 운니동 24번지에 총본부 건물이 있었다. 현재는 멸실.

〈그림 188〉 유진태

〈그림 189〉 서정희

〈그림 190〉 중국 총영사관

〈그림 191〉 장유성

　방문을 다 마치게 되었다.

　　그리고 서울을 떠나는 전일 각 신문(동아 · 조선 · 중앙)에는 일부러 시켜서 나의
사진을 크게 내고 기사를 잘하라고 부탁하였다. 그래서 그 신문을 각각 한 장씩
얻어 오라고 하여 그것으로써 여행권 대신 나의 신분을 증명하게 하였다. 만주
사정을 잘 아는 나는 귀신 모르게 죽지 아니할 준비를 한 것이다.

〈그림 192〉 이극로 파견 기사

〈그림 193〉 서범석

그리고 1930년 9월 30일 하오 7시 20분 특급 열차로 각 사회단체의 전별 속에서 경성역을 떠나 만주 안동역으로 향하였다. 익일 곧 10월 1일 천기가 음우하고 벌써 설렁 설렁 추풍이 부는데 오전 7시 15분에 안동현에 도착하였다.

서울을 떠날 때에 서정희 씨로부터, 자기의 아들인 서범석[419] 씨를 찾아 만나서 길돈사건을 조사하기 위하여 동아일보사의 특파원으로 갔던 관계를 말하고 그에게 예비지식을 얻어 가지고 가라는 부탁을 받았기 때문에, 나는 서범석 씨의 집을 찾아서 그를 만나 좋은 참고담을 많이 들었다.

그리고 나는 무엇보다도 내가 마땅히 찾아 갈 곳과 또한 그곳에서 중앙으로 가장 안전지대에 이름이 덜 난 큰 중국여관의 이름을 물어서 수첩에 적었다. 이렇게 한 것은 만주사정에 정통한 내가 나의 생명을 안전하게 하려는 것이다. 만일 구석진 곳 조그마한 여관에 들었다가는 어느 방면에서나 내가 길돈사건의 진상을 조사하고 돌아와서 발표한다면 자기들에게 불리한 점이 있을 것을 꺼리는 편에서 나의 생명에 가해도 기탄없이 행할 것을 아는 까닭이다.

동일 곧 10월 1일 상오 11시 40분 차로 안동역을 떠나서 안봉선[420]의 추경을 느끼면서 하오 7시 5분 봉천역[421]에 도착하였다.

---

419 [편주] 서범석(徐範錫, 1902~1986) : 서정희의 장남. 언론인 · 정치인. 1924년부터 1931년까지 『조선일보』 · 『동아일보』 · 『시대일보』 · 『중외일보』 기자로 활동했는데, 특히 1930년 『동아일보』 봉천(奉天)특파원으로서 만주에 있는 동포의 권익옹호에 힘썼다. 1937년 만주국 수도 신경에서 『만선일보』가 창간되자 편집부장으로 재임했다. 광복 후에는 야당 정치인의 길을 걸었다.
420 [편주] 안봉선 : 압록강 입구 안동과 중국 봉천을 연결하는 남만주 철도.
421 [편주] 봉천역 : 지금의 심양 역.

경성역을 떠날 때에 벌써 고등계 형사가 따라 온다. 그리하여 차중의 이동 경찰은 서로 서로 연락하여 봉천역에 내리니, 봉천의 형사는 역두에서 나를 맞아 제 마음대로 어느 여관을 지정하려고 한다. 그러나 내가 그런 자의 말을 들을 리 만무하다.

〈그림 194〉 봉천역

"여관을 지도하여 주시려 하니 고마우나 내가 들 여관은 벌써 봉천 남시장에 있는 신여사로 작정되어 있소" 하였더니, 그는 "예, 그렇습니까? 그러면 곧 가서 뵈옵겠습니다" 하고 갔다. 내가 그 여관에 들어가자, 곧 그 형사는 따라 왔다. 그래서 나의 일정과 행동의 프로그램을 물어서 적어주고 편히 쉬라 하고 나갔다.

10월 2일에는 천기가 음우[422]하고 기냉한데도 불구하고 서울에서 받아 가지고 온 중국총영사관과 총상회의

〈그림 195〉 길림역

소개장을 가지고 외교 활동을 개시하게 되었다. 그리하여 총상회를 방문하고 이날 회담의 만찬 초대를 받은 뒤에 저녁 9시 20분차로 봉천역을 떠나서 장춘으로 향하였다.

10월 3일 상오 7시 장춘역에 도착하니 역두에 일본정복 경관은 나의 행방과 프로그램을 조사한다. 이때에 나는 가지고 온 신문을 보여 신분을 증명시켰다. 이 것을 당한 뒤에 장춘총상회를 방문하여 한중 친교를 돈목하게 하고, 오후 2시에 장춘역을 떠나서 동 5시에 길림역에 도착하니, 역시 역두에 길림 일본영사관 형

---

422 [편쥐 음우(陰雨) : 음산하게 계속 내리는 비.

사가 나를 맞이한다. 나는 길림 중앙에 있는 대동여관에 들었다.

길돈사건으로 조선에서 파견된 이극로가 프로그램대로 모일 모일에 모처 모처에 도착한다는 신문 보도를 들은 친지들 중에 서간도 환인현 동창학교에 있을 때에 친한 김규환[423] 씨와 승진[424] 씨 두 분이 길림역까지 마중을 나왔다가 그 뒤에 이어서 여관까지 와서 친절히도 그 곳 사정을 잘 말하여 주어서 내가 활동하기에 큰 도움을 얻었다.

여관에 들자마자 역두까지 나온 길림 영사관 형사는 들어와서 여러 가지를 조사한다. 그리고 돌아간 그 형사는 그 익일 아침에 다시 찾아와서 반 명령적 말로 "일본영사관을 찾아보고 여러 가지 사정을 잘 들어 가지고 가라"는 말을 하기에, 나는 당장에 그럴 필요가 없다고 말하였다.

"영사관에서 들을 말쯤은 서울에 앉아 조선총독부에서 들을 수 있다. 거기에서 못 듣는, 이곳 조선 동포에게서만 들을 수 있는 그것 때문에 내가 만주를 방문한 것이고, 당신도 이곳 사정을 잘 아시려니와 내가 길림에서 일본영사관을 방문하였다는 소문이 만주에 있는 조선 동포에게 들린다면 내가 목숨을 가지고 조선으로 돌아갈 줄 아시오?" 하였더니, 그는 곧 대답하는 말이 "그리하면 압록강만 건너서면 재미없을걸요." 하고 위협의 말을 한다.

나는 곧 받아서 "어찌하고 어찌해? 그래, 당신의 보고 한마디에 이극로가 압록강만 건너서면 곧 유치장으로 들어갈 것 같소? 이것은 누구에게 하는 버릇이오?" 하고 딱 버텼더니, 그는 기가 막히는지 가만히 있다가 "예, 그렇겠습니다" 하고

---

423 [편쥐] 김규환(金奎煥, 1890~1943) : 호는 검군(劍君). 평북 선천 출신으로 선천대명학교 교사를 지냈다. 1913년에 김진호(金鎭浩, 1890~1962)·이시열과 함께 도만하여 동창학교 교사가 되었다. 동창학교 폐교 후 1915년 6월에 김공제(金公濟)·이시열과 함께 일신학교(후에 흥동학교)를 설립하고 교사로 활동했다. 후에 김이대(金履大)로 개명하고 정의부 등 항일투쟁에 가담했으나 1931년 만주사변 뒤에 친일파로 변절했다. 1963년 대통령표장(1990년 건국훈장 애족장)이 추서되었으나 2019년 2월 서훈 취소되었다.

424 [편쥐] 승진(承震, 1890~1931) : 본명은 승회균(承晦均). 호는 춘악(春岳). 평북 정주 출신 독립운동가. 1913년 이시열·김규환·김진호와 함께 서간도로 망명했고, 1918년 통화현 반랍배에서 이시열 등과 배달학교를 설립하고 교감을 지냈다. 1922년 모스크바에서 개최된 극동민족대회에 광한단 대표자로 참석했다. 1923년 11월 편강렬이 이끄는 의성단에 부단장, 2대 단장으로서 길림·장춘 등지를 근거지로 만주와 국내에서 일제 기관파괴와 친일파 숙청을 전개했다. 1924년 정의부 재정분과위원으로 활약했다. 1931년 중국 길림성 교외에서 친일 밀정 권수정(본명 이종형)파에게 피살당했다. 1968년 대통령표창(1990년 건국훈장 애국장)이 추서되었다.

  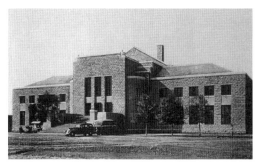

〈그림 196〉 김기전　　　　　　　〈그림 197〉 희흡　　　　　　　　　〈그림 198〉 길림대학

떠나가고 말았다.

　그리한 다음날에 친우 김규환 씨는 나를 찾아와서 "여보, 큰일 났소. 어제 당신을 찾아 왔던 영사관 형사가 중국 헌병대에 전화하는 것을 곁에서 들었는데, 어제 대동여관에 든 이극로는 조선 공산당의 한 요인으로 이번에 만주에 있는 공산당과 연락을 취하기 위하여 이곳에 왔다고 하였다" 하면서 걱정을 한다. "그래 금후에 정보나 잘 모아 주시오" 하고 흩어졌다.

　내가 길림에 도착되었다는 말을 듣고는 서간도 환인현 동창자촌에서 나에게 배운 학생이었던 중국말을 잘 하는 이병린[425] 군이 찾아왔기에, 그를 통역자로 관청 교섭에 동반하여 다니기로 약속하였다.

　그리고 천도교회 대표로 재만 동포 정형[426]과 길돈사건의 진상을 조사하러 온 김기전[427] 씨와 세 사람이 동반하여 자동차를 타고 길림성청을 방문하니, 성장 겸 동북군 부사령인 장작상 씨는 봉천으로 가고 그의 대리로 희흡 씨가 있었다. 그리하여 우리는 희흡 씨와 길돈사건과 재만 조선 동포의 문제를 교섭하고 떠나서

---

425 [편주] 이병린(李丙麟, 1899 · 1942) : 백농 이인식의 장남. 1911년 부친을 따라 중국 회인현으로 망명한 뒤 길림성 신안촌 신창학교(新昌學校) 교사로 활동했고, 회덕현에서 이주 동포를 위해 이상촌 건설을 실천했다(「理想村實現乎」, 『동아일보』, 1924.6.5). 또한 항일운동을 하다가 옥고를 치렀고, 중국 흑룡강성 흑하시에서 작고했다(이원식 손자 이효철 씨와 전화통화, 2012.11.3).
426 [편주] 정형(情形) : 정세와 형편.
427 [편주] 김기전(金起田, 1894~1948 행방불명) : 호는 소춘(小春). 평북 구성 출신 문필가. 보성전문학교를 졸업한 뒤 1909년 천도교에 입도했고, 『개벽』 주필, 천도교 청년당 대표를 지냈다. 1929년 이극로의 혼례 때 축사를 했다.

여관으로 돌아오고 말았다.

5월과 6월은 길림시에서 사는 여러 동포의 집을 방문하고, 7월에는 독일 베를린에서 친하게 지낸 중국인으로 이때에 길림대학[428] 총장으로 있는 이륜삼[429] 씨를 그 학교로 방문하여 한중 친목을 상담하였다.

10월 8일에는 길림총상회를 방문하고 길림 거유 동포의 만찬 초대로 열린 환영회에 임석하여 조선 내의 정세와 그간 중국 당국과의 교섭 전말을 말하고 금후 재만 동포의 한중 친목을 역설하고 여관으로 돌아왔다. 그런데 참 아닌 게 아니라 수일 전에 말썽을 부리던 총영사관 형사의 음모는, 중국헌병대에 교섭이 들어서 헌병들이 나의 숙소를 조사하고 가면서 내가 들어오는 대로 곧 헌병대로 들어오라는 부탁을 주인에게 하고 갔다. 그 말을 하는 주인은 매우 불쾌한 태도로 금년에 운수가 좋지 못하여 중추 명절날(이날[430]이 음력 8월 15일이다)에 관재[431]를 만났다고 한다. 이 말을 들으니 아마 헌병들이 상당히 주인에게 귀찮게 나의 그간 행동에 대하여 조사한 모양이다. 나는 "걱정 마시오. 내가 내일 헌병대에 가서 말을 할 터입니다" 하였다.

그래서 익일 오전에 헌병대로 가서 헌병대장을 만나서 내가 조선으로부터 파견된 사명을 말할 때에 먼저 굴러 놓기 위하여 첫 번 말이 "4일에 희흡 장관을 만나서 교섭한 일이 있다"고 하였더니, 그때에 공산당의 밀사로 온 것이 아닌 것을 알고 곧 사과하는 말을 하면서 "대단히 미안하게 되었다" 하며 금후의 나의 행방을 묻기에 "교하와 돈화로 가겠다"고 하였더니 "그러면 그곳 헌병대에 연락을 취하여 여행의 편리가 있게 하여 드리겠다" 하고 친절히 대접하여 주었다.

10월 10일에 일기는 음산하고 찬 때였다. 오전 7시발 차로 길림역을 떠나서 동 10시에 교하역에 도착하여 이곳의 유력한 동포 안동렬 씨 댁에 주인을 정하고 시

---

428 [편주] 길림대학(吉林大學) : 현재의 동북전력대학(東北電力大學)으로 중국 길림시 선영구(船營區) 장춘로(長春路) 169호에 위치한다. 1929년 장작상(張作相)이 설립하여 교장으로 있었으나 부교장 이륜삼이 교무를 총괄했다.
429 [편주] 이륜삼(李綸三, 리룬산, 1895~?) : 자는 륜삼(綸三), 본명은 이석은(李錫恩, 리시엔). 중국 길림성 서란현(舒蘭縣) 백기(白旗)진 출신 교육자로, 민국중앙입법위원회위원, 길림대학 부교장, 길림성교육청장, 동북중산중학(東北中山中學, 1934년 요녕성 심양에 설립) 교장 등을 지냈다.
430 [편주] 1930년 양력 10월 6일.
431 [편주] 관재(官災) : 관청의 억압이나 착취 따위로 생기는 재앙.

〈그림 199〉 이현익(맨 왼쪽)

〈그림 200〉 동북대학

내 여러 동포의 집을 위로 방문하였다.

11일에는 교하공안국(경찰서)을 방문하고 길돈사건으로 유치되어 있는 동포들을 빨리 석방하여 달라는 교섭을 하고 나와서, 그곳의 상회와 농회를 방문하고 한중 친목의 간담을 하고 떠났다.

10월 12일(일요일) 오전 10시 차로 교하역을 떠나서 오후 1시 반에 돈화역에 도착하였다. 중국 여관 국생여관에 주인을 정하고 동포 제가를 방문하게 되었다. 이곳은 길돈사건의 중심지인 것만큼 피해 가정이 많았다. 무송현에서 친하게 지내던 이현익[432] 씨를 이곳에서 만나 이 분의 안내로 13일에는 피해 유족을 방문하고 위문금을 드린 뒤에, 또 헌병대와 공안국을 방문하고 교섭하여 금후의 조선동포의 보호에 특별히 힘써 달라는 부탁을 하고, 오후 2시 40분차로 돈화역을 떠나서 오후 9시 10분에 길림역에 도착하여 대동여관에 돌아와 다시 주인을 정하

---

432 [편귀 이현익(李顯翼, 1896~1970) : 호는 근재(槿齋). 힘남 딘친 출신 **독립운동가**. 1905년 민주로 이주하여 1919년 무송현에서 흥업단을 조직해 교섭원으로서 산업진흥·항일투쟁에 힘썼다. 1923년 광정단 북부외교장으로 활동, 1924년 돈화현에 이주해 신민부를 조직했고, 1926년 교민자치기관인 고려동향회 회장이 되었다. 1934년 영안현으로 이주, 윤세복과 대종학원을 설립하고 민족교육과 종교운동에 진력했다. 1942년 임오교변 때 징역 7년형을 선고받고 복역했다. 광복 후 귀국하여 광복동지회 회장 등을 역임했다. 저서에 『대종교인과 독립운동연원』(1962)이 있다. 1968년 대통령표창(1990년 건국훈장 애국장)을 수여받았고, 묘소는 국립대전현충원(애국지사 제1묘역 278)에 안장되어 있다.

〈그림 201〉 북릉

〈그림 202〉 장작상

였다.

10월 14일에 길림 관아를 다시 방문하여 각지 순회한 정세를 보고하며, 금후 재만 조선 동포의 특별 보호를 간청하고, 봉천에 시재한 길림성 군민 최고 책임 관인 장작상 씨에게 연락하여 주기를 청하고 작별 인사를 한 뒤에 떠났다.

15일에는 길림시에서 길림대학과 여자중학교와 제5중학(남자)[433]을 시찰하였다.

16일 오전 7시 차로 길림역을 떠나서 오후 9시 40분에 봉천역에 도착하여 남시장 신여사에 주인을 정하였다.

17일에는 일기도 청명하고 온화하였다. 만주의 최고 학부로 현대식 대규모 시설을 가진 동북대학[434]을 시찰하게 되었는데, 여기에서 내가 감개한 느낌이 생긴 것은 공학부장으로 있던 조후달 씨의 유상을 대학 안내서에서 볼 때였다. 이는 상해 동제대학 시절에 나를 협조하던 친우일 뿐만 아니라, 만주의 일본세력 관계로 한만 동지회를 주창하던 애국자로 지기 상통하는 동지였기 때문이다. 만일 이 조 씨가 생존하였다면 내가 움직이는데 큰 도움이 있을 것도 생각된다.

---

433 [편주] 제5중학 : 1907년에 설립되어 1923년에 길림성성립제5중학교(吉林省省立第五中學校), 1959년에 길림시제5중학(吉林市第五中學)으로 개명되어 현재에 이른다.

434 [편주] 동북대학(東北大學) : 1923년 중국 요녕성 심양에서 개교했고, 1928년 장학량이 교장에 임명되어 오늘날까지 명예교장으로 추앙된다.

이 동북대학을 시찰한 뒤에 이어서 북릉[435]을 구경하러 갔다. 봉천에서 북릉이라 하면 만청 황릉으로 유명한 고적이다. 그 규모야 말로 대규모적이다. 당대 아세아를 흔들던 영웅의 영기와 웅심이 이 능에도 떠돈다. 능위에 선 가을 풀은 추풍에 흔들려 영웅 혼백의 슬픔을 나타내는 듯하였다. 이것은 곧 일본의 세력 밑에 있는 만주의 현상을, 영혼이라도 있다면 설워하겠는 까닭이다.

10월 18일 오전에는 김기전 씨와 동반하여 장작상 장군의 관사를 방문하게 되었다. 명함을 수위 수부처에 드리니 안내자는 우리를 인도하여 응접실로 드린다. 조금 있더니 수위병이 "대사"라고 소리를 지른다. 이때에 장작상 씨는 그 거구로 무인다운 기상으로 막하관을 모시고 응접실로 들어온다. 우리는 일어서서 그를 맞아들였다.

그리하여 여러 가지 길림에서 지낸 일을 보고하고, 또 재만 조선 동포의 장래를 상담한 뒤에 장학량 장군의 면회 소개를 청하니 곧 응낙하면서 유숙하는 여관으로 연락하여 드릴 터이니 기다리라고 하였다. 그래서 우리는 곧 작별의 인사를 하고 나왔다.

그리고 이날에는 봉천의 명물인 라마사[436]를 구경하게 되었다. 이 절은 불교의 종파인 라마교 절로 여러 가지 종교 연구의 재료를 구할 수 있는 곳이다. 성생활의 불상을 보는데 더욱 그러하다.

10월 19일 오전에는 유명한 만주 황궁이었던 박물관을 구경하고, 오후에는 무순 탄광을 구경한다.

10월 20일 아침에 장작상 씨가 전령을 시켜 여관으로 편지를 보내었는데 오늘 저녁 7시에 장학량 씨의 면회를 그의 관사로 청한다는 것이다. 이 약속을 받은 나는 김기전 씨와 함께 자동차를 타고 장학량 씨 관사로 달렸다.

봉천성 중앙에 있는 그의 관사는 중국식 집의 접대실에 안내를 받아 들어앉았다. 어둠침침한 방 벽에는 봉천성 내 각현 지사의 명부가 붙었다. 아주 간소하게 꾸며 놓은 방이다. 약 15분 간 기다렸더니 중국 옷을 입은 중늙은이[437]나 된 사람이

---

435 [편쥐] 북릉(北陵) : 청소릉(淸昭陵). 중국 요녕성 심양시 북단에 있는 청 태종과 황후의 무덤이다.
436 [편쥐] 라마사(喇嘛寺) : 라마교 사찰. 중국 심양의 '실승사(實勝寺)'.
437 [편쥐] 중늙은이 : 젊지도, 아주 늙지도 않은 사람.

〈그림 203〉 장학량

와서 우리를 안내하여 다른 집으로 가는데 먼저 중문을 통하여 들어서니 크지 아니한 2층 양옥이 나온다. 입구에는 헌병이 서 있다. 이 집의 응접실에 들어가니 한 젊은 서양 사람이 앉았다. 곧 무슨 이권이나 얻으러 온 사람으로 나는 느껴졌다.

우리는 이 양실 응접실에서 한 5분간 기다리니 중국 옷 입은 젊은 사람이 우리를 안내하여 곧 그 옆방인 회의실로 들인다. 문을 여니 몸이 호리호리하고 키도 작은 아주 얌전한 선비 한 사람이 일어서서 우리를 친절하게 맞아 앉힌다. 아무리 보아도 무인 같이 보이지 아니한 장학량 씨다. 이 사람보다 위풍이 떠도는 것은 그 방구석에 앉은 사자 표본이었다. 이것이 아마 장 씨 자기의 부족한 위풍을 보조하는 것이 아닌가 생각된다. 김기전 씨와 나는 장 씨와 한 탁자에 마주 앉아서 정담을 하게 되었다.

만주의 왕위와 같은 최고위에 앉은 이 장 씨를 만났으니, 우리는 어찌하였든 재만 동포의 문제를 한번 톡톡히 교섭하려 하였다. 그때에 만주는 중국 사람의 것보다 그 세력에 있어서는 일본인의 것이다. 그러니만큼 장 씨도 우리에 대하여 긴한 정담은 피하고 양 민족의 친목을 도모하는 간담석이 되었는데, 그는 조선말을 몇 마디 배우면서 조선어가 중국어와 이렇게 다르냐 하고 취미 있게 생각하는 태도를 보였다. 약 1시간 뒤에 친절한 작별로 그 관사를 물러 나왔다.

10월 21일에는 봉천에 거류하는 조선 동포의 환영 오찬회가 있어 그동안에 만주 당국과의 교섭한 전말을 보고하고 재만 동포의 현상 실정을 많이 듣고 떠났다.

23일에 김기전 씨는 북경으로 가게 되어 서로 작별하고, 24일 오후 3시 반 차로 봉천역을 떠나서 경성으로 향하다. 도처에 또는 차중에 일본 경찰의 형사가 늘 따라다니고 있어 귀찮기 짝이 없었다.

10월 25일 오전 9시 40분에 명랑한 조선 하늘을 이고 경성역에 도착하였다.[438]

---

438 [편주] 「慰問重任마치고 李克魯氏 歸還」, 『동아일보』, 1930.10.26.

봉천을 떠날 때에 신간회 본부에다 전보를 쳐서 알렸으므로, 경성역에는 다수의 친지가 환영을 나와서 신간회 본부로 가서 잠깐 쉬었다.

이 날[439]에 동대문 밖 상춘원[440]에서 각 사회 단체인이 모여서 환영 만찬회 겸 길돈사건 실정 조사 보고회가 열렸다. 이 석상에 다수의 형

〈그림 204〉 경성역

사는 눈에 불을 켜고 내 입에서 떨어져 나오는 말을 낱낱이 적고 앉았다.

10월 27일에는 중국총영사관과 중국총상회와 각 신문사(동아·조선일보)를 방문하고 인사를 닦았다. 그래서 길돈사건 교섭사는 완료되었다.

---

439 [편쥐] 10월 28일 오후 7시.

440 [편쥐] 상춘원(常春園) : 1912년 천도교에서 매입해 천도교회의 3대 기념일 행사를 비롯한 각종 모임을 열던 곳으로, 3대 교주 손병희가 별장으로 사용하기도 했다. 주소는 서울시 종로구 창신동 195번지로, 건물은 멸실되었다.

IV

조선어학회와 나의 반생

〈그림 205〉 이극로

서력 1929년 1월에 나는 10년 만에 그립던 고국 부산 항에 도착하였다. 이해 4월에 조선어연구회(어학회 전 이름)에 입회하였다. 내가 처음 서울에 오자 조선어 교육의 현상을 조사하였다. 왜 그리 하였느냐 하면 나는 이 언어 문제가 곧 민족 문제의 중심이 되는 까닭에 당시 일본 통치하의 조선 민족은 이 언어의 멸망이 곧 따라 올 것을 보았기 때문이다. 그리하여 어문운동이 일어나지 아니하면 아니 되겠다는 것을 여러 동지들에게 말하였다.

이것으로서 민족의식을 넣어주며 민족혁명의 기초를 삼고자 함이다. 그리하여 먼저 조선 어문을 학술적으로 천명하려면 난마와 같은 불통일의 철자를 통일시키며, 방언적으로만 되어 있는 말을 표준어를 사정하며, 외국어 고유명사와 외래어의 불통일은 그 표기법을 통일시키지 아니 하고는 사전도 편찬할 수 없기 때문에, 경제적 기초를 세우기 위하여 조선어 사전편찬회를 조직하였다.

그리하여 일면으로는 이 편찬회로서 어휘 수집에 착수진행하고, 타 일면으로는 어학회로서 어문통일 공작을 착수 진행하여 3년간에 일백 수십 회의 토의회로 조선어 철자법통일안을 내고 2년간의 토의로 조선어 표준어집을 내었으며, 10년을 두고 연구 토의로 외래어 표기법의 통일안을 내었다. 그리고 월간 잡지인 『한글』을 내어 조선어 연구의 논문을 내며 재료를 제공하여 조선어문 교육의 지침이 되게 하였다.

〈그림 206〉 조선어학회 창립 총회 　　　　　〈그림 207〉『한글』 표지

　이 한글 운동이야 말로 민족적 총동원이 되지 않으면 아니 되겠으므로 교육
계・언론계・종교계・학생계를 총망라하여 다년간 '한글' 강습회를 열며, 방언
을 조사하며, '한글' 토의회를 열며, 조선어문 출판을 활발히 하며, 또 널리 읽을
거리를 퍼뜨리기 위히여 조선 기념도서 출판관을 조직히였다. 그리히여 갖은 방
법으로써 조직적으로 어문운동이 심각화 하여 '한글' 강습회의 금지, '한글날' 기
념의 금지, 경찰서의 호출, 결국 1942년 10월에 조선어학회 검거사건이 생겼다.
그리하여 동지 중 생명의 희생도 나고 말았다.
　내가 조선 땅에 들어선 날부터 국어 운동에 심력을 바치게 되므로 나의 가정생
활이란 너무도 등한하였다. 조선어학회의 경제적 기초가 서지 아니한 것만큼 나
의 가정뿐만 아니라 편찬실 동인들의 가정은 다 굶는 때가 가다금 있었던 것도
사실이다.
　그러나 이런 과거는 다 우리에게 한 시험기로 보면 그만이다. 해방 조선은 무
엇보다도 우리의 어문을 해방하였다. 이제 숨을 조금 쉬게 되니 안심이 된다. 이
것도 천운인가 한다.

〈그림 208〉 조선어학회 생존 지사

〈그림 209〉 이극로 · 김공순 혼례 사진

〈그림 210〉 이극로 가족 사진

〈그림 211〉 이극로 가족, 조카 사진
(뒷줄 왼쪽부터 이억세, 이종복, 이종무, 미상, 가운데
김공순, 이극로, 앞줄 이한세, 이대세, 이세영)

V

노래

1. 진혼곡鎭魂曲

1. 역사 오랜 조선 나라 멸망당하니
   충렬사는 의분으로 일어섰구나.
   만주들을 쓸고 오는 시비랴[441] 바람
   두만 압록 맑은 강물 얼어 붙었다.
   서릿발이 나는 칼날 번쩍거리니
   적의 목은 낙엽 같이 떨이 지구나.
   마주 오는 적의 탄알 가슴 뚫으니
   거룩한 피 새론 역사 이뤄주었다.
2. 조상 나라 위한 몸이 목숨 바치니
   그 정신이 멀리 뻗쳐 교훈 되구나.
   몸은 죽고 혼은 남아 영원 무궁히
   자자손손 우리들과 함께 살도다.
   두견새가 슬피 우는 저문 봄날에
   적국 일본 사쿠라도 떨어졌구나.
   충렬사여 두 눈만은 감아 주소서
   우리들은 새 나라를 세우오리다.

1946년 10월

---

441 [편쥐 시비랴: 시베리아.

2. 한강漢江 노래

1. 한강은 조선에서 이름 높은 강
   멀리서 태백산이 근원이로다.
   동에서 흘러나와 서해로 갈 때
   강화도 마리산이 맞이하누나.
2. 강역은 한 폭 그림 산과 들인데
   초부의 도끼 소리 멀리 들린다.
   점심 밥 이고 가는 농촌 아가씨
   걸음이 바쁘구나 땀이 나누나.
3. 한양성 싸고도는 저 물굽이에
   배 띄운 영웅호걸 몇몇이더냐?
   강천에 훨훨 나는 백구442들이나
   아마도 틀림없이 알까 합니다.
4. 산 넘어 물 건너서 저기 저 마을
   우리의 부모처자 사는 곳일세.
   떼배에 한가하게 앉은 사공들
   기뻐서 이 강산을 노래합니다.

1941년 3월

---

442 [편주] 백구(白鷗) : 갈매기.

3. 낙동강(※곡조는 육자배기)

1. 낙동강 칠백리 흘러 간 저 물이
   태평양 위에서 태평가 부르네.
2. 진주 앞 흘러 온 저 맑은 남강물
   합강된 거룽강[443] 경치도 좋구나.
3. 강 녘은 열려서 너른 들 많은데
   곡식이 익어서 황금 밭 됐구나.
4. 김유신 칼 갈고 솔거가 붓 씻어
   신라를 빛내던 낙동강이로구나.

1939년 10월

〈그림 212〉 합강정에서 바라본 낙동강

4. 애급 금자탑[444] 위에서 읊음埃及金字塔上感吟

금자탑은 높이 하늘을 뚫고 섰구나	金字塔高衝天立
애급 문화를 여기에서 본다.	埃及文化於此觀
나일 강은 흘러 쉬지 아니하고	那逸江水流不息
사하라 사막 바람은 불고 있다.	思賀沙風吹不盡
혜홉[445] 왕의 넋은 아직도 살아 있어	惠哈王魂尙不滅

---

443 [편주] 거룽강 : 거름강.
444 [편주] 애급 금자탑 : 이집트 피라미드.
445 [편주] 혜홉 : 이집트 제4왕조의 파라오(재위 : 기원전 2589~기원전 2566) '쿠푸'. 카이로 서쪽 기자 지역의 대피라미드 건설자다. 이극로는 이집트 기행기인 「鳥身人首의 磁器」(『조광』 2-3, 조선일보 사출판부, 1936.3)에서 쿠푸 왕을 "혜옵쓰"라고 표기했었다. 쿠푸를 그리스어로 '케오프스'라고 하며, 영어의 'Cheops'를 '헤옵쓰'로 발음하고 음역하여 '혜홉(惠哈, 혜합)'이라 한 것이다.

〈그림 213〉 이집트 피라미드   〈그림 214〉 로마 교황청

북쪽으로 카이로를 바라보고 운다.	北望可市恨不盡
예나 이제 구경 다니는 동서양 나그네	東西古今遊覽客
나라의 흥망이 덧없음을 새로 느낀.	更新社稷興亡觀

5. 로마 교황청을 읊음^{吟羅馬敎皇廳}

온 세상을 다스리고자함은 영웅의 꿈이다.	統世政治英雄夢
그러나 아직도 그런 일을 이룸을 못 보았다.	尙今未見事實成
오직 로마 교황의 권세만은	猶有羅馬敎皇權
그 천하를 거느리고 이 성에 있다.	率其天下在此城

1921년 6월

〈그림 215〉 로마 트레비 분수

〈그림 216〉 함흥 형무소

6. 로마를 읊음 吟羅馬市

로마 문명이 일어난 이 땅은   羅馬文明發祥地
찾는 곳마다 절로 절하고 싶다.   探訪處處自拜禮
이태리 사람은 전통적으로 예술의 생활   伊人傳統藝術生
나날이 하는 노래와 춤은 옛날 전례를 좇누나. 日日歌舞從古例

1921년 6월

7. 함흥형무소에서

1. 본디 닥치는 대로 사는 이가 어찌 감옥살인들 피할 사람인가.

從來水雲生 何避獄中人

몇 번이나 죽을 뻔하였는데 하느님이 도와서 살아난 사람이다.

幾度臨死境 神助救命人

나와 같이 복을 받은 사람도 어찌 이 세상 사람에 그리 많겠는가.

如我得福者 豈多此世人

오직 신에게서 이미 받은 은혜를 감사할 뿐이요, 장례 일은 하느님 뜻에 맡긴 사람이다.

唯謝旣受恩 將任天意人

2. 그 사람의 죽음은 한 때 일이나, 정의와 진리만은 영원히 산다.

其人犧牲一時事 正義眞理永遠生

한 부분 혈구가 희생을 당하여 귀중한 몸의 전체가 산다.

一部血球當犧牲 貴重身命全體生

천지 사이 만물 가운데 사람만이 영원히 전체로 산다.

天地之間萬物中 永生全生唯人生

맘과 몸이 튼튼한 복을 구하려거든 일이 많아서 생사를 잊어 버려라.

欲求心身健康福 多事緊張忘死生

3. 어려움을 참고 사전을 만듦은 선비의 도리에 의무를 다함이다.

忍苦編辭典 士道盡義務

이런 일이 또한 죄가 되어서 마침내 진시황의 솜씨를 만났다.

此亦犯罪事 終當始皇手

가슴을 치며 울고는 싶으나 어찌하느냐, 이것도 자유가 없다.

打胸[446]欲痛哭 奈何不自由

깊은 밤 감옥 방안에서 홀로 누워 눈물만 흘린다.　深夜監房中 獨臥只落淚

---

446 [편쥐 打胸 : 초고에는 "放聲(소리를 크게 질러)"으로 되어 있다.

4. 새 가을 한밤중에 벌레소리가 시끄러워서, 옥 안에 갇힌 사람이 잠들지 못한다.

新秋子夜⁴⁴⁷虫聲亂 獄中囚人寢不安

어린 자식과 약한 아내는 요사이 어떤가. 책임을 느끼매 마음 편하지 못하다.

稚子弱妻近如何 責任所感心未安

8. 선비 도의 세 가지 근본士道三素(※옥중에서 수양하던 표어)

1. 하느님이 느끼는 정성스러운 마음   感天至誠心
2. 힘써 이룬 오로지 능한 힘   硏成專能力
3. 함께 잘 사는 큰 공중도덕   共榮大公德

9. 도로써 산다道生箴一(※옥중에서 수양하던 표어)

1. 일을 경험하여 도를 얻었으니   經事得道,
2. 이것이 참 도가 되고   是爲眞道,
3. 도를 얻어서 절로 사니   得道自生,
4. 이것이 참 사는 것이다   是爲眞生.

---

447 [편주] 子夜 : 초고에는 "深夜"로 되어 있다. 같은 뜻이다.

VI

조선어학회 사건—함흥지방법원 예심 종결서 일부

〈그림 217〉 이극로

〈그림 218〉 윤세복

피고인 이극로는 어릴 때 서당에서 한문을 배워 사립 초등학교 고등과 1년을 마친 뒤, 열일곱 살 때 만주를 건너가서 통화성 환인현과 무송현에서 초등학교 교원을 하였고, 대정 4년(1925)[448] 상해에 가서 독일인이 경영하는 동제대학에 입학하였다. 대정 9년(1920) 동 대학 본과 공과 1년을 중도 퇴학하고, 그 다음해 상해과 고려공산당 영수 이동휘가 이르쿠츠크파 고려공산당 내의 분쟁을 해결하려고 국제 공산당의 지시를 받기 위하여 러시아 수도에 가는데 그와 동행하여 그 기회에 독일에 들어갔다. 이듬해 대정 11년(1922) 베를린대학 철학부에 입학하여 공업 경제를 전공하는 한편, 인류학·언어학을 연구하여 소화 2년(1927) 철학박사의 학위를 얻어 동 대학을 졸업하고, 소화 4년(1929) 1월에 조선에 돌아온 자다.

만주 있을 때 당지 조선 사람 사이에 퍼져 있는 농후한 민족적·반일적 사상의 분위기에 물들어서 박은식·윤기섭·신채호와 같은 저명한 민족주의자와 접촉하여 그 교양 감화를 받았다. 더욱 민족적 종교인 대종교에 입교하여 동교 간부 윤세복(현 동교 제3세 교주)의 교양을 받아 열렬한 민족의식을 품고 조

---

[448] [편주] 이하 괄호 안 서기 표기는 편주.

〈그림 219〉 세계피압박민족대회 기념 사진
(왼쪽부터 황우일, 허헌, 김법린, 가타야마 센, 이의경, 이극로)

선의 독립을 열망하여 조선 독립 운동에 일생을 바쳐서 그 지도자가 되려고 뜻을
세워 군사학 연구를 하기 위해 입로를 결심하였으나 제1차 세계대전이 일어나
그 뜻을 이루지 못하였다.

그 뒤 대정 8년(1919) 만세 소요의 실패와, 세계에서 모든 민족의 흥망사와, 독
일에 있을 때 소화 2년(1927) 벨기에 수도 브뤼셀에서 개최되었던 제1회 세계 약
소민족 대회에 피고인은 조선 대표로서 출석하여,

　(첫째) 시모노세키 조약에 의하여 보증된 조선독립 실행을 일본 정부에 요구
　　　　할 것.

　(둘째) 조선에 있어서 총독 정치를 즉시 중지 시킬 것.

　(셋째) 상해 대한민국 임시정부를 승인할 것.

세 항목의 의안을 제출하여 조선 독립을 취하여 원조를 청하였으나 채택되지
않았다.

약소민족 대표자 사이에서도 조선의 존재를 대수롭지 않게 여기는 것 등을 보
아 조선 독립은 외력 의존의 근본 관념을 시정하여 첫째, 조선 민족의 문화와 경

〈그림 220〉 신명균

〈그림 221〉 이윤재

제력을 양성 향상시키는 동시에, 민족의식을 환기 앙양하여 독립의 실력을 양성한 다음, 정세를 보아 무장봉기 그 외 적당한 방법으로 독립을 실현시켜야 된다는 생각을 가지고, 다시 조선에 돌아오는 길에 미국과 하와이에서 이승만, 서재필, 그 외 민족주의자와 만나 의견의 교환을 하고 더욱 조선 독립에 대한 뜻을 굳게 하였다.

조선에 돌아온 뒤 전선 각지를 시찰한 바, 갈 바를 모르는 혼돈된 조선 민족운동에 더욱 실력 양성 운동으로서 문화운동의 부진된 모양을 통탄하는 동시에 조선 고유문화의 쇠퇴와 민족정신의 불통일은 무엇보다 조선 어문의 난립과 불통일에 기인되었다는 것으로 보았다. 그리고 '이것을 정리 통일하려면 먼저 표준 조선어 사전을 편찬하는 것이 빠른 길'이라고 생각하여 같은 뜻을 가진 민족주의자 신명균,[449] 이중건,[450] 이윤재[451](그 뒤 모두 세상을 떠났음—안석제 주)와 협의한 결과, 조선어 대가로서 일찍이 조선어 사전 편찬에 경험이

449 [편쥐 신명균(申明均, 1889~1940) : 호는 주산(珠山). 서울 출신 교육자·한글학자·종교인. 한성 사범학교를 졸업한 뒤 교편생활을 하는 한편 조선어강습원에서 주시경의 가르침을 받으면서 한글 연구에 힘썼다. 1921년 조선어연구회에 참여해 동인지『한글』의 편집 겸 발행인으로 활동했고, 「한글맞춤법통일안」 제정사업에 앞장섰다. 1920년대 대종교 남도본사가 친일 계열의 계동파와 민족 계열의 재동(가회동)파 2파로 분열되었을 때 후자 가회동 남도본사(회선시교당으로 개칭)의 핵심 인물이었다. 이중건이 차렸던 출판사 중앙인서관을 인수·경영하면서『주시경선생유고』(1933),『시조전집』(1936),『소설집』(1937) 등을 펴냈으나, 계속되는 일제의 탄압에 좌절해 자결로 생을 마감했다. 2017년 건국훈장 애국장이 추서되었다.

450 [편쥐 이중건(李重乾, 1890~1937) : 호는 백헌(白軒). 경남 함안 출신 교육자·출판업자. 일본 도요 대학 영문과를 마치고 귀국한 뒤, 신소년사, 중앙인서관, 중앙인쇄소를 차리고, 1916년 고향에 동 명학교를 설립했다. 1928년 조선교육협회 이사에 선임되었고, 1929년 조선어사전편찬회 상무위원 으로 참여했다.

451 [편쥐 이윤재(李允宰, 1888~1943) : 호는 환산(桓山)·한뫼. 경남 김해 출신 교육자·한글학자. 김 해공립보통학교를 졸업하고, 김해 합성학교에서 교편을 잡았다. 1913년부터 마산 창신학교·의신 여학교 교사를 지내고 평북 영변 숭덕학교 교사로 재직 중 3·1운동에 가담하여 평양 감옥에서 3년 간 옥고를 치렀다. 1921년 중국에 건너가 북경대학 사학과에서 수업한 뒤 1924년 평북 정주 오산학 교 등 여러 학교 교사를 지냈다. 1927년 조선어사전 편찬위원이 되었고, 민족 잡지『한빛』을 발행 했다. 1929년 조선어사전편찬위원회 집행위원, 1930년 한글맞춤법통일안 제정위원, 1932년 조선 어학회 기관지『한글』의 편집 및 발행 책임을 맡았다. 1937년 수양동우회사건에 관련되어 서대문 감옥에서 옥고를 치른 뒤, 1942년 조선어학회사건으로 또다시 체포되어 함흥형무소에서 복역 중 옥사했다. 저서에『성웅 이순신』(1931)·『문예독본』(1931) 등이 있다. 1962년 건국훈장 국민장(독 립장)이 추서되었고, 묘소는 국립대전현충원(애국지사 제1-1묘역 499)에 안장되어 있다.

〈그림 222〉 최현배　　　　　〈그림 223〉 장지영　　　　　〈그림 224〉 정열모

있는 상해 대한민국 임시정부 요인 김두봉을 초빙하여 그 사람을 중심으로 하고 자 이윤재를 상해에 보냈다.

그러나 김두봉은 이것을 승낙하지 아니하므로, 피고인들만이 이 계획을 실행하기로 결정하고 그때 피고인 최현배,[452] 장지영,[453] 정열모[454]의 협력을 받아 각 방면의 명사 백 여 명을 이 사업의 발기인으로 권유하여 동년 10월 31일 경성부

---

452 [편주] 최현배(崔鉉培, 1894~1970) : 호는 외솔. 울산 출신 한글학자. 경성고보 재학 중 1910년부터 3년 간 주시경의 조선어강습원에서 한글과 문법을 배웠다. 1926년 연희전문 교수가 되고 1938년 흥업구락부 사건으로 사직했다. 조선어학회 창립에 참여하면서, 1929년 조선어사전편찬위원회 준비위원, 1933년 '한글맞춤법통일안' 제정 등 활동을 하다가 1942년 조선어학회사건으로 3년간 복역했다. 광복 후 미군정청 편수국장, 한글학회 상무이사, 이사장을 지냈다. 1954년 연세대학교 교수·문과대학장·부총장 등을 역임했다. 주요 저서에 『우리말본』·『한글갈』·『나라 사랑의 길』이 있다. 1962년 건국훈장 국민장(독립장)을 수여받았고, 묘소는 국립대전현충원(애국지사 제4묘역 144)에 안장되어 있다.
453 [편주] 장지영(張志暎, 1887~1976) : 호는 열운(洌雲). 서울 출신 교육자·한글학자. 주시경 문하에서 한글을 연구하고서 오산학교, 경신중학교에서 교사를 지냈고, 조선일보 기자 겸 지방부장·문화부장·편집인으로 근무하면서 문맹퇴치와 한글보급운동을 펼쳤다. 1942년 조선어학회 사건으로 옥고를 치렀으며, 광복 후에 조선어학회 제6대 이사장, 연세대학교 교수, 세종대왕기념사업회 이사 등을 지냈다. 주요 저서에 『이두사전』이 있다. 1977년 건국포장(1990년 건국훈장 애국장)이 추서되었다. 묘소는 경기도 덕양구 선유동 선영에 안장되어 있다.
454 [편주] 정열모(鄭烈模, 1895~1967) · 호는 백수(白水). 충북 보은 출신 한글학자·교육자. 1914년 조선어강습원 고등과 제2회를 수석 졸업했고, 1925년 일본 와세다대학 고등사범부를 졸업한 뒤, 조선어학회에 가입하여 한글맞춤법 통일안, 표준어 사용, 외래어 표기를 연구했다. 1932년 김천고보 2대 교장에 취임했고, 1942년 조선어학회 사건으로 수감되었다가 공소시효가 지난 1944년 9월에 석방되었다. 광복 후 1946년 국학전문학교 교장, 한글문화사 대표, 숙명여대 초대 문과대학장, 1949년 홍익대학 초대 학장, 대종교총본사 전강, 원로원 참의 및 한글학회 이사를 맡았다. 한국전쟁 때 월북해 김일성대학 국문과 교수, 북한 사회과학원 원장, 조국평화통일 상임위원을 지내면서 북한 조선어학의 기초를 만들었다. 묘소는 평양 애국렬사릉에 안장되어 있다.

수표정[455] 조선교육협회에서 창립총회를 개최해 '조선어사전 편찬회'를 조직하고, 피고인과 앞의 신명균, 이중건, 이윤재와 피고인 최현배 외 1명이 상무위원이 되어 사전 편찬에 착수하였다.

그러나

(1) 조선어 사전 편찬 사업의 진보에 따라 표준 조선어사전 편찬을 위하여 그 기초 공작으로서 먼저 일반에 권위 있다고 인정하는 조선어 연구 단체에 의하여 혼란될 조선어 '철자'를 연구한 다음에, 이것을 정리 통일시킬 필요성을 통감하는 동시에 다시 나아가서 정리 통일된 조선 어문을 널리 조선 민중에 선전 보급하는 것은 첫머리에 설명한 소위 어문운동으로써 항상 생각하는 조선 독립을 위한 실력 양성 운동으로 가장 효과적인 것뿐만 아니라, 이와 같이 부진된 조선 문화운동의 나아갈 길은 첫째 그 기초적 운동인 이 운동으로부터 시작하는 수밖에 아무런 것도 없다고 생각하였다.

소화 5년(1930) 1월 하순쯤 앞의 교육협회 내에서 그 당시 미·영에서 상해를 둘러 조선에 돌아온 피고인 김양수를 통하여 앞의 김두봉으로부터,

"한갓 조선 어문의 연구 또는 사전 편찬은 민족운동으로서 아무런 의미가 없고, 연구 결과 정리 통일된 조선 어문을 널리 조선 민중에 선전 보급함으로써 처음으로 조선 고유문화의 유지 발전, 민족의식의 배양도 기할 수 있으며 조선 독립의 실력 양성도 가능한 것이니, 다음으로부터 이와 같은 방침으로 진행하라"는 취지의 지시를 받음에 따라, 더욱 어문운동에 몸을 바치겠다는 결심을 굳게 하였다.

먼저 그 방법으로 항상 부진하였던 '조선어연구회'라는 조선어 연구 단체가 피고인의 입회 아래 피고인의 조선 어문에 대한 조예와 그 연구의 열의에 의하여 앞의 신명균, 이윤재와 피고인 최현배의 열렬한 지지를 받아 갑자기 활기를 띠어 조선 어문의 연구 단체 가운데 가장 유력한 단체가 되었을 뿐만 아니라, 이 피고인들 수명을 중심으로 단체화되어 있음을 다행으로 동회를 표면상 한갓 조선어의 연구 보급을 목적으로 하는 단체처럼 만들어 놓고, 이면에 있어서는 합법적으

---

455 [편취] 경성부 수표정 : 지금의 서울시 중구 수표동.

로 때를 이용하여 조선어와 문자 보급에 의한 조선 독립 단체로의 개조 계획을 세
웠다.

동년 9월부터 11월까지 그 사이에 앞의 교육협회 안과 그 밖에 앞의 신명균, 이
윤재와 피고인 최현배, 이희승[456]의 개별 혹은 회합 석상에 먼저 김두봉의 지시
내용을 전하고 조선어연구회를 조선 독립을 목적으로 하는 어문운동 단체로 개
조하려는 뜻을 고하여 각각 그 찬동을 받았다.

소화 6년(1931) 1월 10일 조선 교육협회 내 조선어연구회 정기총회에서 피고인
으로부터 동회 개조의 참다운 사정을 비밀에 붙여 두었다. 그리고 조선어연구회
가 이밖에 동일 유사한 명칭의 단체가 있어 피차 혼동되기 쉬우며, 또 연구회란
명칭은 조선 어문에 관한 최고 권위 있는 단체의 명칭에 적당하지 아니하므로 이
때 그 명칭을 변경하였다. 그러는 동시에, 조선어사전 편찬회로부터 동 사전 편찬
기초 공작으로서 조선어 철자법 통일과 표준어 사정에 대한 것을 위촉받은 일도
있으니, 이 기회에 회원 각자의 연구기관으로부터 한걸음 나아가 연구 결과를 통
일하여 적극적으로 조선 어문 보급운동을 전개하려고 이 개조안을 제의하였다.

그리하여 신명균, 이윤재와 피고인 최현배, 이희승 네 사람은 이 이년의 사성
을 알면서도 이것을 찬동하였고, 내용을 모르는 다른 출석회원 피고인 장지영,
정열모, 이만규,[457] 이강래[458]의 찬성을 얻어 '조선어연구회'의 개명과 동시에 그

---

456 [편쥐] 이희승(李熙昇, 1896~1989) : 호는 일석(一石). 경기도 의왕 출신 국어학자. 1925년 연희전문
학교를 졸업하고 1927년 경성제국대학 예과 수료 뒤 1930년 경성제국대학 법문학부 조선어학 및
문학과를 졸업했다. 같은 해 조선어학회에 입회하여 간사(이사)와 간사장(대표간사) 등을 맡으면
서 '한글맞춤법통일안'과 '표준어사정' 사업에 참여했다. 1932년 이화여자전문학교 교수로서 국어
학 및 국문학을 강의하다가 1942년 조선어학회사건으로 검거되어 함남 홍원경찰서와 함흥형무소
에서 3년간 옥고를 치렀다. 광복 후 1946년 서울대학교 문리과대학 국어국문학과 교수, 1965년 대
구대학 대학원장, 1966년부터 1969년까지 성균관대학교 대학원장, 1971년부터 1981년까지 단국대
학교 부설 동양학연구소 소장직을 맡았다. 1969년부터 한국어문교육연구회(현 사단법인 한국어문
회) 초대 회장으로시 국한문혼용 운동에 앞장섰다. 1962년 건국훈상 국민상(독립상), 1978년 인촌
문화상, 1989년 국민훈장 무궁화장을 수여받았고, 묘소는 경기도 고양시 일산동구 문봉동 선영에
안장되어 있다.
457 [편쥐] 이만규(李萬珪, 1889~1978) : 호는 야자(也自). 강원도 원주 출신 의사·교육자·한글학자.
1948년 남북협상 때 월북하여 최고인민회의 대의원, 조선문자개혁위원회 위원장, 조국통일사 사
장 등을 지냈다. 주요 저서에 『여운형투쟁사』(1946), 『조선교육사』 상·하(1947, 1949)가 있다. 묘
소는 평양 애국렬사릉에 안장되어 있다.
458 [편쥐] 이강래(李康來, 1885~1967) : 호는 추정(秋汀). 충주 출신 교육자. 1911년부터 1913년까지 중

〈그림 225〉 이희승 　　　　〈그림 226〉 이만규 　　　　〈그림 227〉 이강래

〈그림 228〉 권덕규 　　　　〈그림 229〉 김윤경 　　　　〈그림 230〉 이병기

목적 변경을 결정함으로써 신명균, 이희승과 같이 표면상은 조선어문의 연구 보급을 도모하는 문화 단체와 같이 꾸며 두고 이면에 있어서 조선 어문을 정리 통일하여 이것을 조선 민중에 선전 보급하여 조선 고유문화의 향상과 조선 민중의 민족의식의 환기 앙양에 의하여 조선 독립의 실력을 양성하여 이와 같은 독립을 실현시키기를 목적한 '조선어학회'라고 칭하는 결사를 조직하였다.

그 뒤 동 결사의 중심인물로서,

(첫째) 조선 고유문화의 향상과 조선 민족의 민족의식 통일과 민족단결을 도

국 연길, 러시아 블라디보스토크에서 독립운동 및 한글 계몽운동 참가, 귀국 후 개성 정화여고, 송도고보, 서울 배화여고 교사를 지냈다. 1927년 조선어연구회에 가입, 1932년『한글』창간에 참여했다. 1938년 흥업구락부사건으로 구금되었고, 1942년 조선어학회 사건으로 구금되었다가 기소유예로 풀려났다. 광복 후 배화여고 교장, 경복고교 교감으로 봉직하다 정년퇴임했다. 1990년 건국훈장 애족장이 추서되었고, 묘소는 국립대전현충원(애국지사 제2묘역 926)에 안장되어 있다.

모함으로써 조선 독립의 실력을 양성시켜야 될 것이나, 불통일과 구구한 문화와 의식의 분열의 원인이 되어 있는 조선 문자의 철자법을 통일하여 이것을 조선 민중에 선전 보급시킬 필요성을 느껴, 이 결사 조직 후 얼마 안 되어 이윤재, 피고인 장지영, 권덕규,[459] 김윤경,[460] 이병기,[461] 이만규와 합하여 조선 문자 철자법의 통일에 대하여 여러 가지 협의를 거듭하였다.

그런 다음 소화 8년(1933) 10월 경성에서 중류 계급이 사용하는 조선어 발음을 표준화하는 표음식 조선어 철자법 통일안을 작성해 이것을 일반에 공포하여, 다시 그 뒤 피고인 이희승, 정인승[462]과 같이 이것에 개정을 다시 하여 소화 15년

〈그림 231〉 정인승

---

459 [편주] 권덕규(權悳奎, 1891~1949) : 호는 애류(崖溜). 경기 김포 출신 한글학자. 1913년 서울 휘문의숙을 졸업하고 모교와 중앙학교 · 중동학교에서 국어 및 국사를 가르쳤다. 불교 독립운동가 김법린도 그에게 배웠다. 주시경의 제자로 1921년 조선어연구회 창립 및 『조선말 큰사전』 편찬에 참여했다. 주요 저서에 『조선어문경위』(1923), 『조신유기』(1945), 『을지문덕』(1948)이 있다.

460 [편주] 김윤경(金允經, 1894~1969) : 호는 한결. 경기도 광주 출신 한글학자. 연희전문학교 문과와 일본 릿교대학 사학부를 졸업했고, 귀국 후 배화여고와 정신학교에서 교편을 잡았다. 1937년 수양동우회 사건, 1942년 조선어학회 사건으로 두 차례 옥고를 치렀다. 광복 후 조선어학회 상무이사, 연희전문학교 교수, 한양대학교 문리과 대학장을 지냈다. 주요 저서에 『조선문자급어학사』, 『나라말본』, 『용비어천가 강의』가 있다. 1963년 문화훈장 대한민국장을 수여받았고, 1977년 건국포장 (1990년 건국훈장 애국장)이 추서되었다. 묘소는 경기도 광주시 중부면 광지원리 선영에 안장되어 있다.

461 [편주] 이병기(李秉岐, 1891~1968) : 호는 가람(嘉藍). 전북 익산 출신 국문학자 · 시조시인. 한성사범학교를 졸업하고 보통학교 교사를 지내면서 고문헌 수집과 시조연구에 몰두했다. 1930년 한글맞춤법통일안 제정위원, 1935년 조선어 표준어사정위원회 위원이 되었고, 1942년 조선어학회 사건으로 함흥형무소에서 1년 가까이 복역했다. 광복 후 서울대학교 문리과 교수를 역임했다. 저서에 『가람시조집』(1939), 『국문학 전사』(1954)(공저), 『국문학 개론』(1961), 『가람문선』(1966)이 있다. 1977년에 건국포장(1990년 건국훈장 애국장)이 추서되었고, 묘소는 전북 익산시 여산면 원수리 5/3번시 생가의 뒷산에 안상뇌어 있다.

462 [편주] 정인승(鄭寅承, 1897~1986) : 호는 건재(健齋). 전북 장수 출신 국어학자. 1925년 연희전문학교 문과를 졸업하고, 1925년부터 1935년까지 전북 고창고보 교사로 근무했다. 1936년 조선어학회에 가입하여 『조선말 큰사전』 편찬에 참여했다가 1942년 조선어학회사건으로 복역했다. 광복 후 전북대학교 교수, 중앙대학교 교수, 1961년 전북대학교 총장을 지냈다. 저서에 『표준중등말본』(1949), 『표준중등말본』(1956), 『표준고등말본』(1956) 등이 있다. 1962년 건국훈장 국민장(독립장)을 수여받았고, 1970년 국민훈장 모란장을 수상했다. 묘소는 국립대전현충원(애국지사 제3묘역 359)에 안장되어 있다.

〈그림 232〉 정인섭

〈그림 233〉 김선기

(1940) 6월에 이 개정안을 공포하였다. 그리하여 조선일보, 중외신보, 동아일보 등 각 언문 신문과 선내에서 발행되는 언문 잡지에 대개 전부 이 철자법을 채용하기를 청하였다.

(둘째) 전과 같은 취지로써 선내 각 지방의 방언을 정리하여 표준 조선어의 사정의 필요성을 느껴 소화 9년(1934) 12월에 이윤재, 피고인 최현배, 이희승과 앞의 김윤경, 이만규와 협의한 결과, 피고인 이극로는 최현배, 앞의 신명균과 이윤재 세 사람과 그 당시 원안을 작성하였다.

이듬해 소화 10년(1935) 1월부터 앞의 조선어학회 사무소와 그밖에 있어 이상의 피고인 이외 피고인 장지영, 김윤경, 이만규, 이강래, 그밖에 사정을 모르는 많은 조선 내 각도 출신 지명인사와 함께 여러 가지 협의를 거듭하여 소화 11년(1936) 10월 경성에서 중류계급이 사용하는 언어로서 각 도에 보편성 있는 조선어를 표준할 조선어 표준어를 사정한 다음 이것을 동월 후기 훈민정음 반포 기념 축하식 석상에서 발표하는 동시에 그 당시 각 방면에 공포하였다.

(셋째) 전과 같은 취지로써 외래어 즉 국어(여기의 국어는 일본어를 가리킴—안석제 주)와 외국어로서 조선어로 사용되는 언어의 표기 방법을 통일하여야 될 필요를 느껴 소화 6년(1931) 1월 그믐께부터 피고인 이희승과 그때 조선어학회 회원 정인섭[463]과 같이 다시 소화

---

463 [편쥐] 정인섭(鄭寅燮, 1905~1983) : 호는 눈솔(雪松). 경남 언양(현 울산시 울주군 언양읍) 출신 영문학자·시인·문학평론가·아동문학가. 언양보통학교와 대구고보, 와세다대학 영문과를 졸업했고, 1935년 이희승·김선기 등과 조선음성학회를 창립, 1942년 조선어학회 사건으로 옥고를 치렀다. 광복 후 중앙대학교 교수, 국제펜클럽 한국본부 위원장, 언어연구소 소장을 역임했다. 대표저서에 『국어음성학연구』(1973)가 있다. 일제강점기에 다수 친일 글을 남긴 행적이 밝혀져 친일

13년(1938) 4월에 동회원 김선기[464]와 어울러 조선어학회 사무소에서 여러 가지 협의를 거듭하여 외래어 표기법 통일의 초안을 작성하였으나, 그 뒤에 다시 피고인 이희승과 협의를 거듭한 다음 소화 16년(1941) 1월에 이 통일안을 결정하여 이 것을 일반에 공포하였다.

(넷째) 소화 4년(1929) 조선총독부에서 개정 언문 철자법을 발표한 결과, 각 방면에서 이 새 철자법에 대하여 연구열이 높아 감을 기화로 하여 조선 내 각지에 언문 강습회를 개최하고 언문 강습에 조선 민중의 민족의식을 환기 앙양시킬 계획을 세웠다.

소화 6년(1931) 7월 이윤재, 피고인 최현배, 이희승, 앞의 김윤경, 이강래, 이병기와 조선어학회 사무소에서 회합하여 이 강습회 개최에 대하여 여러 가지 협의를 하는 동시에, 그 강습회에서 언문의 역사성을 설명하여 언문이 조선 민족과 불가분의 관계에 있는 것과 언문을 연구하는 것이 곧 조선 민족정신을 유지시킨다는 것을 강조하였다. 그리하여 수강자의 민족의식 환기 앙양에 힘쓰기를 협의한 다음, 그 해와 그 이듬해 소화 7년 각 7, 8월에 걸쳐 이 사람들 이외에 앞의 이만규와 함께 조신 내 각지에서 언문 강습회를 개최하였으며, 다시 소화 9년(1934) 여름에 같은 강습회를 개최하려고 하였으나 당국의 금지를 당하여 이것을 중지하는 수밖에 아무런 도리가 없었다.

(다섯째) 또 조선어와 문학의 보급과 조선 민족의식 앙양을 위하여 대정 15년(1926)부터 경성부 내 조선인 유지가 이조 세종대왕의 언문 창정 반포와 당일을 기념하려고 매년 9월 29일 거행하고 있는 훈민정음 반포 기념 축하식을 조선어학회 주최 아래 거행하기로 하였다. 소화 6년(1931)부터 매년 음력 9월 29일 경성부 내에서 이윤재, 피고인 최현배, 이희승, 장지영과 함께 많은 조선 민중을 회합

문인으로 분류되있다.

464 [편귀 김선기(金善琪, 1907~1992) : 호는 무돌. 전북 옥구(군산) 출신 언어학자. 1930년 연희전문학교를 졸업하고, 1937년 영국 런던대학에서 음성학을 전공, 문학 석사학위를 받고 귀국했다. 1930년에 조선어학회 회원이 되어 1931년 사전편찬원이 되었고, 1932년에 한글맞춤법통일안 위원에 피선되었다. 1942년 10월 조선어학회 사건으로 투옥, 1943년 9월 기소유예로 석방되었다. 1948년 한글학회 이사, 1956년 한국언어학회 초대 회장, 1965년 세종대왕기념사업회 이사를 역임했다. 대표 저서에 『한국어음성학』(1937)이 있다. 1990년 건국훈장 애족장을 수여받았다. 묘소는 경기 남양주시 와부읍 월문리 선영에 안장되어 있다.

〈그림 234〉 안창호

시켜서 이 축하식을 거행하여 세종대왕의 훈민정음 반포 서문 낭독과 언문의 우수성을 강조하는 연설 등 농후한 민족적 분위기 양성에 힘써 왔다.

그러나 소화 11년(1936) 축하식 당일, 여기에 이어서 앞의 조선어 표준어를 발표하였던 바, 내빈으로 출석했던 민족주의자 안창호[465]가 "조선 민족은 조상으로부터 계승해온 모든 것을 잊어버리고 결국 국가까지 잊어버렸다. 다만 조선어만을 보유하는 상태이므로, 이것의 보급 발달에 힘쓰지 않으면 아니 된다"라고 불온한 연설을 하여 당국의 주의를 받았다.

또 그 이듬해 소화 12년(1937) 지나사변 발발에 따라 당국의 취체가 엄중하게 되었으므로 그 뒤부터 이 축하식의 거행을 중지하지 아니하면 안 되게 되었다.

(여섯째) 조선어와 문자 보급 발달에 의하여 조선 고유문화 향상을 도모하는 동시에 조선 민중의 민족의식을 환기 앙양하기 위해 기관지 발행을 결의하여 소화 7년(1932) 1월 앞의 사무소에서 이윤재, 피고인 최현배, 이희승, 장지영, 김윤경과 이만규와 함께 조선어학회 기관지로서 『한글(정음)』이라는 월간잡지를 발행하기로 협의 결정하였다. 그 뒤 소화 9년(1934) 1월까

---

465 [편쥐 안창호(安昌浩, 1878~1938) : 평남 강서 출신 독립운동가 · 교육자. 1903년 미국 샌프란시스코에서 공립협회를 창립했고, 『공립신보』를 발행해 동포들의 의식계몽에 힘썼다. 귀국 후 1907년에 이갑 · 양기탁 · 신채호 등과 비밀결사 신민회를 조직, 『대한매일신보』를 기관지로 하여 민중운동을 전개했고, 평양에 대성학교를 설립했다. 1911년 미국으로 망명해 이듬해 샌프란시스코에서 대한인국민회 중앙총회를 조직하고 초대 총장에 취임했으며, 『신한민보』를 창간했다. 1913년 로스앤젤레스에 흥사단을 창설했다. 1919년 중국 상해에서 대한민국 임시정부 내무총장 겸 국무총리 대리직을 맡았다. 1924년 미국으로 건너가 각지를 순행하며 국민회와 흥사단 조직을 강화했으며, 1928년 상해에서 이동녕 · 이시영 · 김구 등과 함께 한국독립당을 결성했다. 1932년 윤봉길의 상해 홍구공원 폭탄사건으로 일본경찰에 붙잡혀 서대문형무소와 대전형무소에서 복역하다가 1935년 2년 6개월 만에 가출옥하여 평남 대보산 송태산장에서 은거했다. 1937년 수양동우회사건으로 일경에 붙잡혀 수감되었다가 병보석으로 석방된 뒤 이듬해 작고했다. 1962년 건국훈장 대한민국장이 추서되었고, 묘소는 도산공원(서울시 강남구 신사동 649-9, 등록문화재 517호)에 안장되어 있다.

지 앞의 신명균, 동년 4월부터 소화 12년(1937) 5월까지 이윤재, 그 뒤에는 소화 17년(1942) 6월까지 피고인 정인승이 각각 그 편수를 맡아서 매월 최저 6백 부, 최고 3천 부의 월간잡지를 발행하였다.

(일곱째) 앞의 조선어사전편찬회는 그 뒤에 재정난과 이상과 같은 조선어학회에 위촉된 조선어 철자법 통일, 표준어 사정 등 기초 공작의 필요가 있어서 소화 8년(1933) 6월경부터 사실 사전 편찬 사업을 중지되지 않으면 안 되어, 동회는 참으로 유명무실과 같이 되어 있었다.

〈그림 235〉 이중화

그러나 이와 같은 사전의 기초 공작도 차차로 완성되는 동시에, 아랫단 일곱째에 기록해 붙인 바와 같이 피고인 김양수의 알선에 의하여 동 사업에 대한 재정 원조자를 얻게 되었으므로 이 중절되어 있던 조선어사전 편찬을 결의하였다. 그리하여 소화 11년(1936) 3월 앞서 본 조선어학회 사무소에서 이윤재, 피고인 최현배, 이희승과 회합하여 협의한 결과, 조선어학회에서 이 사전 편찬을 계승하고 '조선어사전편찬회'의 편찬 방침을 그대로 답습해 이 사전 편찬을 계속하기로 하였다. 그때 이 조선어사전편찬회와 의논하여 동회를 해산시켜 이 사업을 계승하였다. 다시 소화 13년(1938) 1월, 피고인 정인승, 이중화,[466] 한징[467](그 뒤에 죽었음

〈그림 236〉 한징

---

466 [편취] 이중화(李重華, 1981~1950) : 호는 동운(東芸). 서울 출신 교육자·한글학자. 흥화학교 영어과 졸업 후 배재학당 교사로 근무했다. 1929년 조선어사전편찬위원회 집행위원, 1936년 조선어사전 전임집필위원 및 조선어표준어사정위원회 위원을 맡았으며, 1942년 조선어학회사건으로 검거되이 옥고를 치렀다. 광복 후 국학대학장, 1949년 한글학회 대표이사를 지내다가 한국전쟁 때 납북되었다. 주요 저서에 『경성기략』·『조선의 궁술』이 있다. 2013년 건국훈장 애족장이 추서되었다.

467 [편취] 한징(韓澄, 1887~1944) : 호는 효창(曉蒼). 서울 출신 한글학자. 1922년부터 1929년까지 시대일보·중외일보·조선일보 기자로 재직했다. 1930년 조선어학회 조선어사전편찬전임위원, 조선어표준어사정위원회 위원이 되어 표준어제정과 사전편찬에 참여해 활동하던 중 1942년 조선어학회사건으로 함남 홍원경찰서에서 일경의 악독한 고문과 심문을 받고 이듬해 함흥형무소로 이송된 뒤 이윤재와 같이 옥사했다. 1962년 건국훈장 국민장(독립장)이 추서되었고, 묘소는 국립대전현충원(애국지사 제1묘역 397)에 안장되어 있다.

〈그림 237〉 정태진

−안석제 주)과 어휘의 채록 주해는 조선 독립의 근본 목적이
므로 민족정신의 고취를 일관시킬 취지 아래에서 될 수 있
는 데까지 그 철저를 기하는 동시에, 적어도 조선의 민족정
신을 말살 혹은 해롭게 하는 문구사용을 피하고 이 주해가
당국의 검열될 만한 범위 내에서 암암리에 민족의식 앙양
도모 연구를 협의·결정하였다.

그 다음부터 앞의 조선어학회 사무소와 소화 10년(1935)
8월 경성부 화동정⁴⁶⁸에 이전하였던 동 결사 사무소에서 이
상의 방침에 따라 피고인 정인승, 이중화, 한징과 소화 13
년(1938) 6월 조선어학회의 사무원으로 된 권승욱, 동년 7월
사무원이 된 앞의 권덕규, 동 16년(1941) 4월부터 사무원으
로 된 피고인 정태진⁴⁶⁹과 함께 한편 교묘히 학술적인 조선
어 사전으로 가장하고, 그 사실은 조선 고유문화를 향상시키며 조선 민중의 민족
의식을 환기 앙양시키는데 충분한 조선어 사전의 편찬에 힘써 소화 17년(1942) 9
월까지 수록 어휘 약 15만 어와 1만 6천 페이지에 달하는 원고를 작성하였다.

(여덟째) 조선 독립의 실력을 양성하기 위하여 조선 민족 고유문화의 향상과
민족 이외의 환기 앙양 길은 이상과 같은 각 방법을 실행하는 외에 조선어 출판물
을 보급시킬 필요가 있다고 생각하였다. 이 방법으로서 태국의 실례를 본받아 널
리 조선 민중의 관혼상제 등 비용을 절약시켜서 그 일부를 제공시켜 그 기념으로
서 조선어 도서 출판하기를 계획하였다. 이에 일반의 찬조 후원을 얻기 위하여

---

468 [편쥐] 경성부 화동정 : 지금의 서울시 종로구 화동. 조선어학회 사무소는 화동 129번지에 있었다.
469 [편쥐] 정태진(丁泰鎭, 1903~1952) : 호는 석인(石人). 경기도 파주 출신 한글학자. 1925년 연희전문
학교 문과를 졸업하고, 함남 함흥 영생고등여학교 교사로 부임했다. 1927년 미국으로 유학해 우스
터대학 철학과를 졸업하고, 1931년 컬럼비아대학 대학원에서 교육학과 과정을 마친 다음, 귀국하
여 영생고등여학교에서 다시 교편을 잡았다. 1941년 조선어학회에서 『조선말 큰사전』 편찬 일을
맡아보다가, 1942년 조선어학회 사건으로 함흥감옥에서 옥고를 치렀다. 광복 후 『조선말 큰사전』
편찬을 재개하는 한편, 연희대학·중앙대학·홍익대학·동국대학에서 국어학 강의를 맡았다.
1952년 『큰사전』 속간을 위해 전념하다가 11월에 교통사고로 인해 사전의 완간을 보지 못한 채 순
직했다. 주요 저서에 『한자 안쓰기 문제』(어문각, 1946), 『아름다운 강산』(1946), 『고어독본』(1947)
이 있다. 1962년에 건국훈장 국민장(독립장)이 추서되었다. 묘소는 경기도 파주시 광탄면 영장리
산 8번지(파주시 향토유적 제15호)에 안장되어 있다.

이것을 형식상 조선어학회 사업이라 하지 않고, 조선인 지명인사를 회원과 그 역원이 되는 별개의 단체를 조직하기로 계획하였다.

소화 10년(1935) 1월에 앞서 본 조선어학회 사무소에서 피고인 최현배, 이희승 두 사람에게 이 결의를 말하고 의견을 구하여 그 찬동을 받았다. 그 당시 동소에서 이윤재에 대하여, 동년 3월 청진정[470]의 피고인 이인[471] 집에서 동 피고인에게 이 결의를 말하고 협력을 청하여 각각 그 찬동을 받은 다음, 그 당시 사정을 모르는 각 방면의 명사 20명을 권유하여 그 발기인이 되겠다는 승낙을 얻었다.

동년 3월 중순 경성부 공평정의 요릿집 태서관[472]에서 피고인 이인과 이윤재, 그밖에 사정을 모르는 발기인 여러 사람과 같이 이와 같은 취지 아래서 표면에는 단순한 출판 사업을 경영하는 '조선 기념 도서 출판관'이라고 칭하는 단체를 조직하였으나 그 뒤에 이 기념 출판의 신청이 없었다. 그러므로 소화 13년(1938) 1월 피고인 이인과 협의한 다음 동 피고인으로부터 그 부모의 환력 축하 비용 1,200원의 제공을 받아 이 사정을 모르는 앞의 김윤경의 저작인 『조선문자급어학사』라고 제목된 서적 천 부를 출판

〈그림 238〉 이인

〈그림 239〉 『조선문자급어학사』

---

470 [편쥐] 청진정 : 지금의 서울시 종로구 청진동.

471 [편쥐] 이인(李仁, 1896~1979) : 호는 애산(愛山). 대구 출신 변호사·정치인. 1912년 일본에 유학하여 메이지대학 법학부를 졸업했고, 19??년 일본변호사시험에 합격한 뒤 1923년부터 허헌·김병로와 함께 일제강점기 3대 인권변호사로서 의열단사건, 6·10만세운동사건, 만보산사건, 수양동우회사건 등 각종 항일독립운동 사건의 변론을 무료로 맡았다. 광복 후 1948년 초대 법무장관을 역임했고, 전 재산을 한글학회에 기증했다. 대표 저서에 『반세기의 증언』(1974)이 있다. 1963년 건국훈장 국민장(독립장), 1969년 국민훈장 무궁화장이 수여되었고, 묘소는 국립대전현충원(애국지사 제4묘역 566)에 안장되어 있다.

472 [편쥐] 경성부 공평정의 요릿집 태서관(太西舘) : 공평정은 지금의 서울시 종로구 공평동. 태서관은 공평동 78번지에 있던 유명 식당이다.

〈그림 240〉 오세억 기사

하여 그중 5백 부를 조선 내와 내지(당시 일본을 가리킴-안석제 주)의 각 도서관과 이름 있는 인사에게 무상으로 분배하는 동시에 그 나머지를 판매하였다.

그리고 다시 동년 2월에 이 내용을 모르는 오세억[473]이란 사람으로부터 그 결혼 기념으로서 4백 원을 제공받아 이 사정을 모르는 노양근[474]이란 사람의 저작인 『날아다니는 사람』이라고 제목한 서적을 출판하기로 하여, 동년 11월에 이것을 5백부 출판하여 각 방면에 배부 하였다.

(아홉째) 조선어학회에서 소화 10년(1935) 4월에 피고인 김법린을, 소화 11년(1936) 4월에 피고인 정인승, 한징 두 사람을 각각 권유하여 이 결사에 가입시켜 이로써 앞의 결사 목적 달성을 위한 행동을 하였다.

(2) 이상과 같은 조선어학회를 조직하여 조선 독립의 목적 아래에 조선 독립을 위하는 실력 양성 운동으로서 문화 운동의 기초 운동인 어문운동을 전개하여 차차 그 효과를 나타내어 온 뒤부터 다시 나아가서 같은 목적 아래에 표면상 학술 연구기관이란 것을 표방하고, 이면에 있어서 조선 문화의 향상

---

473 [편쥐] 오세억(吳世億) : 황해도 해주 출신 교육자로 1928년 해주 금산육영강습소를 설립, 1929년 청년 극예술연구 모임 민영회(民映會) 이사를 지냈다. 그는 1937년 12월 29일의 결혼기념으로 조선기념도서출판관에 노양근의 동화집 『날아다니는 사람』 출판비를 헌성했다(『동아일보』, 1938년 11월 27일자, 「오세억 이숙모 량씨 결혼기념출판」).

474 [편쥐] 노양근(盧良根, 1900~?) : 경북 김천 출신 월북 동화작가. 대표 저서에 『날아다니는 사람』(1938), 『열세 동무』(1940)가 있다.

과 조선 정신의 선양을 도모하는 동시에 독립 운동의 투사와 독립 후의 지도적 인재 양성을 위한 결사 조직을 계획하였다.

1) 소화 11년(1936) 1월에 경성부 화동정 이윤재 집에서 동인에게 이 결의를 말하고 그 찬동을 받아 황해도 안악의 부자 김홍량[475]에게 자금을 제공하라 하여 이 결사를 조직한 방침을 협의하였으나 출자하지 않으므로 이 계획이 갑자기 틀어졌다.

2) 다시 피고인 이우식에게 출자시켜서 이 결사를 조직시킬 것을 계획하여 소화 12년(1937) 5월에 안암정의 보성전문학교 교수 안호상[476] 집에서 이 사정을 비밀로 하고 그 표면상 계획을 말하였다. 피고인 이우식에게 출자 권유의 의뢰를 해 두었던 안호상과 동아일보 기자 이은상과 함께 피고인 이우식에게 이 계획의 개요를 말해 피고인의 참된 의도를 추측시키고 동 결사를 위한 출자를 요구하여 그 찬동을 받고 자금 10만 원 제공을 승낙받아 이 자금으로써 재단법인 설립을 의논하였다.

그 다음 그 당시 피고인 이우식에 대한 교섭 결과를 말하여 그 협력을 청해 찬동 받아 그 달 7일 경성부 본정[477] 요릿집 강호천에서 피고인 이우식, 이인, 안호상과 회합하여 동 결사 재단법인 조직에 대하여 여러 가지 의논을 하였다. 다시 그 달 하순 피고인 이인 집에서 이 재단법인 설립 수속에 대하여 여러 가지 의논을 하여 이것에 대한 구체적 계획을 진행시켜 왔으나, 그해 12월에 이르러 피고인 이우식이 앞서 본 10만 원의 자금 제공이 곤란하게 되었으므로 이상 계획은 좌절되었다.

---

475 [편쥐 김홍량(金鴻亮, 1885~1950) : 호는 포우(抱宇). 황해도 안악 출신 애국계몽운동가·교육자. 1977년에 건국훈장 국민장이 추서되었으나, 친일 행적이 드러나 2015년 서훈 취소가 확정되었다.

476 [편쥐 안호상(安浩相, 1902~1999) : 호는 한뫼. 경남 의령 출신 철학자·교육자·역사가·종교지도자. 1929년 독일 국립 예나(Jena)대에서 「헤르만 로체의 관계문제를 위한 의미(Hermann Lotzes Bedeutung für das Problem der Beziehung)」라는 논문으로 철학박사학위를 받은 뒤, 영국 옥스퍼드대학과 독일 국립 훔볼트학술재단의 연구과정을 거쳐 귀국했다. 광복 후 서울대학교 문리과대학 교수를 시작으로 1948년 초대 문교부장관·대통령특사, 1960년 초대 국회 참의원, 1981년 한성대학교 재단이사장, 1992년 대종교 제14대 총전교 등을 지냈다. 저서에 『철학강론』, 『국학의 기본학』, 『겨레역사 6천년』, 『안호상회고록』, 『민족사상과 전통종교의 연구』 등 다수가 있다. 묘소는 국립서울현충원(국가유공자 제1묘역 39)에 안장되어 있다.

477 [편쥐 경성부 본정 : 지금의 서울시 중구 충무로.

〈그림 241〉 조선어학회 표준어 사정 위원   〈그림 242〉 김홍량   〈그림 243〉 안호상

3) 소화 16년(1941) 9월 당시 경성에 살던 피고인 이우식은 본적지 경상남도 의령군에 옮아간 뒤로부터 항상 동 피고인에 출자를 시켜 초지를 관철하려고 그 당시 화동정 자택에서 항상 이 사실을 비밀로 하여, 이상의 경위를 말하여 협력을 부탁하여 두었던 피고인과 친한 서승효[478]와 안호상은 함께 피고인 이우식에게 전과 같은 신청을 시켜 출자를 청하여 동 피고인의 승낙을 받아 다시 그 해 10월 하순 동 부 관훈정 지나 요릿집 중화원에서 안호상과 피고인 이우식과 회합하여 협의한 결과, 동 피고인이 소화 17년(1942) 1월까지 10만원 제공하기를 거듭 확약시켰으나, 소화 16년(1941) 12월 대동아 전쟁이 일어난 관계로 시국의 추이를 조용히 관망하려고 일단 이 계획을 멈추었다.

이와 같이 전후 수년에 걸쳐 조선 독립 목적으로, 그 목적된 일의 실행에 관하여 협의를 하여 온 것이다.

(이상 일본어를 우리말로 고쳐서 번역하였음)

일본 제국주의가 몰락하려는 최후적 발악은 조선 민족에 대한 야만적 폭력 탄압이 드디어 조선어학회에 미쳐서 '한글'의 운명도 풍파 속에 덮쳤다.

1942년 10월 1일 고루 이극로 스승님은 조선어학회 책임자로서 함흥경찰서에

---

478 [편쥐] 서승효(徐承孝, 1882~1964) : 호는 연아. 충남 청양 출신 언론인. 1919년『매일신보』교정부 기자를 지내고 1920년『동아일보』에서 도안과 편집을 맡았다. 1924년『조선일보』기자, 1932년『중앙일보』편집부장ㆍ지방부장, 그리고『조선일보』지방부장을 지내다가 1939년『조선일보』를 퇴임했다. 1942년 조선어학회 사건으로 옥고를 치렀고, 광복 후『조선일보』지방부장(재임),『동아일보』편집 고문, 자유신문 객원사원으로 일했다.

수감 당하신 뒤 형언할 수 없는 고문을 받고 제1일에 2차, 제2일에 3차, 제3일에 2차, 도합 7차나 기절하셨다. 이와 같은 악형으로 말미암아 손톱과 발톱도 빠져서 병신이 되었으며, 몸에 흠집이 생기셨고, 더욱 혹독한 난타와 물을 먹이는 것과 비행기 타기(천정 보에 밧줄로 매어 목총을 두 팔과 등의 사이로 가로 꿰어 몸을 공중에 달아 두는 것) 등의 악형을 받으시고 늑막염이 생겨 수년 동안 치료를 받았다.

이와 같이 비인도적 악형은 조선어학회의 목적이 조선 독립에 있다는 것으로, 1942년 12월 21일부터 1945년 1월 16일까지 9회의 공판 결과 징역 6년의 판결 언도를 받고 곧 상고를 하고 있던 중 우렁찬 해방의 종소리로 함흥 감옥에서 8월 17일 조국 건설과 인민 해방의 위대한 포부를 품으시고 새로운 이 강토를 다시 밟게 된 것이다.

〈그림 244〉 서승효

안석제 씀

VII

스승님의 걸어오신 길

유열

〈그림 245〉 유열

된 고개 험한 길을 가리지 않고, 언제나 이 겨레 삼천만의 인도자가 되어 우리들을 이끌어 주신 고루 이극로 스승님의 걸어오신 반백년의 발자취를 밝혀, 나라를 위하여 힘쓰는 젊은이들에게 도움이 되면 다행으로 생각하는 바다.

나라 잃은 민족은 눈물만이 자유였고, 나중에는 짐승보다도 더 모질스러운 압제 아래에 울기조차 어려웠던 서른여섯 해 동안, 더욱 생활조차 유난히 어려웠던 환경에서 끝까지 싸워 단 한 번의 굽힘과 숙임도 없이 이 겨레의 길을 지켜 온 스승님의 길은, 그대로가 싸움의 길이요, 피비린내 어리는 가시덤불의 길이었다.

흔히 세상 사람들은 고루 이 박사를 말할 때에 그야말로 소경의 코끼리 만지는 격으로 한쪽만을 보고 속단하는 일이 많다. 더구나 이극로 스승이라면 그만 조선어학회를 생각하고, 또는 조선어학회라 하면 으레 이극로 스승을 생각하며, 스승님을 조선의 학자이시다라고만 알기가 쉽다.

또한 우스운 것은 스승님이 경제학 박사임에도 불구하고 생판 딴 길 같은 어학을 하시니 무슨 뜻인지 모르겠더라 는 분도 많고, 심지어는 "글만 가지고 사느냐? 정신만 튼튼하면 이기느냐?" 하는 생각을 가지며, "혹시 스승님은 한갓 어학자요, 또는 문약에 흐르는 초라한 선비이신가?" 하고 걱정하는 이도 많았다. 이런 이들을 위하여서도 이 글을 초하는 바다.

한국 말년에 을사조약이 맺어지고, 뒤이어 경술 합병이 되자 스승은 손에 들었던 호미 자루를 던지고 어린 두 주먹을 차돌처럼 불끈 쥐고 멀리 멀리 하늘 저쪽을 노려보며 구슬 같은 눈물방울이 발 등을 적시었다. 그때부터 그 손에는, 그 가슴에는, 이 겨레의 목숨이, 이 민족의 역사가, 이 나라의 희망이 가득 차지하였었다. 그리하여 모든 어려움을 무릅쓰고 고향을 등진 스승은 산길 물길을 두려워하지 않고, 한번 품은 큰 뜻은 더욱 굳어 가고 커 갈 뿐이었다.

백두산 기슭에서, 서간도 벌판에서, 중국에서, 시베리아에서, 독일에서, 온갖 괴로움을 다 겪으시고 갖은 애를 다 태우시면서 경제학을 오로지 닦았음은 거기에 벌써 남 다른 뜻과 생각이 있었던 것이었다. 그동안에 영국으로, 프랑스로, 아메리카로, 하와이로 들르면서도, 늘 머리에는 왜족의 발밑에서 짓밟히고 있는 삼천만 동포 생각뿐이었다.

세계 각처에 흩어져 있는 약소민족들을 찾아보고 그 실정과 투쟁의 경과를 살리며 또한 여러 선배 동지와도 만나서 만 리 이역의 외롭고 낯선 하늘 아래에서나마 피를 끓이며 조국의 다물(광복)을 꾀하고 의논하였다.

해외 생활 20년, 드디어 1929년 정월에 민족적인 사명을 스스로 지시고, 왜족의 눈초리 날카로운 요코하마 부두에 내리시어 일로 슬픔 어린 조국 조선으로 들어오셨다. 조선 사람으로서는 처음인 경제학 박사의 영예스러운 학위를 받고, 누가 보아도 몸에 비단을 감고 고향에 돌아오는 성공의 길이언만, 사실에 있어서는 가슴 깊이 조국 재건의 경륜을 품으시고 손에는 비수를 들고 싸움터에 들어온 것이었다.

'왜족 아래에서 종살이 열 몇 해에 우리의 겨레는 어찌되었나?'
'거리마다 날뛰는 것은 주구 무리의 환롱[479]이었으니, 우리의 참다운 동포의 정상, 그리고 왜족의 말발굽 밑에서 우리 강산은 어이 되었나?'

---

479 [편쥐 환롱(幻弄) : 교묘하고 못된 꾀로 남을 속여 농락함.

불타는 조국애의 심회로 여러 달이란 긴 날짜를 걸쳐 우리 동포가 살고 있는 이 강산 골짝 골짝을 샅샅이 자세히 살피시었다. 그리하여 우리 조국을 살리는 길은 무엇보다도 민족의식으로 독립 정신을 앙양시킴이 급한 일이라고 믿게 되었다. 정치적으로 눌리는 것보다도 문화적으로 말리우는 것이 더 무서움을, 가까이 청족 곧 만주족이 한족에게 되눌린 꼴을 보아도 잘 아는 바다.

'먼저 말을 찾자. 말은 민족의 단위를 결정하는 가장 큰 요소다. 말의 단위가 곧 민족의 단위라고도 볼 수 있으니, 조선말이 곧 조선 겨레라 하여도 지나친바 아니다.'

그때에 서울에는 조선어연구회(조선어학회의 첫 이름)가 있었다. 스승은 그 회의 여러분들과 만났었다. 그리고 조선어 교육자들과도 가까이 사귀며 만났었다.

쓰러져 가고 시들고 없어져 가는 조선 말. 헝클리고 찢어져, 갈라지고 흩어져 가는 조선말은 혼란의 극도에 다다랐다. 정치적으로나 경제적으로나 문화적으로나 우리말의 통일 정리 보급은 이 겨레를 살리는 가장 가까운 길이라 깨닫고, 앞으로 싸우고 나아갈 길을 똑똑히 찾아 잡았었다. 정경학을 닦으신 스승으로서 이 길을 찾은 것은 그러한 깊은 뜻이 잠겨 있었다.

스승은 곧 그 연구회의 회원으로 들었었고, 4262년(1929)[480] 10월에는 조선어사전편찬회 위원장[481]으로 뽑혔으며, 4263년(1930) 10월에는 회장[482]으로 되시어 힘과 뜻을 오직 그 길에 쏟았다. 그 해 9월이다. 아직도 우리 머리에 기억도 새로운 만주의 길돈(길림·돈화) 사건에는 조선 각종 단체연맹의 총 대표로 파견되시어 많은 활동을 하였다.

그리고 스승은 늘 생각하기를 '마음만 가지고는 일이 안 된다. 글만 가지고도 안 된다. 마음에 몸이 따라야 하고, 글에 힘이 따라야만 된다. 몸과 마음, 문과 무가 가장 잘 어울려야만 비로소 그 사람은, 그 겨레는 번져 나갈 수 있다'는 것을

---

480 [편쥐] 1929년. 원문의 '4245년'을 바로 잡음.
481 [편쥐] 1929년 10월 31일 조선어사전편찬위원회 108명의 발기인 중 준비위원 32명을 뽑고, 이극로는 신명균, 이윤재, 이중화, 최현배와 사업실무인 '집행위원'에 선임되었다.
482 [편쥐] 회장 : 1930년에 이극로는 이윤재, 한징, 이용기, 김선기와 함께 조선어사전편찬회 '편찬원'에 선임되었다. 1931년 1월 11일부터 1932년 1월 9일까지 조선어학회 제22대 '간사장'을 지냈다.

〈그림 246〉 대종교 환국기념 사진 중 이극로(둘째 줄 오른쪽 세 번째)와 김공순(셋째 줄 맨 오른쪽)

부르짖고 또 그 방면에 힘을 아끼지 않았다.

　4266년(1933) 1월에는 조선연무관[483] 이사로, 또한 4270년(1937)[484] 9월에는 조선씨름협회 회장으로 일 보시며, 다시 그해 1월에는 조선과학지식보급회 이사로서 많은 활약을 하시었다.

　다시 4275년(1942)에, 대종교 경의원 참사[485]로서 종교를 통하여 민족 지도에 힘을 기울이셨으니, 대종교의 『한얼노래』는 거의 모두 가히 스승께서 지으신 것이다.[486]

483　[번역주] 조선연무관 : 1931년 이경석(李景錫)이 서울 송로구 수송동에 세운 유도 도장.

484　[편주] 「조선씨름협회 금년도 임원결정」(『동아일보』, 1940.5.1)에 이극로의 회장직 기록이 있다.

485　[편주] 경의원 참사 : 정확한 직명은 경의원 '참의(參議)'. 경의원은 대종교 교주 집무실인 경각의 자문기관으로 원장과 부원장, 비서 외에 다수의 참의를 두었다. 이극로의 경의원 참의 서임일자는 1946년 4월 24일이다. 당시 경의원 원장은 이시영, 부원장은 이동하(이원식), 비서는 정일이었다. 참고로 이극로는 참의 이전에 학술직 전강(1946.2.28~4.24)과 종리연구실 찬수(1946.4.8)를 지냈다.

486　[편주] 『한얼노래』 : 개신교의 찬송가, 가톨릭의 성가에 해당하는 대종교 노래집으로, 총 37곡 중 이극로가 27곡을 작사했다. 『한얼노래』 책자는 1942년 6월 10일 북간도 영안현 대종교총본사에서 한

스승은 한가지의 세속적인 선비 물림의 학자가 아니다. 민족혼의 불덩어리요, 불사조였다. 첫 머리에 말한 바와 같이 그저 한 사람의 학자쯤으로 알면 잘못이다.

4275년(1942) 10월 꿈에도 잊지 못할 홍원 사건, 곧 조선어학회 사건! 태평양 전쟁의 불 아궁이에 들어간 왜적들은 마지막 발악을 쳤다. 아무리 표면상 합법적으로 하기로서니, 조선어학회를 그냥 둘 리 없었다. 어떻게 보면 그때까지 남겨 둔 것도 기적이라 할 것이다.

앞에 있는 함흥지방법원의 판결문을 읽으면 무엇보다도 그 사정과 또한 어학회의 정체와 또한 스승의 바른 모습의 한 조각을 알게 될 것이며, 그 철창생활 네 해 동안에 어떠한 괴로움을 겪으시었는지 『한글』 속간 1호에 김윤경 스승님이 쓰신 「어학회 수난기」[487]를 읽으신 분은 누구나 몸부림치고 놀랄 것이다. 보통 사람의 두 곱 세 곱으로 건강하신 스승께서 일곱 번이나 가사 상태에 빠졌더라니, 말로만 듣던 왜적 경찰의 악독한 고문이 얼마나 혹독하였던 가를 짐작할 수 있다.

그러나 압제자에게 자연의 법칙은 철퇴를 내렸다. 1945년 8·15의 일제의 무조건 항복의 전파가 온 세계에 전하여지자, 다물린 태양은 이 겨레의 머리 위에, 이 강산의 끝끝에 눈이 부시도록 비치었다. 죄악과 강압의 어둠에 싸였던 1945년 8월 17일에, 드디어 옥문을 나오신 스승은 네 해 동안의 옥창 살이에 약하고 병들 대로 병든 몸으로 몇 동지들의 부축을 받아 겨우겨우 집으로 돌아 오시면서도 두 눈에는 불이 일고, 뼈만 남은 가슴에는 고동이 한결 높았으며, 꼬챙이 같은 팔다리는 새로운 정렬에 떨기까지 하였다.

거리거리에는 만세 소리가 높고 하늘마다 태극기가 물결을 이루고 있는 해방 직후 스승은 병상에 누워서 잘 일어서지 못하면서도 벌써 모든 경륜을 가다듬기에 겨를이 없었다. 무엇보다도 정치에 굶주렸던 이 땅의 지도자들은 다투어 정당을 만들고 회를 만들어 한 동안은 집집마다 간판이 붙다시피 되었었다.

스승을 일찍부터 사귀던 사람들은 날마다 누워 계신 스승을 찾아와서 정당 만

글 가사집 『한얼노래』 및 악보가 달린 『곡조 한얼노래』라는 표제로서 각각 출판되었다. 서울 한성 도서주식회사에서 4,000부가 인쇄되었고, 편집인은 이극로, 발행인은 안희제였다. 일제 때 이극로 자택에 감춰 두었다가 광복 후 빛을 보았다.

487 [편주] 김윤경, 「朝鮮語學會 受難記」, 『한글』 11-1, 조선어학회, 1946, 56~66쪽.

들기를 권하고 졸랐다. 회장이 되어 달라 당수가 되어 달라 하는 사람이 발뒤축을 이었었다. 그러나 스승은 깊이깊이 생각하셨다.

이미 이루어진 정당이 무려 수십을 넘고, 모여진 회가 수백을 넘는다. 이에 다시 또 무슨 정당이 필요하랴? 삼천만 겨레가 모두 정당을 만든다면 그 정치를 받을 인민은 누구이며, 그 정당들의 진정한 활동을 도울 이는 누구냐?

이렇게 생각하신 스승은 드디어, "우리는 때와 방법을 가려야 된다. 지금은 우리들에게 아무런 정치 활동의 무대도 주어지지 않았다. 그리고 정치활동에 앞서서 아직도 민족 혁명이 덜 되었다. 독립혁명이 아득하다. 그러니 만일 이때에 우리가 혁명당을 꾸민다면 그때는 내 비록 무디나 즐겨 앞에 서서 목숨을 조국에 걸고 싸워 나가겠다. 그렇지 못한다면 차라리 때를 기다리는 것이 낫겠다" 하셨다.

이에 스승은 그동안 짓밟혔던 조선어학회의 재건에 힘쓰시고, 한편으로 전국 정치운동자 후원회를 만드시어 병중에 계시면서 그 위원장으로 일을 보시었다. 그리하여 선비의 길을 국민의 지도 이념으로 삼아 자강 정신을 수양하며, 정치 · 경제를 학문적으로 연구하며, 건전한 국민의 인격을 이루기를 기하였다. 그래서 회원이 들앉으면 도사를 닦는 도사가 되고, 나가면 정치 경제생활의 투사가 되는 동지 모임이 되었다. 스승이 생각하신바 조선 민족의 지도 이념으로서의 사도라는 것은,

1. 감천 지성심
2. 연성 전능력
3. 공영 대공덕[488]

이것이었다.

그리고 조선정경학회를 만드시어 위원장으로 계시며, 이 땅의 여러 정당 사이

---

[488] [편주] 「선비 도의 세 가지 근본」으로 본래 함흥형무소에서 수양하던 표어다.

에 분열이 노골화하자 스승은 개탄의 주먹을 쥐시고 일어나 애쓰시었다. 그러는 사이에 38선은 차츰 굳어져 가고, 남북으로 갈라진 우리 동포는 다시금 좌우로 나뉘어져 흡사히 이조 말년의 사색당쟁을 재현한 듯하였고, 생활은 도탄에 빠져 허덕이는 인민들이 갈 바를 잡지 못하자 뜻 있는 지도자는 피 눈물, 정열을 기울여 통일공작에 힘쓰지 아니 할 수가 없었다. 스승은 이 민족의 어려운 난국을 어떻게 하면 바로 잡을 수 있을까 하여 침식을 잊고 애쓰시었다.

1946년 2월이었다. 민족 지도자들은 완전히 좌우 두 계열로 갈라졌다. 그때에 우익 쪽에서는 '비상국민회의'를 열고, 좌익 쪽에서는 '민주주의민족전선' 회의를 열었다. 스승은 이때에 두 갈래의 통일을 제안하여 힘쓴다는 한 가지 조건으로 조선어학회를 대표하여 두 모임에 나가시어 극력 노력하였으나, 뜻을 이루지 못하자 드디어 다음과 같은 성명서를 발표하고 학구로 돌아오셨다.

조선어학회 성명

본회는 비상국민회의에 초청장을 받고 참석한 것은, 좌우 양익의 합작으로 통일국가의 건설에 힘을 같이하는데 있었다. 본회의 대표 이극로는 해방 후에 제일 먼저 정치 통일 공작에 다각적으로 운동하여 오는 중, 이번 이 회의에 출석하였고, 또 대회석에서 좌측에 교섭하는 위원의 한 사람이 되어서, 성의와 노력을 다하여 왔다. 그런 중에 또 민주주의민족전선 결성 대회의 초청장을 받고서 여기에 참석한 것은 최후의 성의를 다하여 조국건설에 천추의 한이 없도록 힘쓴바 인데, 그때의 모든 정세는 결국에 통일의 목적을 달하지 못하였다. 그래서 본회 대표 이극로는 민족 분열 책임을 지지 못하겠으므로 비상국민회의와 민주주의민족전선 결성 대회는 탈퇴함을 성명한다.

1946년 2월 15일

조선어학회 대표 이극로

이리하여 비상 국민회의에서 선거한 교육부 위원과 민주주의 민족전선에서 뽑힌 의장도 물러서고 말았다. 일선에 서서 정치 공작을 하시기에 지금이 때가 아님을 깨달으신 스승은, 이 성명으로 세간의 의혹을 풀고 학구로 돌아섰다.

그리고 군정청 학무국 위촉으로 교육 심의회의 초등 교육부 위원장으로 국민

교육의 의무제도 실시를 위하여 보수적인 미적지근한 반대파와 싸워 가며 끝끝내 주장을 뚫어내시어, 이번 9월부터 참으로 역사적인 국민학교 의무 교육제도 실시를 보게 되었으니 스승의 커다란 뜻이야말로 길이길이 이 겨레의 역사에 빛날 것이다.

그 한편에 국민체육장 기성회 회장과 조선국술협회 위원장이 되시어 늘 동포의 육체적인 건강에 뜻을 두시고, 다시 조선인류학회 위원장, 에스페란토학 부위원장으로 계시면서 언제나 이 민족의 지적 방면의 향상에 힘쓰시었다.

그리고 지금 국제 정세와 국내의 제반 정세를 보고 들으시고 살피신 나머지 마지막 판단의 결과, 스승은 해방 직후에 있어서 물심 양방면으로 조선 건국의 투사를 후원하던 전국 정치 운동자 후원회를 해소하고 동포를 살리는 길은 오직 건민 운동에 있다 하여 새로 조직한 것이 곧 '건민회'였다. 민족이 몸으로나 마음으로나 건전하고 건강하여야만 그 민족의 질은 높아지며, 그 민족의 질이 높아야만 비로소 독립도 되는 것이요, 남이고 북이고 좌고 우고 또는 인민의 누구든지 먼저 진정한 조선 사람만 되고 건민만 된다면 문제는 풀려진다는 것이다.

고루거각[489]을 지어도 재목이 있어야 한다. 좋은 재복 없이는 아무 것도 안 된다. 훌륭한 조선 나라를 세우려면 먼저 훌륭한 조선 사람이 있어야 한다. 옳은 재목을 길러 내어야 하니 조림하는 모임으로 건민회를 만들었고, 그 위원장으로 전력을 민족 연성, 국가 건설에 힘쓰시고 계신다.

강한 나라는 강한 국민을 가졌고, 강한 국민은 건전한 정신과 건강한 신체를 가졌다. 그러므로 우리는 건전한 국민정신 수양과 건강한 국민 육체 훈련을 시킨다. 건민 운동은 기본 국민운동이다. 정치는 그 국민 전체의 화복에 직접 관계가 되므로, 국정에 대하여 국민은 개개인이 자기의 가정 일보다 더 관심하여 정당인과 관리들의 일거일동을 감시할 권리와 의무가 있다. 이것을 잘 지키는 것이 국민의 도리다. 건민회는 정당과 같이 정권을 잡기에 정신을 못 차리고 날뛰는 말단적 행동을 취하지 아니한다. 건민회는 한 개의 체육 단체나 혹은 한 개의 정신 수양 단체가 아니다. 민생 운동을 중심한 정치·경제·문화 전반을 통하여 조선 국민의 국

---

489 [편쥐] 고루거각(高樓巨閣) : 높고 큰 누각이라는 뜻으로, 웅장하고 큰 집을 이르는 말.

가 생활의 중추를 세우려는 대 국민 도장이므로 그 강령은 다음과 같다.

1. 우리는 민족의식을 앙양하여 완전 자주 독립 국가건설을 기함.
1. 우리는 민주주의 원칙에서 정계의 동향을 비판 건의하여 충실한 국민의 도를 지킴.
1. 우리는 민족문화의 향상을 도하여 세계문화 발전에 공헌함.
1. 우리는 생존권 확보의 경제 균등 제도를 솔선 실천함.
1. 우리는 동지의 총역량을 민중 계몽 운동에 집중함.

이것으로써 고루 이극로 스승님의 걸어오신 자취라 하기에는 너무도 모자람과 비뚤어진 것이 많으나, 행여나 사슴에 있어 뿔의 한가지나마 나타낼 수 있다면 스승을 가까이 모시고 자주 가르침을 받는 몸으로서 얼굴을 들 수 있을까 하여 외람히 글을 쓰게 되고, 이 글을 쓰게 된 것을 영광으로 생각한다.

해방 둘째 해 동짓달 보름[490]
유열[491] 삼가 씀.

---

490 [편쥐] 1946년 양력 12월 8일(일요일).
491 [편쥐] 유열(柳烈, 1918~2004) : 경남 산청 출신 북한 국어학계 거목으로 이두 연구의 최고 권위자. 진주고보 졸업 후 조선어학회에서 활동했으며, 광복 후 부산에 한글강습소를 열고 우리말 보급에 힘썼다. 1947년 홍익대 창설국문과 교수를 지내다가 한국전쟁 때 월북한 뒤 김일성대 교수, 조선사회과학원 언어학연구소 후보원사 교수를 역임했다. 저서에 『풀이한 훈민정음』(1948), 『알기 쉬운 한글강좌』(1949), 『세나라 시기의 리두에 대한 연구』(1983), 『향가연구』(2003) 등이 있다.

제2부
원문

머리말

親知들은 여려 차례[1] 나에게 勸하였다. 立志와 苦鬪와 또는 逆境을 突破한 그것의 實情은, 靑少年에게 주는 살아 움직이는 敎材가 된다고 하여 冊을 만들겠다고 하였다.

그러나 나는 이를 辭讓하였었다. 그랬더니 또 어떤 親舊가 旣往에 내가 "朝光" 雜誌에 連載하였던 "水陸 二十萬里 周遊記"와 그 밖에 한 두가지 글을 추리어 冊으로 만들어 보겠다고 하기에 그의 情誠이 하도 고마워 多少의 修整과 補充을 하게 되고 따라서 이 序文을 붙이게 되었다. 時間의 餘裕가 나에게 좀더 있으면 한 두가지 더 補充하여 이 책을 박기를 勸하는 이의 情誠을 받들어 드리고 싶으나 그럴 形便이 되지 못한 것은 큰 遺憾으로 생각하는 바이다. 그러나 이것만으로써 이땅의 새 일군들의 立志生活에 조그마한 도움이 된다면 그런 多幸이 없다고 생각한다.

끝으로 이 책을 위하여 수고하여준 金 炳濟님과 原稿를 整理하는 일이며 그밖에 여러 가지 일에 수고를 아끼지 않은 安 晳[2]濟님에게 깊이 感謝하며 가시밭 길을 걸어온 나의 苦鬪 四十年 동안 直接 間接 으로 因緣이 깊은 분들 가운데는 이미 世上을 떠나간 분이 많이 있으니 나라의 解放된 오늘 그분들을 다시 뵈옵지 못함을 슬퍼한다.

一九四六年 十一月 三十日 밤

李克魯 씀

---

1 [편쥐 여려 차례 : '여러 차례'의 오식.
2 [편쥐 晳(절) : '晳(석)'의 오식.

水陸 二十萬里 周遊記

하루는 朝光 編輯者를 만났더니 이 題目을 주면서 喜怒哀樂을 勿論하고 半生의 지난 바를 五六回에 連載할 分量으로 써 달라는 力勸이 있었다. 나는 이 勸告를 받고 이 것이 原稿 不足으로 紙面을 채우기 爲함인가 혹은 요사이 雜誌에 "나의 半生과 波瀾 苦鬪記"라고 하는 이런 類似한 題目으로 某某의 글이 더러 보이더니 아마 이 것도 雜誌界의 한 流行이나 아닌가 생각하였다. 編輯者인 鷺山 李殷相氏는 나의 小學 同窓이라 나의 過去를 多少 짐작하는 데에서 雜誌 原稿거리가 되리라고 이 問題를 준 듯도 하다. 左右間에 생각 나는 대로 적어 드리기를 許諾하였다. 그래서 다음과 같은 順次로 쓰고자 한다.

一, 家庭 形便과 朝鮮內의 敎育과 西間島 行.

二, 滿洲와 西伯利亞³에서 放浪生活하던 때와 그 뒤.

三, 中國 上海에서 留學하던 때와 그 뒤.

四, 獨逸 伯林에서 留學하던 때와 그 뒤.

五, 英國 倫敦에서 留學하던 때와 그 뒤.

六, 歸國 途中에 米國 視察하던 때와 그 뒤.

一. 家庭 形便과 朝鮮內의 敎育과 西間島行

내가 어렸을 때에 國內의 生活을 돌아본다면 나의 家庭 形便과 敎育을 말하게

---

3 [편주] 西伯利亞(서백리아) : 초고에는 "西比利亞(서비리아)".

된다. 慶尙南道 宜寧郡 芝正面 杜谷里는 나의 生長한 鄕里이다. 이 마을 앞은 바로 洛東江과 南江의 合流하는 곳으로 風景이 아름답고 또 名勝 古蹟도 많다. 忘憂堂 郭再祐 將軍의 壬亂 戰勝 報德碑閣이 있으며 越便 咸安 땅에는 趙潤松 先生의 含江亭[4]이 있으니 내가 어릴 때에 동무들과 같이 뛰놀던 印象 깊은 곳이다. ①

나는 不幸히도 세살 적에 어머니가 돌아가서서 맏兄嫂와 庶母 밑에서 자라나게 되었다. 나는 同腹 八男妹의 끝으로 형님 다섯 분과 누님 두분을 위로 모시었고 손 아래로 누이동생 둘이 있었다. 내가 자라날 때에 내 집은 農業으로 겨우 살아가는 가난한 農家로서 約 二十名의 食口가 한 집에 있으니 사람이 貴하게 보이지 아니하였다. 그런 形便이라 집안에 선비가 많이 있었건마는 나에게는 本格的으로 글을 읽힐 수 가 없었다. 그래서 글자 그대로 晝耕 夜讀으로 낮에는 소 먹이고 밭 매고 나무하는 모든 일을 나의 힘이 미치는대로는 다 하게 되었다. 우리 마을의 書堂은 우리 밭옆에 있었기 때문에 나는 밭에서 김을 매다가 점심 때에 學童들이 점심 먹으러 간 틈을 타서는 그 書堂에 들어 가서 글씨가 쓰고 싶어서 남의 紙筆墨을 내어놓고 體面에 흰 종이에는 쓸 수 없고 쓰고 남은 사이 줄에만 까맣게 써 놓고 나온다. 그러면 아이들은 벌써 내가 다니이 간 것을 안다. 이런 式으로 밤에나 낮에나 틈을 타서 글을 몇字씩 배우는 형편이었다.

詩童으로 擅名, 나는 이제도 詩에 趣味는 많다. 그러나 詩人이 되려고 特別히 努力하여 본 일은 없다. 내 나이 八歲 때 꽃 피고 잎 돋는 따뜻한 봄철이었다. 하루저녁에는 斗南齋 書堂에 갔더니 여러 사람이 詩를 짓는다고 韻字를 내었는데 至今에 記憶되는 것은 "文"字이다. 詩字를 내어놓고 글을 읊으면서 서로 부르고 쓰고 春興에 겨우는 것을 본 나는 절로 興이 나서 썩 나서면서 "내 글을 쓰시오"하니 여러 사람은 철없는 소리를 한다고 도리어 나무래기만 하였다. 그러나 나는 기어이 쓰라고 하니 그러면 부르라고 許諾하기에 "春來千山和氣 一日人人作文"이라고 부르니 座中의 여러 사람은 웃으면서 "이 아이가 六言의 賦를 지었구나"하면서 稱讚하였다. 그 後의 數年 동안에도 나는 ② 如前히 晝耕 夜讀으로 工夫를 하였다.

또 그 다음 해의 봄날에는 우리 집 뒤에 있는 우리 집안 齋室인 永慕齋에 여러

4　[편쥐 含江亭 : '合江亭(합강정)'의 오식.

사람이 모여서 詩를 짓는데 記憶되는 것은 "方"字 韻이다. 나는 卽景詩로 "芳草長岸詩四句, 開花幽谷興萬方"이라고 부르니 글을 받아쓰던 사람이 붓대를 멈추고 앉았는 態度는 無意味 不成文한 글이므로 쓰지 아니 하겠다는 것이다. 그 때에 그 옆에서 보던 글을 第一 잘 하는 어른 한 분이 말하기를 "쓰게! 오늘 여러 글 가운데에는 이 글이 第一 잘 되었네"하였다. 이 글로 말미암아 나는 詩才가 있다는 말을 듣게 되었다. 이럭 저럭 내 나이 十餘歲가 되던 어느 해 봄날에는 또 斗南齋에서 冠童 數十人이 모이어서 詩會를 열고 詩를 짓는다. 이 書堂 앞에 있는 밭에서 김을 매던 나는 호미를 놓고 들어가서 韻字를 물은 뒤에 조금 있다가 여러 사람의 글을 다 쓰도록 기다리어서 내 글도 쓰게 되었다. "琴" 字 韻을 달았는데 그 날에 다른 사람은 모두 抱琴이나 彈琴의 뜻으로만 달았다. 勿論 글이란 것은 거짓말이 많은 것이지마는 그 때에 事實인즉 거문고 樂器의 그림자도 없었다. 나는 "十里風景生時句, 百年憂樂在書琴"이라고 하니 그 때에 座中은 모두 눈이 둥글어졌다. 이것은 한갓 韻字를 남과 달리 달았다는 것보다도 어린 아이의 글이 아니라 아주 老成한 사람의 글이라고 더욱 놀란 것이다. 나는 뼈가 굵어짐을 따라 農軍의 責任이 무거워졌다. 논 밭을 갈고 서리며 김을 매고 곡식을 비고⁵ 걷우며 지게를 지고 山과 들에 가서 나무와 풀을 비지 아니할 수 없었고, 밤에는 새끼를 꼬며 신을 삼지 아니할 수 없게 되었다. 이렇게 된 나에게는 夜讀이란 것도 許諾되지 못하였다. 그러니 어느 틈에 많은 글을 읽었으리오마는 그 때 韓國 末年인 隆熙 時代의 每日申報쯤은 뜯어 읽을 程度가 되었다. 그러므로 洞里에 共同 ③으로 보는 이 每日申報는 힘써 읽었다. 이 新聞이 나에게 世上 消息을 傳하게 되었으며 또 많은 衝動을 주었다. 그 結果는 나로 하여금 家庭을 떠나게 한 것이다.

隆熙 四年 庚戌年은 韓日 合倂이 되던 해다. 이해 陰曆 正月 보름날에 十六歲의 총각이 봇짐을 싸 지고 伯兄이 쓰시던 서울 가는 路程記만 쥐고 가만이 집을 떠나서 無錢徒步로 서울을 目標하고 가다가 第二日에 仲兄에게 붙잡히어서⁶ 집으로 돌아오게 되었다. 그래서 三個月 동안이나 또 農軍의 生活을 하게 되었으니 속으로 不平은 漸漸 커졌다. 그래서 마침내 第二次의 逃亡을 꾀 하였다. 이번에는 方向

5　[편쥐] 곡식을 비고: 초고에는 "곡식을 심고".
6　[편쥐] 仲兄(중형)에게 붙잡히어서 집으로: 초고에는 "仲兄의 추격을 받아 붙잡혀서 다시 집으로".

을 달리하여 南向으로 六十里 되는 馬山港으로 가게 되었다. 陰曆 四月 初 어느 새벽에 또 單봇짐을 싸 지고 가만이 집을 떠나서 當日에 馬山港에 닿아서 우리 洞里 사람의 指定 旅舘인 崔元則氏 집에 主人을 定하고 그 다음날에 예수 敎會의 經營인 私立 昌信 學校를 찾아 가서 땋았던 머리를 깎고 入學을 하였다.

十餘日 뒤에 우리 마을 사람이 장을 보려 왔다가 偶然히 나를 만나보고 놀래면서 하는 말이 "너를 잃은 너의 집에는 이제[7] 난리가 났다"하며 父兄의 크개[8] 걱정하시고 계시는 消息을 傳하였다. 나를 만나본 이분이 돌아가서 나의 消息을 우리 집에 傳한 그 다음 날에 伯兄은 곧 나를 찾아오시었다. 나는 學校에서 主人집으로 돌아와서 伯兄에게 절을 하니 깎은 머리를 보시는 伯兄은 기가 막히어서 얼굴이 푸르게 될뿐이오 한 마디 말씀도 못하시었다. 그 다음날에야 비로소 말씀을 하시되 "이놈아 네 신세만 亡하였으면 괜찮지마는 우리 全義 李氏가 서울에서 落鄕한 지 四百餘年에 宜寧 고을에서 三大姓의 하나로 행세하고 지나오는데 이제는 너 때문에 어디 얼굴을 들고 나서서 사람 행세를 할 수 있겠나, 다시는 머리를 깎지 말고 길러서 땋아[4] 가지고 집으로 돌아오너라" 하시고는 혼자 집으로 돌아가시었다. 그 뒤에 며칠을 지나시는 아버지께서 昌信 學校 마딩으로 들어오시면서 啓賛(그 때 나의 이름)을 찾으시었다. 敎室에서 運動場으로 나온 나는 깎은 머리를 숙이어 절을 하였더니 눈물을 흘리시면서 對하신다. 그리고 主人집에 돌아 가서는 부탁하시는 말씀이 亦是 "이 뒤에는 네가 다시 머리를 깎지 말고 길러 가지고 故鄕으로 돌아오너라"하시고는 그 이튼날[9]에 집으로 돌아가시었다.

그리고 어느덧 여름 放學이 되어서 집으로 갈 때에 머리를 빤빤히 깎고 갔더니 나의 態度를 보신 父兄은 할 수 없다고 생각 하시었는지 아무 말씀도 아니하시었다. 나는 放學 동안에는 그 前과 같이 밭과 논의 풀을 매며 지게를 지고 꼴을 비러 다니었다. 그러나 날마다 一定한 때에는 내가 글을 읽던 書堂 斗南齋에 가서 學童들에게 算術, 理科, 國語等 學科를 아는 대로 가르치어 주었더니 이제는 왼[10] 마을

---

7 [편쥐] 이제 : 초고에는 "지금".
8 [편쥐] 크개 : '크게'의 오식.
9 [편쥐] 이튼날 : '이튿날'의 오식.
10 [편쥐] 왼 : 온.

사람들이 말하기를 "저만 亡하는 것이 아니라 남의 자식까지 버리어 준다"고 야단을 친다. 그리는[11] 동안에 放學期間은 다 지나갔다. 별 수 없이 또 父兄의 命令을 어기고 馬山港 昌信 學校로 가고 말았다. 家庭의 힘이 없을뿐 아니라 本來 깎은 머리를 기를 때까지만 學費를 도와주시겠다고 約束하신 父兄이라 다시는 돌아보지 아니 하시게 되었다. 그러니 이제부터는 별 수 없이 仁丹[12]匣을 들고 거리로 旅舘으로 돌아 다니면서 苦學生의 本色을 나타내게 되었다. 그래서 이럭 저럭 昌信 學校에서 普通科 一年과 高等科 一年으로 二年 동안 修業을 하였는데 그 때에는 普通科의 學科도 專門學校의 性質을 가지었다. 例를 들면 法學通論, 交際新禮, 孟子, 論語들이 그것이다. 學生들의 나이는 三十歲나 되는 사람이 드물지 아니하였다. 過渡期의 敎育인 것만큼 모든 것이 畸形的으로 되었다. [5]

여러가지 形便이 나로 하여금 오래 동안 馬山港에 엎드려 있지 못하게 하였다. 그것은 무엇보다도 그 時代의 衝動을 받은 것이니 곧 東洋政局의 大變動이 생긴 것이다. 庚戌 韓日 合倂과 中國 辛亥革命이 그것이다. 壬子年 四月에는 또 혼자 單 봇짐을 싸서 지고 西間島로 가는 길을 定하고 汽車로 舊馬山驛을 떠났다. 그러나 무슨 旅費의 準備가 있는 것도 아니다. 다만 사람은 뜻을 세우고 힘쓰면 그것을 이룬다는 一種의 迷信 같은 自信을 가진 것뿐이다. 그래서 먼저 겨우 大邱까지 가서 李一雨氏를 찾아 車費의 補助를 받아 가지고 金泉까지 가서 秋風嶺밑 金泉 땅에 사는 一家인 李直魯氏를 찾아 그분에게서 京城까지 가는 車費를 얻어 가지고 秋風嶺驛에서 京城驛까지 타고 갔다. 서울에 와서는 南大門 가까이 조그마한 旅舘에 主人을 定하고 그 때에 普成 專門 學校 夜學 商科에 다니던 申性模氏를 찾아 만나서 나의 滿洲行을 말하였으나 氏도 나의 旅費 補助까지는 힘이 없었다. 별 수 없이 無錢 徒步 旅行이라도 서울을 떠나서 北行하려고 생각하던 차에 마침 한 旅舘에 든 사람으로 慶南 彦陽에 산다는 辛氏 한 분이 西間島 視察을 떠나는데 獨行이 되어서 어렵다 하며 自己가 旅費를 貸與할 터이니 同行을 하자기에 어찌나 반갑든지 곧 그리 하자고 對答한 뒤에 그 날로 그 이와 함께 京城驛을 떠나서 安東縣으로 向하였다.

---

11 [편쥐 그리는 : 그러는.
12 [편쥐 인단(仁丹) : 남한 표준어는 은단(銀丹), 북한어는 인단.

여기에 와서 西間島로 들어가는 路程의 指導를 받아 가지고 가게 되는데 그 때에 마침 江原道에서 오는 移住民 몇 집이 西間島로 가는 것을 만나서 同行하게 되었다. 그들은 中國 사람의 木船 두 채에 數十名이 타고 가게 되었으나 그 가운데는 中國 말을 한 마디도 아는 사람이 없었으니 人情 風俗이 다른 中國 사람이 사는 天地로 가는 우리에게 적지 아니한 困難이 있었을 것이다. 그러나 모두 어려운 ⑥ 사람들이 同行이 되었으므로 通譯이나 引導者를 데리고 갈 形便도 못된다. 그러므로 나는 誠信泰(旅舘)에 계신 徐世忠氏에게서 "官話捷徑"이란 漢語 책을 사 가지고 배에 올랐다. 이제는 木船 두채가 安東縣 埠頭를 떠나서 威化島를 바라보고 鴨綠江을 거슬러 올라 간다. 아흐레만에 渾江口에 내리어서 陸路로 걸어서 사흘만에 懷仁縣(이제는 桓仁縣) 城內에 到着되어 朝鮮 사람의 旅舘에 主人을 定하니 때는 三月 二十日頃이었다.

나로서는 그 때 鴨綠江 航路에서 얻은 느낌이 重大한 것을 이제 다시 認識하게 되는 것이 있다. 그것은 그 때에 느낌이 내가 朝鮮語 硏究에 關心하게 된 첫 出發點이오 又 朝鮮語 整理로 한글 맞춤법 統一案과 外來語 表記法 統一案과 標準語 査定과 朝鮮語 大辭典 編纂 等의 일에 全力을 바치게 된 動機이다. 이 航行 中에 하루는 一行이 平北 昌城땅인 鴨綠江邊 한 農村에 들어가서 아침밥을 사서 먹는데 朝鮮 사람의 밥상에는 떠날 수 없는 고추장이 밥상에 없었다. 一行中의 한 사람이 고추장을 청하였으나 고추장이란 말을 몰라서 그것을 가지고 오지 못한다. 그래서 우리는 여러가지로 形容을 하였더니 마지막에는 "옳소 댕가지장말씀이오"하더니 고추장을 가지고 나온다. "사투리로 말미암아 日常 生活에 많이 쓰이는 고추라는 말을 서로 通하지 못하니 얼마나 답답한 일 일까" 標準語 査定은 二十五年後에 와서 問題를 삼아 解決하게 되었으니 우리는 國語에 對한 關心이 一般으로 부족한 것을 아니 느낄 수 없다.[13]

---

13 [편쥐 우리는~아니 느낄 수 없다: 초고에는 "우리는 言語生活에 너무도 等閑한 느낌이 없지 아니하다"라고 되어 있다.

二, 滿洲와 西伯利亞에서 放浪 生活하던 때와 그 뒤

滿洲 懷仁縣 城內에서 내가 들어 있던 旅舘은 白農 李元植氏가 經營하던 東昌店이다. 나는 李元植氏를 보고 나의 [7] 뜻과 赤手 空拳으로 온 딱한 事情을 말씀하니 걱정하시는 態度를 가지고 "그러면 좋은 수가 있다"하더니 勸하는 말씀이 "여기에서 三十里쯤 되는 깊은 山골에 가면 무슨 나무가 많은데 그 껍질로써 조선 사람이 신을 많이 삼아 신으니 그것을 한 열흘 동안만 벗기어 팔면 네가 가려는 通化縣 哈泥河 新興 學校까지의 旅費는 되리라"하며 그 山골에 조선 農家가 있으니 거기에 밥을 부쳐놓고 머물면서 일을 하라고 하며 그 동안에 먹을 糧食은 自己가 좁쌀 한 말을 줄 터이니 가지고 가라고 한다. 그 말씀을 들은 나는 고맙다 하고 그리 하겠다하니 李元植氏는 곧 아이를 불러서 자루에 좁쌀 한 말을 넣어서 나의 등에 지워 주었다. 그것을 진 나는 고맙다는 인사를 또 한 번 한 뒤에 目的地를 向하여 떠나간다.

二十里나 되는 婆豬江 나룻가에 다달아서 나룻배를 타고 떠나려 할 지음에 멀리서 부르는 소리가 있으니 그는 곧 李元植氏가 보낸 東昌店의 심부름군이다. 그 부르는 소리를 들은 나는 배에서 내리어 그 사람을 기다렸다. 그는 나를 만나서 旅舘집 主人 李元植氏의 부탁이라 하며 곧 旅舘으로 다시 들어오라고 한다. 그래서 그 旅舘으로 돌아가니 李元植氏는 나를 보고 하는 말씀이 "여기에 내가 校長으로 있는 東昌學校가 있는데 거기에 漢語 講習이 있으니 漢語도 공부하고 또 歷史家이요 漢學者인 朴殷植 先生이 계시어서 좋은 歷史책을 많이 지으시니 그것을 謄寫하는 일을 좀 도와주고 또 敎鞭도 잡아 주는 것이 어떠하겠느냐"고 하기에 나는 너무도 고마워서 "내가 할 수 있는 일이라면 무엇이라도 辭讓하지 아니 하겠다"고 대답하였다. 그랬더니 곧 나를 데리고 東昌 學校로 가서 여러 先生님께 인사를 시키신다. 이 때에 처음으로 나는 漢文學 朝鮮歷史家로 이름이 높은 朴殷植 先生과 大倧敎 施敎師[14]요 (이제는 大倧敎 第三世 [8] 都司敎) 東昌 學校 校主인 尹世復 선생을 알게 되었다. 나는 이

---

14 [편주] 施敎師(시교사) : 초고에는 '主張者(주장자)'.

날부터 여기에서 漢語를 공부하며 敎鞭을 들며 謄寫일을 하게 되었다. 또 여기 일을 잊지 못할 것은 내가 한글 硏究의 機會를 얻은 것이다. 함께 일 보던 敎員 中에는 白舟 金振氏라는 분이 있었는데 이는 周時經 先生 밑에서 한글을 공부하고 朝鮮語 硏究의 좋은 參考書를 많이 가지고오신 분이다.

學期를 마치고 여름 放學이 되자 尹世復氏의 伯氏인 尹世茸氏를 모시고 上海로 가게 되었다. 때는 (一九一二年)[15] 中國에 第二次 革命이 南京에서 일어나서 袁世凱를 討伐하는 中이다. 이 때에 만일 革命軍이 이긴다면 朝鮮 學生에게는 여러가지로 便宜가 있을 것이라는 消息을 들은 까닭에 나도 上海로 간 것이다. 그러나 不幸히 싸움을 시작하자 革命軍은 餘地 없이 敗하고 말았다. 일이 이렇게 되니 큰 希望을 가지고 갔던 나는 거기에 오래 동안 머물 必要가 없으므로 約 한달 동안 있다가 上海를 떠나 北京을 다니어서 西間島로 돌아와서 東昌 學校에서 秋期부터 또다시 敎鞭을 잡게 되어 칠판 앞에서 歲月을 보내다가 그 다음 해(一九一三年) 여름 放學에 學生 數名을 데리고 徒步로 懷仁縣에서 東으로 二百餘里나 되는 輯安縣에 가서 高句麗 廣開土大王의 陵을 參拜하고 그 宏壯한 石築을 구경하며 뜻 깊은 碑文을 읽은 뒤에 當時 高句麗의 武功과 文德을 讚嘆하면서 東昌 學校로 돌아왔다. 여기에서 그냥 敎鞭을 잡고 지내다가 이 生活을 오래 할 수 없다는 것을 알게 된 나는 滿洲를 한번 떠날 決心을 하였다.

그래서 一九一三年 陰曆 섣달에는 情이 깊은 懷仁縣의 아름다운 山水와 오래 동안 寢食을 같이 하던 師友들을 눈물 흘려 作別하고 또 單봇짐을 싸가지고 柳河縣으로 向하게 되었다. 그 때에 마침 좋은 同行을 만났는데 그는 前 朝[9]鮮日報 主筆로 있던 故 徐椿氏이었다. 이분과 함께 同行이 되어 國際호텔에 들게 되었다. 나는 여기에서 三個月 동안 머물면서 建設 中에 있는 새 國都의 이모 저모를 구경하게 되었는데 크리믈릴 宮殿과 共産大學과 機械工場 等을 구경하며 또는 때마침 十月 革命 記念日을 當하였는지라 赤廣場에서 열린 赤軍의 觀兵式에서 軍務委員長 트로츠키氏의 激勵하는 演說을 들을 때에 世界 革命을 부르짖는 赤軍의 氣象이야 말로 가을 바람과 같이 威風이 凜凜한 느낌을 주었다. 本來 約束하고 온 나는 이제

15 [편쥐] 一九一二年 : '一九一三年'의 오기.

공부의 길을 찾아 지나가는 길에 <u>라트비아</u> 서울 <u>리가</u>에 내리어서 구경하고, 떠나서 <u>리투아니아</u>와 波蘭¹⁶을 지나서 伯林으로 돌아오니 때는 一千九百 二十二年 一月이었다.¹⁷

數百里를 同行하다가 通化縣 城裏에서 갈리어서 나는 哈泥河로 가게 되었다. 이 곳은 깊숙한 山中인데 韓日 合併 前後하여 多數의 愛國者가 들어 와서 祖國의 光復을 꾀하며 中等 教育과 軍事 教育을 兼하여 設立한 新興學校가 있다. 이 學校 마을에서 만나 뵈온¹⁸ 中에 記憶되는 분은 李始榮氏와 尹琦燮氏이다. 이 哈泥河를 떠나서 柳河縣으로 가서 姜一秀氏를 만났다. 이 姜氏는 新興校友報 主幹으로 當時에 西間島에서 文士로 이름이 있는 나보다도 어린 靑年이다.

나는 일찍이 姜氏와 約束한 바가 있으니 그것은 곧 둘이 作伴하여 無錢 徒步로 露京 聖彼得堡¹⁹(레닌그라드)로 간다는 것이다. 왜 目的地를 그리로 定하였는가 하면 露西亞는 陸軍과 <u>톨스토이</u> 文學이 有名하니 姜氏는 文學을 공부하고 나는 陸軍學을 공부한다는 것이다. 이런 壯志를 품었으니 世上에 두렵고 어려운 것을 생각할 理가 없다.

때는 一九一四年 第一次 世界大戰이 나던 해 陰曆으로 正月 初三日이다. 柳河縣 한 農村에 있는 姜一秀氏의 妻家에서 單봇짐을 싸서 진 文武 두 사람이 손을 잡고 聖彼得[10]堡를 向하고 떠났다. 그런데 떠날 때에 우리 주머니에는 겨우 中國 小洋 몇圓이 있을 뿐이다. 이 것으로는 옥수수 떡과 좁쌀 죽을 먹으면서 닷새 동안에 長春까지 가고 거기에서 汽車로 哈爾濱까지 가고 보니 남은 것은 數十錢에 지나지 아니하였다. 이런 無錢者로도 途中에서 數次나 强盜團을 만나게 되어서 퍽 困難하였다. 어떤 날 午前에는 長春으로 나가는 途中에서 한 泰嶺을 만났는데 그

---

16 [편주] 波蘭(파란) : 폴란드(Poland).
17 [편주] 이분과 함께~一月이었다 : 『고투사십년』 출간 시에 초고와 달리 위치가 뒤바뀐 구절이다. 원문 31쪽의 "~모스크바로 直行하였다" 뒤에 이어져야 옳다. 다만 "이분과 함께 同行이 되어"는 그 앞 문장의 "피크氏가 同行의 한 사람이 되어서"와 중복되는 내용이므로 삭제되어야 한다. "國際호텔에 들게 되었다"는 "~모스크바로 直行하여 國際호텔에 들게 되었다. 나는~"으로 고쳐야 바람직하다.
18 [편주] 만나 뵈온 中에 : '만나 뵈온 분 中에'의 탈자로 보인다.
19 [편주] 聖彼得堡(성피득보) : 상트페테르부르크. 1919년부터 1924년까지는 '페트로그라드', 1924년부터 1991년까지 '레닌그라드'로 고쳐 불렸다. 1991년부터 본래 명칭인 '상트페테르부르크'로 환원되었다. 이극로가 초고를 쓴 1936년과 단행본을 낸 1947년에는 '레닌그라드'였다.

泰嶺 밑에는 中國 사람의 客店이 하나 있다. 그 집에서 우리는 얼었던 몸을 녹여 가지고 그 泰嶺을 넘었다.

客店門 밖으로 나서니 中國 사람 하나가 數十步 앞서 가면서 자꾸 뒤를 돌아보고 우리의 行動을 살핀다. 우리는 그 해에 滿洲에 凶年이 들어서 食刀와 火繩銃을 든 強盜團이 그 地方에 出發한다는 消息을 들었는지라 그 行動이 盜賊의 偵探인 것을 짐작 하였다. 그래서 우리는 暫時 서서 對策을 議論하였다. 돌아서 다른 길로 가자니 길이 멀 뿐 아니라 우리의 弱點을 보이는 것이니 그 盜賊놈들은 곧 우리를 追擊할 것이다.

그래서 우리는 沈船 破釜의 策으로 앞으로 나아가기를 決定하고 數十步 앞서 가는 그 偵探에게 보이기를 拳銃에 彈丸을 재는 것과 같이 하고 그 拳銃을 손에 들고 옳은 쪽[20] 품에 넣은 모양을 하고는 눈을 딱 바루 뜨고는 쏜살 같이 山고개를 向하고 올라간다. 그 때에 우리의 氣象은 一當百할만한 것으로 보이었을 것이다. 멀리 우리를 바라본 強盜떼 數十名은 흩어져 나무밭 속으로 달아난다. 이것은 "이 사람들은 손댈 수 없으니 빨리 避하라"하는 偵探의 暗號報導가 있는 까닭이다. 그 것을 본 우리는 더욱 勇氣를 내어 가지고 올라간다. 山고개를 當하고 보니 數十人 行客의 짐을 떨어 놓았다. 그 殺風景을 본 우리는 "여러 분들 얼른 짐을 싸가지고 이 자리를 떠나라"하고 暫時 서서 기[11] 다린 뒤에 우리도 그 자리를 떠나서 앞길로 나아갔다. 그곳에서 한 十里쯤 가니 깊은 山골이 닥친다. 여기에서 또 다시 다른 強盜團을 만나게 되었다.

그러나 우리는 또 먼저와 같은 手段으로 危險을 또 無事히 突破하고 安全 地帶에 나섰다. 그날 저녁에 우리는 中國旅舍에서 그 날에 두번이나 강도단을 만나서 물리친 이야기를 하였더니 主人과 旅客 여러 사람은 우리의 勇敢한 것을 感嘆하였다. 그 다음날에 우리는 長春에 닿아 여기에서 汽車로 哈爾濱까지 가게 되었다. 우리는 제 주머니에 旅費가 떨어진 것을 아는 것만큼 별 수 없이 哈爾濱에서 第一 더러운 中國 거리 가운데 阿片장이들이 모여서 자는 一宿泊에 銅貨 三錢의 貧民宿泊所로 들어가서 짐을 벗어 놓고 쉬게 되었다. 그리고는 그 때에 哈爾濱에서 勢力

---

20 [편쥐 옳은 쪽: 오른쪽.

이 있고 露語를 잘 한다는 金成白氏를 찾아서 우리의 딱한 事情을 말하고 同情을 얻고자 하였으나 그를 만나지 못하였고 우연히 다른 朝鮮 同胞 한 분을 만나서 北滿 鐵道 沿邊의 地理와 朝鮮 사람의 生活 狀態에 對한 말을 들어서 向하는 앞길의 좋은 參考를 얻었다. 우리는 每日 호떡 한 개로 지내면서 數日 동안 여러가지 方道를 생각하였으나 아무 道理가 없었다.

허허 일 났네! 이제는 호떡 한 개도 먹을 수 없이 되었다. 이틀을 굶은 뒤에는 새로운 決心을 하였다. 사흘째 되던 아침에는 일어나서 우리는 스스로 소리를 질러 命令하였다. 마치 敵의 要塞를 破壞하려는 司令官이 決死隊 앞에서 "우리는 나아갈 뿐이다 앞으로 가!"하는 식이다. 우리 다리에는 脚絆을 감았다. 그리고는 哈爾濱 거리를 떠나서 一里쯤 나가니 넓은 松花江 위에는 두터운²¹ 얼음의 길이 나온다. 며칠 굶은 사람의 다리에 누구나 힘이 있을 수 없다. 그런데 姜一秀君은 좀 弱한 몸이라 그를 붙들고 가지 [12] 아니하면 아니 될 지경이다. 이리 저리 쓸어지면서 그 얼음판을 지나서는 길을 누구에게 물을 것도 없이 그냥 내처 山이 없는 平原 曠野에 鐵道만 따라서 西向하고 간다. 그럭저럭 때는 夕陽이 되었는데 北便으로 바라보이는 七八戶나 되는 적은 農村 하나가 나타난다.

우리는 굶주리고 얼어서 힘 없는 몸을 저기 가서나 좀 救援을 받을가 생각하고 발걸음을 그리로 돌리었다. 그 農村에 닿아서 第一 큰 집을 찾아 가서 大門 앞에서 "이리 오너라" 소리를 질렀다. 그리하니 아이 어른 할것 없이 四五人이 나온다. 이 때에 우리는 事情을 말하고 하룻밤 자고 가기를 請하였다. 그러나 그 집 主人은 對答하기를 "우리 집에는 방이 없으니 밥은 여기에서 먹고 잠은 이웃집에 가서 자라"하더니 아이들이 얼어 붙은 좁쌀떡 한 그릇을 내어 왔기에 얼은 손으로 大門 앞 걸음 무더기 옆에 앉아서 맛있게 다 먹고나니 그제야 아찔 하였던 精神이 새로워진다. 또 主人은 좁쌀 한 되를 가지고 나와서 하는 말이 이것이 宿泊料이니 가지고 이웃 老人의 집에 가면 자게 될 것이라 하며 아이를 시키어 우리를 引導하게 한다. "참 고맙습니다"하고 우리는 그 좁쌀을 받아서 옷 앞자락에 싸 가지고 그 아이를 따라 잘 집으로 가니 거기는 조그마한 草家인데 늙은 男子 한 사람만 살고

---

21 [편주] 두터운 : 두꺼운.

있다. 우리는 그 좁쌀을 주고 거기에서 하룻밤을 편히 쉬고 그 다음날 아침에 떠나서 또 鐵道로 나가서 그 鐵路를 따라 西向한다. 한 三十里쯤 가니 甛草崗이란 停車場이 나오는데 여기에는 적은 市街가 있다.

우리는 여기에서 무슨 打開策이 있지 아니하면 아니 되겠다는 생각을 가지었기 때문에 中國 警察署로 들어가서 구차한 소리는 하지 아니하고 署長 面會만 請하였다. 거기에 있는 사람들은 무슨 영문인지 모르고 우리의 꼴을 보아서 [13]는 함부로 할 수 없다고 생각 하였던지 그냥 拒絶하지 아니하고 署長이 없으니 기다리라 하더니 조금 있다가 署長 面會를 許諾한다. 우리는 署長을 만나서 우리의 事情을 그대로 말하였다. 그랬더니 署長 말씀이 그러면 내가 商務會長에게 紹介 할터이니 가서 相議하여 보라고 하면서 매우 親切한 紹介狀을 써서 警官 한 사람을 시키어 우리를 引導하게 한다. 이제 우리는 그 商務會에서 會長 張海濱氏를 만났다. 이 張氏는 일찌기 조선 仁川에 여러 해 동안 머문일이 있어 朝鮮 事情에 能通한 사람이라. 우리가 少年 때에 亡國의 눈물을 흘리면서 故國을 떠나 滿洲로 와서 數年 지나다가 學業에 뜻을 두고 露西亞로 가는 길인데 故鄕을 떠나던 때부터 無錢 旅行이 되었기 때문에 우리는 오식 向學熱이 있을 뿐이요 赤手 空拳으로 饑寒線上에 외롭게 선 靑年이라고 하였더니 우리의 可憐한 事情을 들은 張氏는 붓을들어 "亡國苦痛 何其甚耶"라고 쓴 뒤에 눈물을 흘린다.

이 同情의 눈물을 본 우리는 절로 슬픈 생각이 들어서 그만 소리를 내어 울게되었다. 이 꼴을 본 左右에 있던 事務員 五人까지 눈물을 흘리어 울게 되었다. 그래서 그 事務室은 一時에 悲哀의 눈물이 서리었다. 張氏는 먼저 自己의 눈물을 그치고 우리를 慰勞한 뒤에 거기에서 저녁밥을 먹이고 事務員으로 하여금 우리를 案內하여 停車場으로 나가서 車票 두 張을 사서 우리를 北滿鐵道의 博克圖驛까지 보내어 주었다. 이 곳은 興安嶺 밑에 있는 조그마한 市街이다. 여기에 朝鮮 同胞가 몇 집이 사는데 우리가 찾아간 집은 洗濯業을 하는 사람의 집이다. 거기에서 數日 동안 쉬어 가지고 또 그집 主人의 同情으로 汽車를 타고 興安嶺을 빙빙 돌아 高原地帶에 올라서서 여러 時間 가서 내린 곳은 海拉爾란 市街이다. 이 곳에도 우리 동포가 많이 사는데 紹介한 집으로 찾아가서 며칠 머물다가 또 여기에서 [14] 同情을 얻어 가지고 滿洲里까지 가게 되었다. 그래서 北滿鐵道의 終點인 中露 國境 市

街에 다달았다.

當時에 北滿鐵道의 情形을 말하면 勞働者를 爲하여 琉璃窓도 없는 貨物車를 그 냥 利用하였는데 깊은 겨울철에도 그 추운 北滿地方이건마는 煖爐 裝置도 없고 또 便所 設備도 없었다. 그래서 맨 널바닥에 그냥 앉게 되며 大小便을 停車하는 停車場에 내려서 鐵路뚝 가에 나란이 줄을 지어 大小便을 본다. 그런데 北滿은 人口의 稀少한 地方이라 停車場의 사이도 퍽 멀다. 그래서 만일 貨物車를 탄 사람으로 中間에서 大小便이 마려우면 큰 狼狽이다. 그런데 나는 海拉爾에서 滿洲里까지 가는 사이에 대소변이 마려웠다. 그러나 別道理가 없어 그냥 참고 참아서 滿洲里驛까지 다달았다. 웬걸 가만이 앉아 있을 때에는 견디었지마는 움직이어서 기차를 나릴 때에는 그냥 대소변이 쏟아져 나온다. 겨울 內服 바지 가랑이 속에 大小便이 떨어지자 워낙 추운 곳이라 그냥 얼어서 얼음 덩어리가 되고 말았다. 별수없이 그냥 中國 사람의 旅館에 가서 便所에 들어가서 內服을 벗어 大小便의 얼음 덩어리를 떨어 버리고 싸가지고 나와서 비로소 방에 들어서 얼었던 몸을 녹이게 되었다.

여기에서 數日 동안 머물면서 露國 領土에 들어가는 旅行券을 周旋하여 가지고 滿洲里驛을 떠나서 치따市에 닿은 때는 西曆 一九一四年 二月末이었다. 이 곳까지는 여러 사람의 同情으로 왔지마는 다시는 더 남의 同情을 求할 생각을 가지지 아니하였다. 그래서 여기에서 돈을 벌어 가지고 目的地로 向하자는 뜻으로 定하여졌다. 처음에는 두 사람이 卷煙 담배 말이를 시작하였으나 그 것으로는 成功할 수 없겠으므로 姜一秀君은 朝鮮 家庭에서 家庭敎師로 數個月 지나가다가 滿洲로 다시 돌아가고 나는 어릴 때부터 여러 해동안 배워서 하던 農事의 일에 自信이 있는지라 남의 집 머[15]슴(雇傭) 살이의 자리를 求하였더니 마침 當時에 시비리아[22]에서 감자 大王으로 有名한 文允咸氏의 農幕으로 紹介가 되어서 그 해 여름에 감자 農事를 짓게 되었다. 勿論 나도 壯丁인 農夫의 일을 堪當할 自信이 있었고 또 紹介가 좋았기 때문에 다른 熟練 農夫인 壯丁의 賃金과 같이 받게 되었으니 그 賃金은 七個月에(한 農期) 一百五十 루불을 받기로 約束이 되었다.

그래서 나는 돈을 旅費를 작만[23]하여 벌어 가지고 그해 가을에는 聖彼得堡(레닌

---

22 [편쥐 시비리아 : 시베리아.
23 [편쥐 작만 : 장만.

그라드[24])로 가서 獨逸 사람이 經營하는 루터 敎會의 病院에서 勞動을 하면서 공부하기로 작정하였다. 이것은 當時에 聖彼得堡에 계시는 崔廣(秉瓚)氏의 紹介로 可能性이 있었던 까닭이다. 이러한 約束도 다 틀린 것은 뜻밖에 靑天霹靂 같은 世界大戰이 이해 여름에로 터지자 露西亞에 있는 獨逸 사람은 다 監禁을 當하고 또 그들이 經營하는 事業은 다 停止된 까닭이다. 그리고 또 戰時에는 一般으로 外國 사람의 行動이 不自由하게 되었으므로 공부외 目的으로 露西亞에 더 있을 생각이 없어졌다. 그래서 치따에서 農事를 마치고는 그 해 가을에 바루 滿洲에서 처음 떠나던 懷仁縣으로 다시 돌아 왔다.

내가 치따에 있을 때의 일을 回想하면 몇 가지 記憶되는 일이 있다. 當時에 그곳에 많지 아니한 朝鮮人 社會나마 그것을 指導하는 機關으로는 正敎報社인데 그 中心人物은 李剛氏였다. 한 달쯤 지낸 뒤에 나는 치따에서 約 十里 되는 안지풍[25]이라는 곳에 있는 文氏의 감자 農場으로 옮아가서 七人난 一組로 일을 하게 되었다. 이 곳은 露西亞 西比利亞軍의 駐屯地로 우리 農場 옆은 곧 練兵場과 射擊場이다. 그래서 第一次 世界大戰이 나던 해라 新入營兵의 猛訓練의 大砲 소리 小銃 소리 軍樂 소리에 귀가 아파서 못견딜 지경이었다. 極東 駐屯軍의 出戰으로 밤낮으로 輸送[16]하는 軍用列車의 소리에는 편히 잠을 잘 수도 없었다.

우리는 두벌 밭을 매고 閑暇한 날이 있을 때에는 兵營의 土木 工事에 日工으로 돈을 벌기도 하였고, 또는 農場 옆 草野의 풀을 쳐서 馬草로 팔아서 돈을 벌기도 하였다. 西比利亞 草野의 모기란 有名하여 한번 물리면 콩알 같이 부르터 오른다. 우리가 짓던 農作物은 主로 감자이요 그 밖에는 甘藍(다두배추)과 외이다.

歲月은 빠른지라 어느덧에 八月이 들자 丹楓을 재촉하는 秋風은 불어온다. 우리는 불이야 불이야[26] 감자를 캐어서 감자굴에 쓸어 넣고 農場을 떠나게 되었다. 農場主 文允咸氏를 찾아 賃金 一百 五十루불을 받아 가지고 因緣깊은 西間島 懷仁縣으로 돌아왔다. 나는 여기에서 처음으로 丹齊[27] 申采浩先生을 만나게 되었고,

---

24 [편쥐] 레닌그라드 : 1914년 당시 명칭은 '상트페테르부르크'.
25 [편쥐] 안지풍 : 러시아 치타 동남쪽의 '안티피하(Антипиха, Antipikha(영))'시로 사료됨.
26 [편쥐] 불이야 불이야 : 부랴부랴.
27 [편쥐] 丹齊(단제) : '丹齋(단재)'의 오기.

또 그 밖에 檀崖 尹世復先生으로부터 여러 舊師友를 만나서 반갑게 회포를 풀었다. 때마침 東昌學校에서 열린 開天節(陰十月三日)을 지내고는 앞길의 行動을 開始하게 되었다. 當時는 歐洲 大戰中이라 이 大戰爭 뒤에는 世界的으로 政治上 큰 變動이 생길 것을 생각하고 朝鮮의 志士들은 여러 方面으로 朝鮮의 獨立을 爲하여 活動을 開始하였는데 나는 白農 李元植(東廈)先生과 함께 軍資金과 軍需品 關係의 일로 奉天省 安東縣을 다니어서 懷仁縣으로 돌아 오게 되었다.

여기에서 尹世復氏와 義兵大將 李碩大[28](鎭龍)氏와 義兵大將 金東平(錫鉉)氏들과 함께 撫松縣으로 들어가게 되었다. 이 곳은 奉天省에 屬한 白頭山 山麓에 있는 新開拓地로 縣을 設한지가 오래지 아니한 땅이다. 그래서 숨어서 養兵하기 좋은 곳이라 우리가 그리로 가는 目的도 여기에 있었다. 내가 撫松縣에서 一年 동안을 지난 生活은 平生에 잊지 못할 큰 訓練을 받은 意味 깊은 生活이었으니, 때로는 白山學校에서 敎鞭을 잡기도 하였고 때로는 白頭山에서 [17] 산양군도 되었다.

이 白山學校는 우리 同胞가 經營하는 初等科와 高等科가 있는 小學校인데 校主인 全星奎氏는 이 곳의 名望家이다. 이는 獨立軍 關係로 三一運動때에 間島에서 日賊에게 山中에서 被殺되어 屍體도 못찾았다. 이 白山學校 敎員 寄宿은 곧 朝鮮 獨立軍의 大本營이 되어서 여기에 集中되어 出入하던 人物은 尹世復氏를 中心하여 李碩大, 金東平, 金虎翼, 成虎, 車道淳,[29] 李章榮[30] 諸氏로 義兵 名將들이었다. 이곳은 이렇게 軍事行動이 있는 곳이라 倭賊의 密偵은 不絶히 出入하게 되고 또는 여러가지 職業人으로 處處에 配置되어 있어 우리 獨立軍의 行動을 困하게 만든다. 出入하는 密偵은 어떠한 行色으로 나타나는가 하면 혹은 중 혹은 鍮器行商 혹은 布木 行商, 혹은 筆墨 行商이 되어 가지고 다닌다. 獨立軍도 敵과 다름이 없이 모든 配置를 하고 있어 密偵의 處分을 適當히 하게 된다. 勿論 그들은 鬼神도 모르게 죽게 된다.

우리 獨立軍은 不絶히 鴨綠江域과 豆滿江域은 勿論이고 때로는 깊이 朝鮮 內地에까지도 들어 가서 日敵과 싸워 많은 犧牲이 났다. 그리고 敵에게 强敵으로 認定

---

28 [편쥐] 碩大(석대) : '錫大(석대)'의 오기.
29 [편쥐] 車道淳(차도순) : '車道善(차도선)'의 오기. 차도순은 차도선의 동생으로 1908년에 순국했다.
30 [편쥐] 李章榮(이장영) : '李章寧(이장녕)'의 오기.

받은 李碩大氏와 그의 部下인 黃鳳信, 黃鳳雲 두분은 西間島에서 敵兵에게 잡히어 己未運動 直前에 平壤監獄에 와서 死刑을 받았고 金東平氏는 己未 三一運動 때에 朝鮮內에서 잡히어 死刑을 받았다.

西曆 一九一五年 여름에 내가 있던 곳은 白頭山麓이오 松花江 上流인 원시 森林 속에 조금 開拓한 중무리 라는 二十餘戶가 사는 조선 사람의 마을이다. 이 곳은 우리 同志들이 駐屯하는 곳이다. 여기서부터 一百 五十里쯤 되[31] 白頭山 마루에서 約 三十里 쯤 내려온 山골 瀑布水가 내려지르는 곳에 산양막을 짓고 여름 동안에 산양을 하게 되었[18]다. 이런 좋은 期會를 얻었으므로 나는 白頭山 天池를 구경 하게 되었다. 그 때에 同行한 사람은 尹世復先生의 長男인 弼漢氏와 또 다른 三名 의 砲手 곧 義兵이었다.[32] 陰曆 五月 二十 八日 새벽의 日氣는 썩 淸明하였다. 그래 서 우리는 점심밥을 싸서 지고 武裝을 하고 山頂으로 올라갔다.

여기에는 무슨 길이 있지 아니 하기 때문에 砲手의 짐작으로 方向을 잡고 갔다. 白頭山 日氣는 變化 無常한지라 갑자기 途中에서 雲霧의 包圍를 當하여 咫尺을 가 릴 수 없게 되어 올라 갈 方向을 잃어서 큰 困難을 當하였다. 山頂까지는 約 三十里 나 되는데 그 中에 二十餘里는 草原이오 絶頂의 約 五里는 속돌(浮石)밭과 層岩이 있다. 그리고 군데 군데 눈이 쌓이었으며 또 山골작 시내에는 어름[33]이 두텁게 얼 어 있다. 絶頂에서 天池의 沿邊까지는 또 數里를 나리어 가야 된다. 天池의 水面에 는 두터운 얼음이 많이 떠 있다.

우리 一行은 山頂의 산곬을 當하였는데 거기 냇바박[34]에는 곰이 얼음 구덩이를 막 파고 간 跟跡[35]이 있는 것을 發見하였다. 砲手들은 四方을 살피어 보더니 "옳다 저 놈이 저 山비탈에 누어 있구나" 하더니 두 砲手가 同時에 총을 서너방 놓는다. 그래서 총알을 바로 맞은 곰은 소리를 지르면서 굴러 내려 와서 냇바닥 어름 위에 엎어진다. 우리 一行은 그 쓸어져 죽은 곰 옆에 모여 섰다. 砲手中에 老人 한분이 먼저 "白頭山 마님 참 感謝하옵니다. 저이들에게 오늘 이런 큰 짐승이 잡히게 되

---

31 [편쥐 되: '되는'의 탈자.
32 [편쥐 초고에는 실명 없이 "동무 四人"이라고만 적혀 있다.
33 [편쥐 어름: 얼음.
34 [편쥐 냇바박: '냇바닥'의 오식.
35 [편쥐 跟跡(근적): 문맥상 '흔적'의 의미.

었으니 참 고맙습니다"하고 誠心껏 빈 뒤에 산양칼을 허리에서 빼어 그 곰의 가죽을 벗기고 解剖를 한다. 곰에게는 가장 귀한 물건이 열(熊膽)이므로 그것을 먼저 베어서 잘 갊아 둔다. 젊은 砲手 한 사람만 잡은 곰의 고기를 지고 산양막으로 돌아가게 하고 [19] 尹弼漢氏와 늙은 砲手 한 사람과 동무하여 絶頂까지 올라가는데 눈이 녹아 빙판이 된 곳을 만나면 엎드리어서 겨우 기어 나가게 되었다. 冒險을 하여 山頂에 썩 올라서니 壯快하다 長天! 一色의 茫茫한 天池는 바다와 같이 눈 앞에 나타났다. 우리 一行은 暫間 고개를 숙이어서 祈禱를 드린 뒤에 곧 느낀바 있으니 이 거룩한 山水의 精氣를 탄 金太祖, 朝鮮太祖, 淸太祖……建國 英雄이 얼마런고 하는 歷史的 懷古心이 생기었다. 그래서 나는 靑春의 뛰는 피 두려움 없이 아래와 같은 漢詩를 지어서 읊었다.

> 鬱積雄心如白山 全然磨釰³⁶十年間
> 秋天漸逈³⁷丹楓節 龍馬加鞭一出關
> 戒眠服偏豻天下慄³⁸ 釰光閃閃萬邦屛
> 先滅蠻夷平定後 掃淸世界凱歌還

그리고는 또 白頭山 全景을 模寫하여 直感한 바를 아래와 같은 詩로 읊었다.

> 白頭山 白頭山 白頭山이라.
> 하늘 위냐 하늘 아래냐
> 하눌에 오르는 사닥 다리로구나.
> 塵世의 더러운 기운
> 발 밑인들 어찌 미치리.
> 그는 세상을 내려 살피고
> 世上은 그를 우럴어 본다.

---

36 [편쥐] 釰(일) : 초고에는 釖(쇠)로 되어 있으나, 문맥상 '釰(인)'이 옳음.
37 [편쥐] 逈(형) : '逈(회)'의 오식.
38 [편쥐] 慄(율) : '慓(표)'의 오식.

世上은 萬民이요

그는 帝王이로구나.

○

그는 불을 뿜어 살았건만

더러운 이 世上은 또 걸음밭 되었네.

이것 한번 씻고자 [20]

머리에 큰 물동이 였구나[39]

바다 가의 메냐 메위의 바다냐.

이는 곧 天池로구나

예로부터 이 물 맞아

得天한 미리 (龍) 얼마뇨.

○

屏風을 두른듯

둘러선 數十 尖峰은

山마루 곧 못둑인길.

총끝에 창을 꽂아

白兵戰을 準備한듯

威風이 도는 그 모양.

○

天動 소리냐 地動 소리냐?

四方에 떨어지는 瀑布 소린걸.

하늘의 警世鐘이라.

精神 없이 잠 자는 무리를 깨우는구나.

○

層層 疊疊이 쌓인

白玉 같은 눈. 琉璃 같은 어름

---

39 [편쥐 였구나 : '이였구나'의 탈자.

어느 땐들 녹으랴.

北極地와 짝 지을듯.

이는 白頭山의 氣候.

그 凜冽한 기운은

懦弱한 者를 鍛鍊하는구나.

○

모였다가 흩어지고

흩어졌다가 모이는 구름, 안개

戰線에 出動하는 大軍같이 變動無常. [21]

이는 白頭山의 天氣.

그 無窮한 造化 手段에

어느덧 비가 되어 줄줄 좍좍.

마르고 타 죽던 무엇에나

生命水가 되는구나.

○

北에서 쏜살 같이 불어 오는

北氷洋 얼음 깎던 칼날 바람

사람 살을 깎는듯.

그러나 白頭山이 방패 되니.

그 안에 든 무리야

嚴冬 雪寒인들 어떻리.

○

누가 塵世를 避하고자.

마음을 닦고자.

眼光을 넓히고자.

묻지 말고 거리만[40] 올라 가소.

___

40 [편쥐] 거리만: '저리만'의 오식.

○

우뚝 선 寶塔이로다

永遠히 조선 겨레의 寶塔이로구나.

馬賊團의 襲擊과 草露같이 된 나의 生命.

白頭山에서 산양을 마치고 중무리로 돌아온 우리는 이 마을에서 陰曆 六月 下旬에 中國 馬賊團 三十餘名의 襲擊을 當하여 우리가 가지었던 長銃과 拳銃과 熊皮는 있는대로 빼앗기었다. 그러나 나는 掌櫃的(錢主)이라는 指目을 받고서 自己들의 要求에 對한 滿足을 주지 못한다는 罪와 또는 다른 義兵은 상투가 있는데 혼자 머리를 깎았으니 日本 憲兵 補助員이라는 嫌疑로 묶어서 달아매고 모든 惡刑을 당하고 최후에는 死刑 宣告를 받고 곧 死刑 執行을 當하 22 게 되었다. 銃 구멍을 등에 대고 멀지 아니한 川邊으로 執行을 當하려 나가던 나에게는 天地가 아찔 하였다. 그러나 나는 精神을 치렀다. 大膽히였다. 沈着히였다. 그래서 死刑場으로 五十餘步나 끌려나가던 나는 最後의 一言을 빌어 가지고 生命을 다투는 말이라 어떻게 精力이 있게 말을 하였던지 賊의 魁首는 感服하여 死刑 執行 中止 命令을 내렸다. 그리고 차차로 誤解가 풀리어 生命의 危險은 없었으나 形言하기 어려운 모든 惡刑은 나의 몸에 이제도 跟跡이 있다.

나는 西間島를 떠나서 서울을 向하여 오다가 安東縣에서 上海로 가게 되었다. 이 어린 靑年이 滿洲 荒野에서 헤매는 것을 보시던 尹世復 先生은 나를 勸하여 서울로 가서 苦學이라도 공부를 하라고 말씀하셨다. 그래서 나는 一九一五年 겨울에 撫松縣을 떠나 千餘里를 걸어서 安東縣까지 나왔다. 그 때에 朴洸氏가 經營하던 旅舘에 들었더니 이러한 消息이 들린다. 나에게 李秉鎭(佑植[41])氏의 편지를 부쳤는데 그것을 못 보았느냐 하며 그 內容은 다름이 아니라 나를 上海로 와서 공부를 하라는 것이라고 朴氏가 말씀을 傳하기에 本來 공부의 길을 찾아가는 사람이

---

41 [편주] 佑植: '祐植(우식)'의 오식.

라, 곧 行裝을 차린 뒤에 배를 타고 上海로 가서 李祐植氏를 만나게 되었다. 이번 行程의 旅費는 내가 <u>시비리아</u> <u>치따</u>에서 勞働하여 벌어서 온 돈으로 썼다.

三, 中國 上海에서 留學하던 때와 그 뒤

放浪 生活을 淸算하고 修養의길로 들어선 나에게는 行路의 方向은 다를지언정 困難 그것만은 如前하다. 내가 入學한 學校는 上海 佛蘭西 租界에 있던 獨逸 사람이 經營하던 同濟大學이었다. 이 學校의 豫科에 入學이 된 나는 겨우 入學金 二圓을 가지고 먼저 入學 手續을 한 뒤에 開學 날부터 [23] 上學을 하였다. 開學 第三日에는 揭示板에 嚴한 揭示가 붙었는데 오늘부터 一週日 안으로 그 學期의 受業料와 寄宿舍費 合計 一百 五十圓을 내지 아니한 學生에게는 入學을 取消한다는 것이다. 이런 揭示를 보니 學費가 없어 入學한 나는 多少 마음에 不安이 없지 아니하였다. 入學日부터 學費 困難을 받게 된 것은 나의 學費를 負擔하고 朝鮮으로 들어온 李祐植氏의 後援이 뜻 같지 못한 까닭이다. 그것은 李祐植氏도 當時에 侍下로서 財産權이 自己에게 없었을 뿐 아니라 數年間 自己도 海外 生活에 金錢 消費의 過大한 느낌을 그 家庭에 주지 아니하지 못한 까닭이었다. 學費 바칠 마지막 期日을 하루 남기어 두고 별수 없이 나는 거짓 病請暇를 하고 一宿泊 三十錢이라는 貧民 旅舘에 몸을 감추고 學費를 求하기에 힘을 썼다. 다행히 眠觀 申奎植氏의 周旋으로 사흘만에 돈을 가지고 다시 學校로 들어가서 安心하고 공부를 하게 되었다.

開學한 며칠 뒤에 漢文 先生은 作文 時間에 父母 恩德論이라는 題目을 내어 주면서 두時 안에 지어 바치라고 한다. 漢文을 어릴 때부터 國文으로 공부하여 온 中學[42] 學生들은 作文紙 여러 장에 가득 써서 한 時間안에 바치고 나가는 사람도 적지 아니하다. 한 時間 半쯤 지나니 몇 사람 남지 아니 하였다. 그런데 平生에 純漢

---

42 [편주] 中學 : '中國(중국)'의 오식.

文으로 論述한 作文이라고는 한줄을 못지어본 나는 그때 까지 作文紙에 붓을 대어 보지도 못하고 눈만 껌뻑 껌뻑 하면서 앉았다가 생각하니 白紙를 그냥 드리는 것은 너무나 未安하다기 보다도 無誠意로 오히려 先生에게 不敬이 된다고 느끼어졌다. 그래서 "父母恩德, 天高地厚, 何以報之, 一筆難記"라고 겨우 한 줄을 써서 바치었더니 그 다음 作文 時間에 글을 끓아 왔는데 文體는 隻對[43]體로 高雅하며 文意는 至極히 簡單하면서도 할 소리는 다 하였다는데에서 評曰 "一字千金" [24]이라고 作文紙 끝에 쓰이었다. 이 評이 그 때에 더욱 有名하였다. 이러하게 시작한 漢文 作文도 三四年을 지내는 동안에 多少間 늘어서 내중에는 쉬운 뜻이나 表示할만큼 짓게 되었다.

校內 寄宿舍의 殺風景에서 壯士로 이름을 얻음,

나와 한때에 같은 班에 入學한 朝鮮 學生은 文犳(永斌)氏와 崔淳氏인데 우리 三人은 寄宿舍에서 한 房에서 居處하였다. 그 當時에는 中國 學校에서 공부하는 朝鮮 學生들이 여러가지 便宜를 爲하여 中國의 原籍을 가지고 겉으로는 朝鮮 사람의 표를 내지 아니하는 일이 종종 있었다. 그래서 우리도 奉天 民籍을 가지고 入學하였다. 그러나 言語 關係로 여러 사람을 오래 동안 속일 수는 없었다. 우리가 들어 있는 寄宿舍는 學校 運動室을 臨時로 꾸미어서 마치 兵營처럼 百餘名의 學生이 한 間에 들어 있었다. 不幸히도 한 책상에 마주 앉아 한 電燈불 밑에서 공부하는 中國 學生이 있었는데 이 사람은 뒤에 알고 보니 다른 學校에서 品行 不正으로 退學을 두번이나 맞고 온 學生이다. 함께 있던 文氏는 箱子에 든 洋服과 돈을 이 사람에게 盜賊 맞은 일이 있었다. 또 이 不良한 學生은 缺席을 종종 하면서 밤낮으로 침대에 누어서 戀愛小說만 보는 사람이다. 그런데 하루 저녁에는 이 사람과 나와 電燈불 싸움이 났다. 한 冊床에서 共同으로 쓰라는 電燈을 저 혼자 層階 침대에 올려다 걸고는 들어누어서 소설만 읽는다. 등불을 빼앗긴 나는 밤이면 공부를 할 수가 없

---

43 [편쥐] 隻對 : '雙對(쌍대)'의 오식.

다. 그래서 등불을 가지고 冊床에 와서 같이 공부하기를 數三次 勸하였으나 끝끝내 듣지 아니한다. 그래서 하루 저녁에는 저 혼자 電燈불을 가지고 높은 層階 침대에 누어서 小說 보는 그 녀석을 正當하게 勸하였으나 듣지 아니 하기에 電燈을 빼앗어서 그것으로 그 녀석을 내어 갈기고[44] 또 큰 冊床을 한 손으로 들어서 높이 [25] 二層 침대에 있는 녀석을 올려 쳤었다. 이와 같은 승강이가 나자 數百名 學生이 모여 들었다.

그 決鬪의 理由를 들은 學生群은 公憤에 이기지 못하여 그런 놈은 죽도록 따려 주어라고 四方에서 주먹이 불끈 불끈 나온다. 이 때에 三十歲나 되어 보이는 巨大한 大丈夫가 演臺위에 썩 올라서더니 나를 同情하고 그 놈을 攻擊하는 연설을 한 바탕 하고 나를 찾아 인사한 뒤에 慰安의 말씀을 하고 갔다. 그 사람은 當時에 그 大學 工科 四學年生인 奉天人 趙厚達氏다. 이 趙氏도 貧寒한 學生으로 그 學校에서 學業을 마치고 張學良氏의 信任을 받아 官費生으로 瑞西[45]와 獨逸에 가서 兵器學을 專攻하고 돌아 와서 奉天에 있던 東北大學 總長으로 있다가 不幸히 病으로 죽었다.

나는 이 趙氏의 同情을 받아 同濟大學에서 苦學의 便宜를 얻게 되었다. 여러가지 事情으로 말미암아 當時에 李祐植氏로부터 학비의 후원을[46] 잘 아는 趙厚達氏는 이러한 말을 하였다. "만일 당신이 優等의 成績을 가진다면 또 나와 같이 이 學校에서 打字機 찍는 일을 도와준다면 校長에게 周旋하여 免費生으로 特待하게 힘써 보겠다"고 하였다. 그래서 그 후 나는 免費生으로 공부하게 되었다. 그러나 寄宿舍費 敎科書費 其他 生活費는 나올 곳이 없었다. 그래서 이력저럭 지내는 가운데 뒷날에 滿洲國 政府의 民政府 大臣으로 있던 于靜遠氏가 나와 同班生이요 또 한 房에서 寄宿을 하였으므로 나의 事情을 잘 알뿐 아니라 또 趙厚達氏의 指導를 받던 學生인것만큼 가다금 적지 아니한 도음[47]을 주었다. 그리 그리 豫科 四年이란 것이 잠간 지나갔다.

---

44 [편쥐] 내어 갈기고 : 내갈기고
45 [편쥐] 瑞西(서서) : 스위스
46 [편쥐] 학비의 후원을 : 초고에는 "學費의 後援이 規則的으로 못되는 事情".
47 [편쥐] 도음 : '도움'의 오식.

一九二〇年 二月에 이 豫科를 卒業한 뒤에 내 性格에는 하나도 맞지 아니한 醫科와 工科뿐이[48] 그 學校에서 科를 選擇하매 그래도 工科가 나을듯 해서 工科에 入學하였다. 그[26]래서 半年 동안이나 實習 時間이면 鐵工場에서 쇠매[49]를 들고 벌건 쇠덩이를 치며, 機械를 돌려 쇠를 깎으며 模型科 모래 구덩이에 앉아서 흙칼질을 하였고 學科 時間이면 理化學 實驗室에 앉으면 圖書板 앞에서 자와 兩脚器를 쥐었다. 그러나 나는 아무리 생각하여도 用器畵의 線 하나를 바로 긋지 못하는 나의 素質로는 趣味를 가질 수가 없다.

그러므로 一九二〇年 가을에 北京을 다니어서 朝鮮으로 들어온 뜻은 獨逸 留學을 目的하고 學費를 周旋히기[50] 爲하여 李祐植氏를 찾아 온 것이다. 그래서 多少의 準備를 하여 가지고는 中國으로 돌아가게 되었는데 十年만에 들어온 이그립던 故國에서 二週間을 머물지 못하고 또 鴨綠江을 건너갔다. 그런데, 그 때는 己未 三一運動 卽後라 警戒가 嚴할뿐 아니라 上海에서 온 나에게 自由가 있을 理가 없다. 이런 不得已한 事情은 나에게 永遠히 잊지 못할 恨이 있으니 그것은 十年만에 故鄕에 돌아가서 七十 老齡의 아버지를 半日만에 다시 拜別하게 된 것이 곧 永遠한 拜別이 되고 만 것이다. 第二次로 朝鮮을 떠난 나는 또 第二次의 十年 海外 生活을 決心하였다. 北京으로 가서 申性模氏와 議論한 뒤에 곧 上海로 가서 退學 手續을 하여가지고 情든 同濟大學을 떠난 뜻은 獨逸로 간다는 것이다. 그래서 北京으로 가서 申性模氏 宅에 머물게 되었다. 그리고 上海 留學 時代에 熱烈한 革命鬪士로서 當時 三一運動關係로 모여든 志士 中에 가장 젊은 靑年으로서 血戰主義者이었던 金元鳳 李範奭 두 將軍과 같이 일한 것은 가장 意義깊은 일이다. 伯林行 路程은 自動車로 蒙古沙漠을 지나서 西比利亞 鐵道로 간다고 定하였다. 그리고 蒙古活佛 곧 王의 御醫로 庫倫에 머물던 京城 세부란쓰 醫學 專門 學校 卒業生인 李泰俊氏와 同行이 되어서 北京을 떠나던 때는 一九二〇年 十月이다. 張家口에 가서는 白黨의 난리로 庫倫으로 가는 自動車 길[27]이 막히어서 여러 날을 기다리었으나 安定될 希望이 없으므로 不得已 北京으로 다시 돌아오고 말았다. 至今 생각하여도 아

---

48 [편쥐] 뿐이 : '뿐인'의 오식.
49 [편쥐] 쇠매 : 쇠메.
50 [편쥐] 周旋히기 : '周旋하기'의 오식.

쓸한 것은 그 數週日 後에 李泰俊氏는 혼자 庫倫으로 들어 갔는데 卽時 白黨軍에게 잡혀서 慘殺을 當하어[51] 뼈도 못찾게 된 것이다. 北京에 처져 있던 나는 行程의 方向을 水路로 돌리려고 생각하던 지음에 翌年 봄에 上海로부터 電報가 왔는데 李東輝氏의 歐洲行에 同行을 請한 것이다.

이 電報를 받은 나는 곧 行裝을 收拾하여 가지고 上海로 내려가서 李東輝氏를 만났다. 그런데 同行의 任務는 旅行中에 中國語의 通譯과 또 西洋語의 通譯이다. 우리가 旅行券 手續을 하여 가지고 佛蘭西 배를 타고 上海를 떠나던 때는 一九二一年 六月이다. 먼저 香港[52]에 대이고, 그 다음에 安南[53] 西貢[54]에 대이어서 하루 동안 쉬는데 市街와 附近地를 구경하고 떠나서 新加坡[55]로 가서 또 하루를, 머물다가 떠나려할 때에 日本 領事舘 警官 한 사람과 英國 警官 두 사람이 배에 올라서 變姓名한 中國 旅行券을 가진 李東輝氏와 朴鎭淳氏의 旅行券을 빼앗으려고 中國人 船客에 限하여 旅行券 調査를 하여 두 사람을 發見하였으나 남의 船客의 旅行券을 빼앗는 것은 그리 쉬운 일이 아니다. 艦長에게 交涉하는 여러가지 手續이 있으므로 時間이 없어 떠나게 된 배를 붙잡을 形便이 못 되어서 寃痛하다는 氣色을 하면서 그냥 내려가게 되었다.

그래서 그 목은 無事히 지내갔다. 그러나 우리는 安心을 못하고 찌는 듯한 赤道線의 印度洋 사나운 風浪을 거슬러 印度 錫蘭島[56] 콜럼보 港口에 대이었다. 이 港口에 대이기 서너 時間 前에 艦長의 말이 上海 佛蘭西 官廳에서 無線 電報가 왔는데 李東輝와 朴鎭淳 두사람은 入國을 許하지 아니한다고 하였다. 그러니 만일 당신들이 콜럼보 港口의 영국 官廳에 가서 당신들의 旅行券에 英國 領地通過 承認만 [28] 받아오면 우리 배로 포로사이트[57]까지는 갈 수 있다고 하기에 우리는 곧 對策을 생각한바, 英國 官廳에는 우리만 가는 것보다는 英國 사람들 다리고 가는 것이 나을듯 해서 그 때에 배 가운데서 親하여진 中國에서 二十餘年을 예수敎 傳道

---

51 [편쥐] 當하어 : '當하여'의 오식.
52 [편쥐] 香港(향항) : 홍콩.
53 [편쥐] 安南(안남) : 베트남.
54 [편쥐] 西貢(서공) : 사이공.
55 [편쥐] 新加坡(신가파) : 싱가포르.
56 [편쥐] 錫蘭島(석란도) : 스리랑카.
57 [편쥐] 포로사이트 : 현 외래어표기는 '포트사이드(Port Said)'.

를 하고 歸國하는 英國 宣敎師 한 사람을 다리고 콜럼보 英國 官廳에 가서 事情을 말하고 旅行券에 英國 領地 通過 承認 印章을 찍은 뒤에는 安心하고 市街로 돌아다니면서 印度人[58]의 生活, 狀態를 살피는 가운데 有名한 佛敎 修道院을 구경하고 배로 돌아와서 艦長에게 旅行券을 보이었더니 좋다고 하였다.

그래서 無事히 그 배로 포르사이트까지 가게 되는데 山峰같이 높이 밀리어 오는 有名한 印度洋 여름철 風浪을 헤치고 여러 날만에 아프리카 港口로는 처음으로 지부티에 닿았다. 배가 하루 낮[59]을 碇泊하는 동안을 利用하여 그립던 陸地에 내리어서 港口에 돌아다니면서 구경하는 가운데 더욱 재미있는 것은 土人의 書堂을 구경한 것이니 그들은[60] 몸을 흔들면서 소리를 질러 글 읽는 꼴은 마치 우리나라 私塾에서 漢文 읽는 꼴과 같았다. 그들은[61] 읽은 글은 아라비아 文字다. 終日 여기 저기 돌아다니다가 夕陽에 배에 들어와서 조금 있으니 배는 지부티를 떠난다. 그래서 몇 時間 지내니 배는 벌써 紅海로 들어섰다. 찌는 듯한 紅海의 더위를 무릅쓰고 數日 동안 가노라니 陸地가 가까워 오는데 船客들은 甲板 위에 올라 서서 멀리 아득하게 보이는 半空에 높이 솟은 예수敎 聖經에 이름난 시내 산을 바라본다. 그리고 한동안 가고 보니 때는 夕陽인데 수에쓰港에 왔다. 여기에서 暫時 遲滯하고 떠나서 수에쓰 運河에 들어서니 黃昏이 되었다.

그 이튿날 午前에 運河 出口 地中海에 있는 포르트 · 사이트港에 배가 닿았다. 條件付로 오던 李東輝氏와 朴鎭[29]淳氏는 여기에서 배를 내리지 아니할 수 없게 되었으므로 나도 또한 같이 내리었다. 우리는 서너 時間 동안 이 港口의 이모 저모를 구경한 뒤에 汽車로 埃及[62] 서울 카이로로 들어갔다. 여기에서 이틀 동안 머물면서 博物舘과 回回敎 敎堂을 구경 하고 그 附近에 있는 有名한 金字塔을 구경한 뒤에 많은 感懷를 가지고 이 都市를 떠나 알렉산드리아港으로 나가서 伊太利 汽船을 타고 시칠리島의 港口 시라쿠사와 카타니아를 들려서 伊太利 나폴리 港口에 닿았다.

58　[편쥐] 印度人(인도인) : '스리랑카인'의 착오.
59　[편쥐] 낮 : '낮'의 오식.
60　[편쥐] 그들은 : 초고에는 '그들의'.
61　[편쥐] 위와 같음.
62　[편쥐] 埃及(애급) : 이집트.

여기에서 이틀 동안 구경하고는 바로 그 나라 서울 로마로 들어가서 사흘 동안 머물면서 로마劇場의 遺墟와 로마敎皇의 宮殿으로부터 西洋의 古今 文化를 살피어 보고 떠나서 지내는 걸음에 暫時 내리어서 歷史의 都市 밀라노를 구경하고 世界的 風景으로 有名한 알프스 高山을 넘어 瑞西 서울 베른에 到着하여, 하루 머문 뒤에 國際 會議가 자주 열리는 都市 제네바를 구경하고 獨逸 伯林으로 直行하였다. 여기는 나의 最終 目的地라 行裝을 끌러놓고 쉬게 되었다. 그러나 나의 旅行은 한동안 더 繼續하지 아니할 수 없는 것은 同行 李東輝氏의 最終 目的地가 蘇聯邦 서울 모스크바인 까닭이다.

　그 때는 露西亞 革命 뒤이라 그 나라에 들어가기가 매우 어렵다 하기보다 特別한 關係가 아니면 入國을 시키지 아니하였다. 그래서 聯絡하는 동안 一個月을 伯林에 머물게 되었다. 때는 늦은 가을이라 黃葉이 뚝뚝 떨어지는 九月에 伯林을 떠나서 모스크바로 가게 되는데 獨逸 共産黨 領首로 當時에 國會 代議士로 있던 피크 氏가 同行의 한 사람이 되어서 旅行中에는 많은 便宜를 얻게 되었다. 우리 一行은 獨逸 東海岸에 있는 스테틴[63]港口에 가서 배를 타고 에스토니아港 레발에 이르러 거기에서는 汽車로 露西亞 舊王都 레닌그라드[64]에 가서 往時에 燦爛한 國都가 이제는 革命[30]의 洗禮를 받아 廢墟의 느낌을 주는 여러가지를 두루 살피어 본 뒤에 떠나서 모스크바로 直行하였다.

四, 獨逸 伯林에서 留學하던 때와 그 뒤

　나의 本性이라 할는지 나는 어릴 때부터 무슨 일이나 成功과 失敗를 돌보지 아니하고 다만 뜻을 세우고 그것으로써 奮鬪하는 때에 樂을 가진다. 그러므로 무슨 일에나 먼저 豫算을 세우고 시작한 일은 없다. 다만 멀저[65] 뜻을 세울 뿐이다. 그

63　[편쥐] 스테틴 : 독일어 표기는 '슈테틴(Stettin)'.
64　[편쥐] 레닌그라드 : 1921년 당시 명칭은 '페트로그라드'.

러나 나의 生活은 언제나 冒險이다. 내가 獨逸에서 留學하던 것도 勿論 冒險이다. 누가 나의 學費를 도와주겠다고 約束하여 준 사람은 하나도 없었다. 그 때는 大戰 後이라 馬克 爲替가 低落하였으므로 旅費 中에서 남은 돈을 바꾸니 한 學期의 學費 는 겨우 되었다. 이것으로써 공부를 시작하였다.

一, 내가 伯林大學 哲學部에 入學한 날은 一九二二年 四月 二十八日이다. 獨逸大 學에는 入學試驗을 보고 入學하는 것이 아니라 마땅이 高等學校나 大學豫科의 卒 業證書를 가지고야 入學이 된다. 그런데, 다만 獨逸語로써 가르치지 아니하는 學 校에서 공부한 外國 學生에게만 따로 獨逸語 試驗을 보이어서 合格이 되어야 비로 소 入學이 된다. 나는 上海에서 獨逸사람이 經營하는 獨逸語로 가르치는 學校에서 공부하였기 때문에 獨逸語 試驗도 免除하게 되어 入學이 되었다. 그런데 自己가 배우고자 하는 課程을 自己가 짜는 大學이라 나는 무슨 學科를 選擇하여야 될가 한참 동안 망서리었다. 大學 規定에 依하여 學科는 自由로 가리되 한 主科에 적어 도 두 副科는 공부하여야 試驗 볼 資格을 얻으므로 나는 政治學과 經濟學을 主科 로 삼고 哲學과 人類學을 副科로 삼고 그 밖에 또 趣味와 必要에서 言語學을 한 [31] 副科로 디하여 공부하게 되었다. 그래서 四年 동안은 正式學生으로 一年동안 은 研究生으로 前後 五年 동안 大學 生活을 하게 되는데 그 때에 苦라면 苦요 樂이 라면 樂이라고 할 수 있는 온갖 經驗을 다 쌓았다. 이렇다 할 學資의 基礎도 없이 어떠하게 지내었을가? 이제 그 때의 經過를 簡單히 말하자면

1, 貧民區域에도 매우 가난해서 電燈 施設이 없고 조그마한 石油燈을 켜는 적은 房을 찾아 가서 居住하면서 한끼는 貧民 食堂에서 먹고 아침 저녁에는 主人집에서 보리茶 물을 끓여 가지고 검은 빵에 人造 바더[66]의 洋배추 김치로 먹은 것이오 그 럴 뿐만 아니라 貧民 區域의 生活 水準은 富民 區域의 그것에 比하여 平均 三分의 一이 못되는 것이오

2, 大學에서 科目을 選擇할 때에 無料로 듣는 科目을 많이 取한 것이오

3, 大學에 朝鮮語科 講師로 있게 되어서 圖書舘 借書의 保證金을 免하게 된 것이오

4, 大學의 苦學生을 爲하여 施設한 食堂, 洗濯所, 弊衣 修繕所, 구두 修繕所, 文房

---

65 [편쥐] 멀저 : '먼저'의 오식.
66 [편쥐] 초고에는 "빠다".

具店 等 一切 經濟機關을 應用한 것이다.

그리하고도 不得已한 境遇에는 가다금 굶는 것이다. 이러한 方式으로 지내니 馬克 時勢가 한창 떨어질 때에는 한 달의 生活費가 五, 六圓에 不過하였고 爲替가 固定된 뒤에도 受業料까지 合하여 生活費가 每月 平均 五十圓에 不過하였다. 이것은 곧 當時의 一般 外國 留學生 學費의 普通 標準으로 三分之 一의 額數에 不過하다. 이러한 學費는 누가 대어 주었느냐 하면 李祐植씨의 도움이 있었던 것이다.

二, 伯林大學 東方語學部에 朝鮮語科를 두게 되다.

一九二三年 十月에 伯林大學에 朝鮮語科를 創設하고 三 [32] 年 동안 講師로 있게 되었으니 그 動機는 그 때에 漢文學者요 滿洲語와 蒙古學者인 해니스[67]敎授에게 내가 蒙古語를 배우게 되었다. 함께 공부하던 獨逸學生들은 틈틈이 나에게 朝鮮語를 배우다가 하루는 請하는 말이, 이럴 것이 아니라 正式으로 公開한 朝鮮語科를 設置하는 것이 어떠냐고 묻기에 勿論 좋다고 하였더니 그들은 말하기를 오늘날 貧窮한 獨逸은 有料 講師를 招聘하지 못할 것이니 당신이 無報酬 講師를 허락한다면 前例에 依하여 이것이 設置될 수 있다. 前例란 것은 當時 伊太利와 불가리[68]는 各各 自國語의 世界的 紹介를 爲하여 國費로 講師를 伯林大學에 派送한 일이 있었다. 그들의 勸告에 依하여 文部大臣에게 申請書를 提出하였더니 곧 認可가 되었다. 그래서 내가 그 大學을 떠날 때까지 三年 동안이나 그 講座의 敎鞭을 잡았다. 朝鮮語 硏究生은 獨逸사람 밖에 露西亞사람과 和蘭[69]사람이 있었다. 내가 上海에 있을 때에 金枓奉氏와 한글을 硏究하게 되었는데 그 때에 金氏의 創案인 한글 字母分割體 活字를 만들려고 商務印書舘 印刷所에서 여러번 함께 다니면서 交涉한 일이 있다.

그래서 나는 혹 이야기를 하였더니 그 말을 들은 獨逸 言語學者들은 獨逸 國立

---

67 [편주] 해니스 : 해니슈(E. Haenisch).
68 [편주] 불가리 : 불가리아(Bulgaria).
69 [편주] 和蘭(화란) : 네덜란드(Netherlands).

印刷所에 그 活字를 準備시키자는 議論을 붙이어서 許諾되었다. 나는 그일을 도와서 곧 上海로 金枓奉氏에게 편지하여 그 活字를 한벌을 부쳐 왔다. 그래서 그것을 본떠서 四號 活字를 만들었는데 첫 試驗으로 東方語學部 年鑑에 許生傳[70] 몇張을 印刷하였다. 西洋에서 한글 活字 準備는 獨逸 國立 印刷所가 嚆矢가 될 것이다.

三, 修學旅行

1, 나는 伯林大學 在學中에 獨逸 學生의 修學旅行團과 함께 各地方으로 다니면서 工場 其他 實業 機關과 또 여러 가지 文化 施設을 많이 見學하였다. 學生 團體로 [33] 가므로 個人으로는 到底히 볼 수 없는 것을 보게 되었고 또 經濟的으로는 普通旅費의 三分之一이 못 드는 그러한 모든 便宜를 얻게 되었다. 이 修學旅行團을 보면 차리고 나서는 것이 마치 出戰하는 軍隊와 같다. 그들이 타는 汽車는 貨物車와 같은 四等車이다. 이 四等車에는 앉는 걸상도 없다. 그러므로 맨 바닥에 그냥 주저앉고 또 그냥 드러눕는다. 왜 이런 車가 있는가? 그것은 貧民을 爲한 經濟的 意味도 있겠지마는 그보다도 軍國主義의 精神에서 생긴 一般으로 하여금 戰時에 貨物車로 輸送 되는 軍隊 生活의 訓練을 平常時에 받고 있으라는 뜻이다. 더욱 놀랠 일은 크[71] 都市나 山村을 勿論하고 到處에 이런 旅行團 宿泊所를 設備하여 놓았는데 그것은 마치 戰時에 野營과 같이 되었다. 혹은 倉庫같은 넓은 間에 보릿짚을 한길이나 높게 깔아놓아서 그 속에 파묻히어 자게 되었으며, 혹은 層階寢臺에 布 가마니에 마른 풀을 넣어서 얹어 두었다. 그리고 아무 다른 設備는 없고 물 끓여 먹는 가마만 걸어 두었다. 그런데 그 때에 우리 修學旅行團도 가는 곳마다 그런 宿泊所를 찾아 가서 자게 되었다.

2, 農村 見學
一九二六年 八月에 伯林에서 東으로 百餘里를 나가서 채케리크[72] 農村에 한 달

---

70 [편주] 許生傳 : 초고에는 "李光洙氏의 許生傳".
71 [편주] 크 : '큰'의 오식.

동안 머물으며 農村狀況을 硏究하게 되었다. 여기는 <u>오델</u>[73] 江域 森林이 鬱蒼한 곳인데 이 農村에는 山林 管理所가 있고 거기에는 獨逸에서 이름이 높은 農林 技師로 여러가지 機械를 發明한 林政官 <u>스피젠베르크</u>[74]氏가 所長으로 있었다. 나는 자주 그 분을 찾아 가서 사귀게 되어서 林業에 對한 常識을 적지 않이 얻게 되었다. 나는 이 農村을 中心하고 數十里를 돌아다니면서 農事짓는 法과 農村 經濟 現狀을 [34] 살펴 보았다. 그리하는 가운데 獨逸 農民의 自作 自給의 精神과 實際를 알게 되었다. 한쪽에는 大規模의 現代式 機械 農村法이 實行 되고 있으면서 다른 한쪽에는 小規模의 經營으로 타작은 도리깨질을 하고 있다. 農家에서는 緬羊을 몇 마리씩 길러서 그 羊의 털을 깎아 손으로 두르는 물레에 실을 자아서 그것으로 속옷 양말 等을 짜서 自作 自給하는 집이 많다. 處々에 協同組合이 있어서 農村 經濟 組織이 圓滿하게 되었다.

3, 웬덴[75]族의 部落을 訪問

伯林에서 東南으로 百餘里를 나가면 <u>스프레왈드</u>[76] 地方이 있다. 여기는 低地 平野인데 水路가 四方으로 通하며 적은 木船으로 交通의 便利가 되어 있다. 이제도 그 곳 土族으로 있는 <u>슬라브</u> 民族에 屬한 웬덴[77]族이 산다. 이 民族은 이제도 自己이[78] 固有한 文化를 가지고 살아 간다. 人類學을 副科로 삼아 공부하는 나는 이 特殊 한 處地에 있는 民族文化를 硏究하고자 一九二三年 八月에 金俊淵氏와 金弼洙氏로 더불어 그 地方을 巡廻하여 많은 參考를 얻었다.

---

72 [편쥐] 채케리크 : 독일어 표기는 '체케리크(Zäckerick)'.
73 [편쥐] 오델 : 오더(Oder).
74 [편쥐] 스피젠베르크 : 슈피첸베르크(K. Spitzenberg).
75 [편쥐] 웬덴 : 독일어 표기는 '벤덴(Wenden)'.
76 [편쥐] 스프레왈드 : 독일어 표기는 '슈프레발트(Spreewald)'.
77 [편쥐] 웬덴 : 독일어 표기는 '벤덴(Wenden)'.
78 [편쥐] 이 : '의'의 오식.

四, 學業의 經過

내가 伯林大學에서 四年 동안에 學業을 마치고 또 그곳 硏究室에서만 一年을 硏究하게 되었다. 그 동안에 敎授를 받은 敎授의 數는 四十四名인데 그 中에서 硏究室에 關係있는 敎授는 經濟政策과 財政學의 構成[79]인 수마헬[80]氏와 社會學과 社會經濟學의 機關[81]인 솜바르트[82]氏와 認識論의 權威인 마이엘[83]氏와 民族 心理學과 人類學의 權威인 투른왈틀[84]氏이다. 나의 學位 論文 題目은 "中國의 生糸[85]工業"이다. 이 問題를 수마헬 敎授의 硏究室에서 받은 뒤에 論文을 쓰는데 第一 큰 困難을 當한 것은 中國의 統計가 不充分한 것이었다. 이 生糸 工業을 東洋의 가장 重要한 工業으로 그 [35] 商品이 世界 市場을 獨占한 것이다. 이 硏究室에서는 누구나 論文을 다 쓰면 그것을 講演하여 敎授의 評을 받는다. 흔히는 講演中에 講壇에서 쫓기어 내려 가는 수가 많다. 아직도 認識이 못 되었으니 돌아가서 더 硏究하여 가지고 오라 한다. 그렇지 아니하면 講演 뒤에는 많은 批評을 받고 돌아가서 많이 修整하게 된다. 그냥 괜찮다 하고 받는 論文은 一年에도 몇 個가 아니 된다. 그런데 나의 論文은 講演 뒤에 意外로 好評을 받게 되었다. 수마헬[86] 敎授는 簡單한 말로 "李克魯氏는 獨逸의 科學的 方法을 完全히 學得하였다. 이 論文은 學者的 論文으로 認定한다." 이 때에 硏究先生[87]은 모두 나에게 注目하여 祝賀의 뜻을 보이었다. 수마헬 敎授는 그 硏究室을 떠날 때에 나를 불러서 그 이튿날에 만나자고 約束을 하여 주었다. 그 다음날에 만났더니 그 先生은 나의 論文에 優等의 點數를 주고 어느 큰 書店에 紹介하여 出版하게 되었다. 規定에 依하여 學位 論文은 印刷하여 數百部를 大學에 바치는 것이다. 一般은 論文을 自己의 돈으로 박는다. 그런데 내 것은 特選

---

79 [편주] 構成 : '權威(권위)'의 오식.
80 [편주] 수마헬 · 독일어 표기는 '슈마허(H. Schumacher)'.
81 [편주] 機關 : '權威(권위)'의 오식.
82 [편주] 솜바르트 : 독일어 표기는 '좀바르트(W. Sombart)'.
83 [편주] 마이엘 : 독일어 표기는 '마이어(H. Maier)'.
84 [편주] 투른왈틀 : 독일어 표기는 '투른발트(R. Thurnwald)'.
85 [편주] 糸 : '絲(사)'의 속자.
86 [편주] 수마헬 : 독일어 표기는 '슈마허'.
87 [편주] 硏究先生 : '硏究生(연구생)'의 오식.

으로 敎授의 推薦이 되었기 때문에 그 書店에서 原稿料代로 그 論文 책 數百部를 提供하였다. 그래서 印刷費 數百圓은 經濟가 되었으므로 어려운 나에게는 그것도 큰 도움이 되었다. 論文이 通過된 月餘 뒤에 口述試驗을 지나고 學位 授與式을 하던 날은 一九二七年 五月 二十五日이다. 나는 中學으로부터 大學까지 十年 동안 獨逸 敎育을 받는 中에 獨逸 精神을 알게 되었으니 그것은 勤勞, 組織, 科學, 武士 이 四大 精神이다.

五, 世界 弱小民族大會 參加

伯林大學에서 同窓으로 있던 金俊淵氏는 일찌기 歸國하여 東亞日報社의 記者로 있던 때이다. 世界 弱小民族大會가 白耳義[88] 首都 부라슬[89]에서 열린단 말을 듣고 國內의 代表[36]로 나와 黃祐日을 派遣하게 되어서 滿洲에 나가서 旅費를 나에게 부치게 되었다. 그래서 또 獨逸留學生 代表로 李儀景과 함께 이 弱小民族大會에 出席하게 되었는데 當時에 佛蘭西學生 代表로 온 金法麟氏와 旅行 途中에 있던 許憲氏와 함께 일을 議論하고 그는 傍聽客으로 다 같이 大會에 參席하게 되었다. 朝鮮 代表團을 組織하게 되어 나는 이 代表 團長이 되어서 大會에 活動하게 되었다. 大會에 提案할 것을 相議한바,

(一) 馬關條約을 實行하여 朝鮮 獨立을 確保할 것.

(二) 朝鮮 總督政治를 卽時 撤廢할것.

(三) 上海 大韓 臨時政府를 承認할것이다. 大會가 열리기 前日에 以上의 案을 幹部에 提出하였으나 우리뿐만 아니라 參加한 各 弱小 民族代表는 다 提案이 있음에도 不拘하고 그들은 다 無視하고 反英運動을 中心하였기 때문에 中國, 印度, 埃及 問題만 가지고 떠들고 말게 되었다. 그러나 開會 第一日에 分科 委員會를 組織하게 될 때에 나는 遠東 委員會의 政治 産業部의 委員이 되었다. 大會가 열리어 議案을 上程하여 討議하게 될 때에 幹部會에서 미리 작정한 排英에 關한 몇나라 일만 討議하고 말게 되었다. 나는 여기에서 大會議長團에 對하여 質問을 開始하여 朝鮮

---

88 〔편쥐 白耳義(백이의): 벨기에.
89 〔편쥐 부라슬: 현 외래어표기는 '브뤼셀'.

問題를 討議하겠느냐 아니 하겠느냐고 强硬한 말로 그들의 不公平을 攻擊하매 議長團은 그 壇上에서 暫時 相議하더니 그러면 朝鮮問題를 討議하고 아니하는 것을 衆議에 붙이는 것이 좋겠다고 그 可否를 물었다. 弱小民族 代表는 다 同意하였으나 結局 擧手 表決의 結果는 三點의 差로 朝鮮 獨立問題를 討議 아니하기로 되고 말았다. 그러니 이 問題는 더 말할 수 없었다. 이 大會에 參席한 人物은 中國 代表로 馮玉祥系의 鹿鍾麟將軍,[37] 蔣介石系의 邵力子이었다. 大會 代表 議長은 和蘭 암스텔담[90]에 있는 國際 勞動組合 聯盟會 書記長 핀맨[91]氏이었다.

六, 伯林에서 떠나 베르당行, 巴里를 지나 倫敦行.

獨逸에서 學業을 마친 뒤에 나는 英國 서울 란던[92]으로 留學을 가게 되었다. 이 것도 무슨 豫算이 있어서 한것은 아니다. 當時에 란던 航海大學에 在學하고 있는 친구 申性模氏가 나의 學位 授與式에 參席하려고 일부러 伯林까지 와서 祝賀하여 주던 것은 너무도 感謝하였다. 나는 申氏와 同行이 되어서 란던으로 가게 되었는데 路程은 特別한 方向을 定하였으니 그 經路에는 歐洲人戰이 西歐 戰線의 가장 重要한 戰蹟地와 巴里에 구경하기로 되었다. 一九二七年 六月 六日에 申性模氏와 함께 伯林을 떠나서 라인江域에 있는 루드비시히펜[93]市를 向하였다. 이 곳은 世界的으로 有名한 獨逸의 染料 工業 地帶이다. 그 翌日인 七日에 우리는 伯林 시멘스[94] 電氣工業 株式會社의 紹介書를 가지고 이. 게. 染料工業株式會社를 訪問하였다. 그 會社의 親切한 引導로 終日 重要한 工場을 구경하고 夕陽에 그 市街를 떠나서 佛蘭西의 新國境을 넘어서 是非 많은 엘사스 로트링겐[95] 땅을 들어섰다. 八日에는 메츠[96]市를 구경하고 떠나서 有名한 베르당[97] 戰蹟을 구경하러 갔다. 이 곳은 佛

---

90 [편쥐 암스텔담 : 암스테르담.
91 [편쥐 핀맨 : '핌멘(Fimmen)'의 오기.
92 [편쥐 란던 : 런던.
93 [편쥐 루드비시히펜 : '루드비히스하펜(Ludwigshafen)'의 오기.
94 [편쥐 시멘스 : 독일어 표기는 '지멘스(Siemens)'.
95 [편쥐 엘사스-로트링겐(Elsaβ-Lothringen) : 프랑스어는 '알자스-로렌(Alsace-Lorraine)'.
96 [편쥐 메츠(Metz) : 독일어 표기는 '메츠', 프랑스어 표기는 '메스'.
97 [편쥐 베르당(Verdun) : 프랑스어 표기는 '베르됭'.

蘭西의 第一 要塞地로서 歐洲 大戰時에 가장 慘酷하게 오래 동안 싸운 곳이다. 그러므로 누구나 歐洲大戰의 戰蹟을 구경하려면 이리로 온다.

　우리는 米國人 旅客들과 同行이 되어서 自動車로 終日 돌아다니면서 여러가지 戰蹟을 두루 구경하는데 砲煙 彈雨가 그친지가 近 十年이 된 그 때에도 아직 處處에 採彈工事가 있는데 大砲彈丸을 땅속에서 캐어 내어서 군데 군데 무더기를 지어서 산데미처럼 쌓아 놓았다. 그 곳의 戰[38]蹟 陳列舘을 구경하고 있을 때에 한 쪽으로는 멀리서 울리어 오는 禮拜堂의 天堂 鐘소리가 들린다. 그 때에 나는 善惡이 兼備한 것은 人間이란 것을 새삼스럽게 또 한번 느끼고 베르당市街로 돌아와서 翌日 巴里로 直行하였다. 여기에서 數日 머물으면서 佛蘭西 文化의 施設을 두루 구경하고 特히 歷史 깊은 베르사유 宮殿을 意味있게 구경하고 六月 十五日 아침에 巴里를 떠나서 英國海峽을 건너서 當日 저녁에 란던에 닿아서 申性模氏가 宿泊하고 있는 航海大學內 寄宿舍에 들어가서 함께 寢臺 를같이하게 되었다.

五. 英國 倫敦에서 留學하던 때와 그 뒤

　一九二五年[98] 여름에 내가 倫敦[99]에서 처음 머물던 집은 航海大學 안에 있는 寄宿舍인데 이 學校는 倫敦 東部에 있어 그 이웃은 템스江을 사이에 두고 저편에는 그리뉘치[100] 天文臺가 있고 이편에는 印度를 삼키어 먹은 東 印度會社가 있다. 여러 千噸이 되는 汽船이 오고가는 깊은 템스江 밑을 뚫고 나간 큰 바스[101] 길은 우리가 날마다 그리뉘치公園에 散步 다니는 길이다. 이 公園 옆에는 그리뉘치 天文臺가 있고 이 天文臺 앞에는 地球 經度와 零點線을 새긴 돌바닥이 있고 그 옆으로

98　[편쥐 一九二五年 : '一九二七年'의 오식.
99　[편쥐 倫敦(륜돈) : 런던.
100　[편쥐 그리뉘치 : 그리니치(Greenwich).
101　[편쥐 바스 : 버스.

조금 나오면 天文臺의 正門이 있는데 그 옆 담벽에는 세계 航海의 標準 時計를 박아 두었다. 이 零點線을 밟으며 이 標準 時計를 볼 때마다 學術界의 歷史性이 重한 것을 더욱 느끼게 되었다.

나는 한 동안 食事를 朝鮮家庭에서 하게 되어서 여러 해만에 朝鮮 飮食을 倫敦에서 먹게 된 것도 또한 印象 깊은 일이다. 이 집 主人은 歐洲大戰 當時에 勞動의 길을 찾아서 西比利亞로부터 온 咸鏡道의 原籍을 가진 鄭氏의 家庭이다. 英國 風俗을 아는 데에 도움이 될까 하여 마지막으로 數朔 동안은 主人을 英國人 家庭에 定하고 있었다. 찌는 듯이 [39] 덥던 여름철도 어느덧에 지나가고 北國의 찬 바람이 돌게 되매 學窓을 찾아 구름 같이 모여드는 學生은 倫敦大學 거리를 요란하게 한다. 나도 學窓을 찾아 온 사람이라 一九二五年[102] 十一月 二十三日에 倫敦大學 政治經濟學部에 正式으로 入學하여 한 學期동안 聽講하며 硏究室에 다니게 되었다. 여러 敎授의 講演中에 더 재미있게 들은 것은 라스키 敎授의 政治理想 發達史와 영 敎授의 戰時 經濟問題와 셀리그맨 敎授의 文明族과 野蠻族과의 文化的 關係論이었다.

이 大學에 있을 때의 일로 잊지 못할 것은 上海에서 親하게 지나던 鄭桓範君을 여러 해만에 만나서 한 敎室에서 聽講하게 된 것이다. 그래서 十一月에 孔濯氏로[103] 더불어 켐브리지[104] 大學을 視察하게 되었다. 一九二五年[105] 天氣 晴明하고 서늘한 가을에 申性模氏와 함께 倫敦 예수敎 救世軍 本部의 紹介書를 가지고 그 機關에서 經營하는 農場을 구경하러 갔다. 이 農場은 英國 貧民의 子弟를 모아서 植民地의 農業經營 技術을 數三年 동안 가르치고 또 各 植民地에 대한 一般 知識을 가르친 뒤에 志願에 의하여 各 植民地의 農村으로 紹介하여 보낸다. 이 農場은 倫敦에서 東便으로 數十里를 나가면 옛날 城터가 있는 곳이 있다. 여기에서 우리는 英國의 植民地 政策과 農業 技術을 잘 보았다.

내가 英國에서 깊이 느낀 것은 英國의 言論 自由이다. 日曜日에나 其他 公休日에 보면 큰 거리에나 公園에는 마치 夜市場 露天 가게를 죽 벌리어 놓듯이 곳곳이

---

102 [편주] 一九二五年 : '一九二七年'의 오식.
103 [편주] 그래서 十一月에 孔濯氏로 : 초고에는 '昭和三年(二年의 오식-편주) 十月에 崔麟氏를 처음으로 倫敦에서 만나 數次 相從하게 되었다. 그래서 十一月에 崔麟氏와 孔濯氏로'.
104 [편주] 켐브리지 : 케임브리지.
105 [편주] 一九二五年 : '一九二七年'의 오식.

各 政黨이나 各 宗敎 團體나 其他 社會 團體는 各各 露天 演臺를 차리고 自己의 主義를 宣傳하는 것은 勿論이요, 영국 植民地 백성들이 와서 自己의 獨立 演說을 하는 演臺까지 나타난다. 그리하면 오고가는 사람들은 여기 저기 돌아다니면서 제 마음에 맞는대로 들어서 사상을 啓發하며 社會情勢와 國際情勢를 通察하게 된다. 그 結果는 英國 사람으로 [40] 하여금 모든 일에 抑制[106]의 態度로 나가게 하고 盲從的 態度를 없이 한다.

一九二六年[107] 一月 九日에 倫敦을 떠나 白耳義 서울 브라슬[108]을 지나 그 다음 날에 伯林에 到着하였다. 이 곳에 다시와서 四個月 동안이나 머무르게 된 것은 因緣이 깊은 伯林大學에서 言語學과 音聲學을 硏究할 便宜가 있게 된 까닭이다. 그래서 音聲學 實驗室 主任 워틀로[109]敎授의 指導를 받아 朝鮮語 音聲도 實驗하게 되었다. 그리하고는 歸國할 準備를 하는데 旅行券 手續을 마치고 米國 經由 橫濱行의 通船 車票를 사고 途中에 여러 곳에 視察의 便宜를 爲하여 여러 先生의 紹介狀을 얻어 가지고는 一九二六年[110] 四月 二十 五日에 伯林을 作別하고 떠나서 바로 倫敦으로 건너갔다.

倫敦에서 며칠을 지나고 五月 一日에 또 그 곳을 떠나서 다시 巴里로 갔다. 여기에서 一個月을 지나게 된 것은 暫時라도 佛蘭西 文化를 接觸하여 보는 것이 나에게는 적지 아니한 參考가 되리라고 생각한 까닭이다. 아닌게 아니라, 이 한달 동안은 나에게 큰 도움을 뜻밖에 준것이 있으니 그것은 巴里大學 音聲學部에서 主任 페르노敎授와 그 助手 체코슬로바키아 사람 스라메크[111]博士의 要求에 應하여 朝鮮語音을 그 實驗室에서 實驗的으로 硏究하게 된 것이다.

勿論 그 한달 동안에 實驗費가 여러 百圓이 났을 것은 환한 일이다. 그러나 그들은 科學 硏究가 自己들의 使命인 것만큼 큰 趣味를 가지고 實驗한 것이다. 스라메크博士와 나와는 날마다 五六時間 이나 實驗室에 앉아서 約 一個月 동안을 지나

---

106 [편쥐 抑制(억제) : 초고에는 "批判(비판)".
107 [편쥐 一九二六年 : '一九二八年'의 오식.
108 [편쥐 브라슬 : 브뤼셀.
109 [편쥐 워틀로 : 초고에는 "웨틀로". 독일어 표기는 '베틀로(Franz Wethlo)'.
110 [편쥐 一九二六年 : '一九二八年'의 오식.
111 [편쥐 스라메크 : 체코어 표기는 '슈라메크(Em. Šrámek)'.

게 되었다. 마지막 날에는 스라메크氏가 웃으면서 하는 말이 "당신이나 내가 다 미련한 사람이요, 우리가 이 한달 동안에 實驗한 일의 分量은 硏究生으로 더불어 普通 때와 같이 하려면 한學期 동안이나 하는 것이요"하고 둘이 웃었다. 왜 그는 그렇게 熱心으로 하였는고 하면 [41] 實驗 對象者를 하나 求하는 때에는 돈이 들어도 그리 쉽지 못한 까닭이라고 한다. 내가 巴里에 머무르던 때의 일로 잊지 못할 것은 當時에 巴里大學에 在學中이던 孔濯氏가 引導하여 주셔서 여러가지 便宜를 얻은 것이다. 연구와 시찰이 끝난 뒤에 파리를 떠나서 倫敦으로 건너가니 이 날은 一九二六年[112] 五月 二十四日이었다.

　歐洲를 作別할 날을 三週日을 앞둔 나는時間을 經濟的으로 利用하지 아니하면 視察의 目的을 達하기 어렵게 되었다. 그래서 마지막으로 英國 各地와 愛蘭國[113]을 視察할 프로그람을 짰다. 먼저 現代 文明의 利器인 飛行機를 한번 타는 것도 빼지 못할 일이다 하여 六月 一日에는 倫敦에서 十五, 六人이 타는 市街 觀覽 飛行機를 타고 倫敦 全市街의 重要한 곳을 내려 살피게 되었다. 飛行機를 타본 것은 이때가 平生에 처음이었다.

　倫敦大學 敎授들의 紹介狀을 가지고 各地로 떠나던 날은 一九二六年[114] 八月 四日이다. 먼저 英國 工業都市 맨체스터에서 工場들과 大學과 其他 諸般 市街의 施設을 구경하고 五日 밤中에 맨체스터 停車場을 떠나서 愛蘭國 서울 다블린[115]으로 건너가게 되었다. 六月 六日 이른 아침에 다블린에 到着하여 數時間에 市街를 구경하고 愛蘭國 文部省을 訪問하여 그 나라의 國語敎育 現狀을 調査하였다. 때 마침 愛蘭 國會의 開會中이라 傍聽을 請하였더니 親切히 許諾하여 주었으므로 意味 있게 傍聽하였다. 歷史 깊은 새 나라를 하루 동안에 보고 떠나게 된 것은 나의 旅程의 日字가 許諾하지 아니한 까닭이다. 이날 夕陽에 汽船을 타고 다블린市를 섭섭히 作別하고 떠나서 스코틀랜드 工業都市 글라스고 로 向하고 가게 되었다.

　六月 七日 아침에 배는 글라스고 埠頭에 닿았다. 工場들과 大學을 구경하고 그

---

112 [편쥐 一九二六年 : '一九二八年'의 오식.
113 [편쥐 愛蘭國(애란국) : 아일랜드(Ireland).
114 [편쥐 一九二六年 : '一九二八年'의 오식.
115 [편쥐 다블린 : 더블린(Dublin).

이튿날 八日에는 文化 古都市 42 에딘버르[116]로 가게 되었다. 이 곳에 닿아서는 바스를 타고 그 附近地의 名所인 포드브리지[117]에 가서 有名한 큰 鐵橋를 구경하고 돌아와서 에딘버르 大學과 古都市의 이모 저모를 구경하였다. 글라스고와 에딘버르에서 各 一宿泊을 基督敎 靑年會舘에서 한것도 旅行 紀念의 하나가 된다.

六月 九日 午前 十時에 에딘버르 停車場을 떠나서 直行車로 當日 午後 六時半에 倫敦에 到着하였다. 내가 이제까지 汽車를 타던 가운데에는 한참에 먼 距離를 가 보기는 이 鐵道線이었다. 에딘버르에서 조금 나오다가 글라스고로 가는 갈림길 停車場에서 暫時 停車하고는 倫敦까지 直行하니 最大 速力으로 가는 汽車가 八時間을 한숨에 달아난 것이다.

六月 十一日에는 옥스포드 大學都市로 가서 各 學院의 諸般 施設을 視察하고 왔다. 켐브리지와 옥스포드는 英國의 젠틀맨(紳士)을 길러 내는 養士院이다. 누구나 그 學院에 들어서면 곧 느끼는 것이 紳士風이다. 이 學院 안에는 小學校도 兼하여 있는데 出入하는 小學生도 긴 學者服을 입고 다닌다. 그들은 知識을 배우는 것만 目的이 아니라 行實 곧 紳士 禮法을 배우는 것이 어느 點으로는 더 重要하다. 六月 十二日에는 倫敦大學에 가서 音聲學 權威인 대니얼존스 敎授를 訪問하여 朝鮮語音에 對한 論評을 들어 많은 參考를 얻어 가지고 돌아왔다.

나는 六月 十三日 午前에 倫敦을 作別하고 汽車로 사우트앰턴[118]港으로 가서 半日 동안 그 港口를 구경하고 午後 五時에 매제스티크 汽船을 타고 그 港口를 떠나서 同八時에 佛蘭西 세르보아[119]港에 暫時 닿았다가 곧 떠나서 아메리카 뉴욕으로 바로 航行하게 되었다.

나는 일부러 餞送하기 爲하여 倫敦에서 同行하여 사우트앰턴 埠頭까지 나와서 甲板 위에서 作別하고 간 申性模氏는 43 航海王인 것만큼(申氏의 航海術은 英國에서도 이름이 높다) 나는 그 분에게서 航海 常識을 많이 얻게 되었다. 다른 배의 삯에 견준다면 퍽 비싼 船費인 것도 不拘하고 내가 이 매제스티키[120] 汽船을 타게 된것은

---

116 [편쥐 에든버르 : 에딘버러(Edinburgh).
117 [편쥐 포드브리지 : 포스 브리지(Forth Bridge).
118 [편쥐 사우트앰턴 : 사우샘프턴(Southampton).
119 [편쥐 세르보아 : 셰르부르(Cherbourg).
120 [편쥐 매제스티키 : '매제스티크'의 오식.

申氏의 勸告를 받은 까닭이다. 그는 배의 專門家이라 世界 各國의 배의 內容과 歷史를 환히 알고 있다. 申氏는 나에게 늘 말하였다. 이 다음에 米國으로 가게 되거든 마땅히 메제스틱크 를 타라고 말하면서 한 나라는 구경을 못할찌라도 그 배는 구경하여야 된다는 것이다. 그 까닭은 그 배는 當時에 最新式이요, 最大 汽船으로 五萬 六千 五百 五十一噸이란 엄청나게 큰 배이다. 그리고 그 배의 機關室에는 技術上 關係로 獨逸技師를 專任으로 두었다. 이 배는 獨逸이 英國과 海上의 覇權을 다투기 爲하여 世界大戰前에 獨逸에서 만들다가 戰爭中에 工事를 中止하였던 것인데 大戰後에 竣工하여 賠償으로 英國에 바치어서 英國의 船籍을 가지게 된 歷史가 있는 배이다. 이 배는 크기로만 世界의 第一이 아니라 또 速力으로도 世界의 第一이다. 이 배는 一晝夜 二十四時間에 航行한 길이 五百 七八十哩이었다. 내가 太平洋을 건널 때에 타던 西比利亞丸이나 天洋丸의 速力은 一晝夜에 三百 七八十哩이 되었으니 그것과 比한다면 二百哩의 큰 差異가 있다.

　歐洲 大陸을 떠난 第三日인 六月 十五日과 그 이튿날에는 風浪이 相當히 세었다. 十六日 午後五時에는 船員이 船客을 引導하여 汽船의 機關室을 觀覽하게 하였나. 普通 다른 배에서는 아니하는 것을 이 배에서만 한것은 船客으로 하여금 機關室을 觀覽하게 한 일이다. 이것은 當時에 世界 造船界의 革命을 일으킨 배인 것만큼 船客들의 要求에 應한것과 또 英國의 자랑으로 한 것이다. 山과 같은 이 배가 쏜살같이 달아나서 어느덧 아메리카 大陸을 우리 눈앞에 44 나타나게 하였다. 船客들은 저기가 아메리카 이다 하면서 기뻐하는 것은 마치 當時에 콜룸부스[121]가 新大陸을 發見하고 기뻐한듯이 한다. 때는 六月 十九日 午後 三時인데 배는 벌써 뉴욕港口 밖에 닿았다. 航路 揭示板에 보니 英國 사우트앰턴港에서 뉴욕港까지 온 全航路는 三千 一百 五十九哩이다. 배가 닿자 米國 官吏는 警護船을 타고 달아와서[122] 우리 배에 올라섰다.

　그들이 船客의 旅行券과 짐을 調査를 마친 뒤에 下陸하게 되니 때는 午後 五時이었다. 埠頭에 내리니 韓相億氏와 許政氏가[123] 마중을 나와서 반가이 만나 주었

---

121 [편쥐 콜룸부스 : 콜럼버스.
122 [편쥐 달아와서 : 달려와서.
123 [편쥐 韓相億氏와 許政氏가 마중을 : 초고에는 "張德秀氏와 韓相億氏와 許政氏가 마중을"

다. 그래서 이분들의 引導로 <u>뉴욕</u>市에 있는 <u>로크펠러</u> 國際舘으로 가서 편안히 머무르게 되었다.

六, 歸國途中에 米國視察하던 때와 그 뒤

내가 米國을 돌아서 歸國한 것도 억지의 짓이다. 그러나 期待한 <u>아메리카</u> 文化를 한번 視察하는 것이 나의 重要한 프로그람이므로 實行할 決心을 한 것이다. 내가 李祐植氏로부터 받은 旅費는 倫敦에서 西伯利亞를 지나서 朝鮮까지 돌아올 그것밖에는 아니 되었다. 그런데 旅程을 달리 잡아 놓고 또 視察의 프로그람을 더하니 旅費 豫算은 本來 그것보다 二倍나 늘었다.[124] 一九二九年[125] 六月 十九日부터 한달동안 <u>뉴욕</u>에 머무르면서 各 方面을 視察하게 되었는데 그 때에 나를 親切히 혹은 길을 引導하여 주시었으며 혹은 懇談을 하여주신 분은 그전부터 親한 친구로는 韓相億氏와[126] 李喜儆씨요, <u>뉴욕</u>에서 처음으로 사귄 분으로는 金良洙氏 金度演氏 尹弘燮氏 徐珉濠氏 張顯英[127]氏 安承華氏 許政氏 李東濟氏 李源益氏 金炳鎬氏 等이었다. 내가 여기에서 視察한 것은 <u>콜럼비아</u>大學, <u>뉴욕</u>日報社, <u>치오니스</u>, 機關(猶太國建設機關) 天主敎堂, 예수敎堂, <u>텔러</u>[128]學會(作業方法研究所),[45] 博物舘, 黑人의 禮拜堂, 黑人의 劇場, 朝鮮人의 各種實業機關, 其他 諸般 施設이었다.

내가 李源益氏를 數次나 特別히 訪問한 것은 "한글" 字母의 活字와 打字機에 대한 講話를 듣고자 한 까닭이다. 李源益씨는 發明의 素質이 많은 분인데 "한글" 打字機를 三十年 前에 最初로 發明한 사람이다. 氏의 "한글" 打字機는 米國에 있는 朝

---

124 [편쥐 二倍나 늘었다 : 바로 뒤에 초고의 "이 旅費를 借入하는대에는 英國에서는 申性模氏가 힘을 썼고 米國에서는 張德秀氏가 힘을 썼다"가 삭제되었다.
125 [편쥐 一九二九年 : '一九二八年'의 오식.
126 [편쥐 韓相億氏와 : 초고에는 '張德秀氏와 韓相億氏와'.
127 [편쥐 張顯英(장현영) : '張錫英(장석영)'의 오기.
128 [편쥐 텔러 : 테일러(Taylor).

鮮人 機關에서는 벌써 널리 쓰고 있다. 同七月 二日에 텔러學會에 가서 米國 各地의 各種 工場을 視察할 紹介書를 얻어가지고 이튿날 三日 아침에는 遠行 바스를 타고 뉴욕市를 떠나서 그날 밤에 보스톤市에 닿아서 基督教 靑年會舘 寄宿舍에 머물렀다. 七月 四日은 米國 獨立 記念日이요 보스톤市 米國 獨立軍이 倡義한 곳이다. 이곳의 獨立 紀念은 特別히 盛大한데 이 紀念의 盛況은 나에게 잊지 못할 感想을 주었다.

여기서 鄭成鳳[129]氏와 河敬德氏를 만나서 그분들의 引導로 하버드大學과 其他 工場等을 구경하고 六日에는 보스톤市를 떠나서 프래밍햄으로 가서 工場을 구경하고 七日에는 프로비덴스에서 工場을 뉴헤은[130]에서 예일 大學을 구경하고 저물게야 뉴욕市로 돌아와서 머무르게 되었다. 七月 二十三日에 뉴욕市를 떠나서 프린스톤에 暫時 내리어서 대학을 구경하고 저녁에 필라델피아市에 닿아서 宿泊하였다. 二十四日에는 여기에서 米國 獨立舘과 新聞社와 百貨店等을 구경하고 徐載弼氏를 訪問하였다.

나는 이 老先生에게 朝鮮 近世의 懷古談을 물은 것도 의미 없는 것은 아니었다. 二十五日에 그 곳에서 機關車工場 造船所等 여러가지 工場을 구경하였다. 二十六日에는 필라델피아市에서 博物舘과 大學等을 구경하고 떠나서 저녁에 首都 워슁턴에 到着하여 申東起氏 집(歐米委員部 집)에서 一週間 머무르면서 여러가지를 구경하고 또 視察의 周[46]旋을 하게 되었다. 내가 여기에서 視察한 것은 國立博物舘 經濟研究所 워슁턴紀念閣 링컨紀念閣 國會圖書舘 하버드[131]大學 (黑人種을 爲하여 特設한 것) 等이다. 이밖에 周旋과 調査를 爲하여 訪問한 機關은 紅人種 事務局, 商務省, 勞動省, 農務省 等이다. 米國의 視察의 便宜를 爲하여 위에 말한 여러 機關에서 紹介書를 얻어가지고 워슁턴을 떠나서 피츠보르그市로 向하였다. 이튿날 아침에 그 都市에 내려서 米國 鐵物 株式會社를 訪問하고 그 會社의 紹介로 鐵道軌道 製造所와 食料品 製造所를 視察하고 밤車로 피츠크르그[132]市를 떠나서 디트로

---

129 [편쥐] 鄭成鳳: '鄭聖鳳(정성봉)'의 오기.
130 [편쥐] 뉴헤은: 뉴헤이븐(New Haven).
131 [편쥐] 하버드: '하워드'의 오식. 초고에는 '호와드'로 되어 있다.
132 [편쥐] 피츠크르그: '피츠보르그(피츠버그)'의 오식.

이¹³³市로 向하였다. 三日 아침에 디트로이市에 닿아서 世界 自動車 王國인 포드 自動車工場을 視察하고 朝鮮 사람으로 米國에서 中國料理 大王이라는 鄭安株式會社 料理店을 訪問하였다.

四日 午後에 바스로 디트로이를 떠나서 치카고¹³⁴市로 向하였다. 五日 새벽에 치카고에 닿아서 基督敎 靑年會舘 旅舘에 主人을 定하고 四日 동안 머무르면서 猶太 치오니스트機關과 世界 市場을 正服하고 있는 農機工場과 屠獸場 洋服工場, 博物舘等을 視察하였다. 日曜日에 朝鮮사람 禮拜堂에 가서 여러 同胞를 만났다. 여기에서 길을 많이 引導하여 주신 분은 李東濟氏와 廉光燮氏이다. 八月 八日 저녁에 치카고를 떠나서 한밤중에 챔페인에 닿아서 하루밤 자고 이튿날에 멀바다¹³⁵ 農村大學에 가서 스튜어드¹³⁶氏를 訪問한 끝에 引導者를 얻어서 大學과 農業實驗場 全景을 視察하였다. 저녁車로 그 곳을 떠나서 새로 한時半에 상크루이스¹³⁷에 到着하여 宿泊하였다. 十日에는 이곳에서 洋襪工場과 其他 여러가지 工場을 구경하고 밤車로 떠나서 캔사시티¹³⁸市로 向하였다. 十一日 이튿날 아침에 캔사시티에 닿아서 自動車와 飛行機學校를 구경하고 巡回自動車로 全市街를 구경하고 밤車로 떠나서 털사로 向하다. 十二日 아침에 오클라호¹³⁹州 털사에 到 47 着하여 뻐쓰로 파후스카¹⁴⁰에 가서 紅人種 家庭을 訪問하여 그들의 生活狀態를 視察하고 밤에 털사로 돌아오다. 이곳 紅人種은 그 生活狀態가 白人種에 그렇게 떨어지지 아니하다. 十三日에는 털사에서 石油鑛과 石油精製工場을 視察하고 十四日에는 紅人種 事務處에 가서 紅人種의 現況을 調査하고 한날에 털사市를 떠나서 翌日 아침에 아마릴로¹⁴¹市에 到着하다. 州農廳支所를 訪問하여 視察의 目的을 말하니 引導者와 함께 自動車로 二十餘마일 밖에 있는 廣野로 가서 開放 牧畜하는 물소떼를

---

133 [편쥐] 디트로이 : 디트로이트.
134 [편쥐] 치카고 : 시카고(Chicago).
135 [편쥐] 멀바다 : '얼바나(어배너(Urbana))'의 오식.
136 [편쥐] 스튜어드 : 스튜어트(C. L. Stewart).
137 [편쥐] 상크루이스 : 세인트루이스(Saint Louis).
138 [편쥐] 캔사시티 : 캔자스시티(Kansas City).
139 [편쥐] 오클라호 : 오클라호마(Oklahoma).
140 [편쥐] 파후스카 : 파허스카(Pawhuska).
141 [편쥐] 아마릴로 : 애머릴로(Amarillo).

구경하게 한다.

　이 地方의 特産物은 물소다. 이 물소 고기는 世界市場에 重要한 자리를 차지하고 있다. 十五日 저녁車로 아마릴로市를 떠나서 翌日 아침에 알뷰커크[142]市에 닿다. 紅人種 事務處를 訪問하니 引導者 한사람을 시켜 이슬레타 紅人種村으로 가게 한다. 나는, 여기에서 半日동안 그들의 生活狀態를 살펴보고 돌아오다. 十七日 아침 八時에는 알뷰커크市를 떠나서 同 七時에 산티페[143]市에 닿아서 紅人種 事務處를 訪問하니 引導者를 시켜 먼저 紅人種 文化博物舘을 구경하게 하고 그 다음에 自動車로 數十里 밖에 있는 紅人種村 레수크[144]로 가서 그들의 生活狀態를 視察하고 돌아오다. 위에 말한 두 紅人種村의 生活은 좀 原始風이 있는 것만큼 아직도 그 固有한 文化를 그대로 保存하고 있다. 十八日 아침에 산타페市를 떠나서 늦은 밤에 그랜드카니언[145]에 到着하다. 이 날은 地下 금강산이라고 할 수 있는 그랜드캐니언을 구경하게 되었다.

　이 곳은 平地속에 火山이 터져서 金剛山 같은 경치를 이루었는데 한 복판에는 濁流로 된 江이 急히 흐른다. 이 곳 風景을 구경하는데는 세가지 方法이 있으니 첫째는 飛行機를 타는 것이오. 둘째는 말을 타는 것이오. 셋째는 徒步로 가는 것이다. 길이 險하고 沙漠이 있어서 徒步는 相當한 48 冒險이 된다. 때는 아침 盛炎이라 徒步로 가던 나는 酷暑를 만나서 큰 困難이라 하기보다 危險한 狀態에 빠지었다가 겨우 精神을 차려가지고 돌아왔다. 徒步者 中에 혹은 救援隊가 말을 가지고 와서 救援하여 가기도 하였다. 저물게 平地로 올라 온 나는 밤車를 타고 그랜드캐니언을 떠나 그 이튿날 저녁때에 칼리포니아 로상젤스[146]에 到着하였다. 八월 二十一日과 二日의 이틀동안은 로상젤스와 그 附近에서 고무 工場과 石油 精製所와 石油鑛과 果樹園 等을 구경하다.

　二十二日 저녁에는 朝鮮人 自由敎堂 안에서 國民會 主催로 열린 歡迎會席에서 "한글" 問題로 講演하다. 이 곳에서 引導하여 주신 분은 咸東燦[147]氏와 康永昇氏이

---

142 [편쥐 알뷰커크 : 앨버커키(Albuquerque).
143 [편쥐 산티페 : '산타페'의 오식.
144 [편쥐 레수크 : '테수크'의 오식.
145 [편쥐 그랜드 카니언 : 그랜드캐니언.
146 [편쥐 로상젤스 : 로스앤젤레스(Los Angeles).

었다. 二十三日 아침 車로 로상젤스를 떠나서 太平洋 沿岸鐵道로 이날 늦은 밤에 산프란시스코[148]에 到着하여 中國人 基督敎 靑年會舘에 머물면서 닷새 동안 視察하게 되었다. 二十六日에는 朝鮮人 禮拜堂에서 "한글"에 對한 講演을 하고 二十七日에는 加州[149]大學을 訪問하다. 二十八日에는 國民會 桑港[150] 地方會의 晩餐 招待를 받다. 여기에서 引導하여 주신 분은 黃思宣氏와 白一圭氏와 申韓氏이었다.

一九二九年[151] 八月 二十九日 正午에 내가탄 시베리아丸은 桑港 埠頭를 떠난다. 船客을 餞送하러 나온 群衆은 一時에 萬歲 소리를 지른다. 보내는 者 가는 者 서로 흰 手巾을 흔드는 동안에 벌써 배는 茫茫한 大洋에 一葉片舟 가 되고 말았다. 風靜浪平한 太平洋을 그대로 헤여가는[152] 배는 떠난 뒤 이레 되던 九月 四日 아침 七時에 하와이 호놀루루港까지全 航路는 二千 九百 十四哩이다. 埠頭에 마중을 나온 朝鮮人 靑年會總務 李泰聖氏의 引導로 李正根氏 旅舘에 주인을定하고 한달 동안 머물면서 하와이를 視察하게 되었다. 하와이에서 視察 한것은 조선 사람의 經濟界 宗敎界 一般 生活狀態와 사탕수수 農場 판[153]인애풀 農場 製糖工場 파인애 49 풀 통조림 工場 製氷所 監獄 精神病者 療養院 하와이大學 博物舘 等이다. 九月 十八日 夕陽에 호놀루루港에서 배를 타고떠나서 하와이本島 힐로港으로 航行하여 그 이튿날 아침에 대이어서 李觀默氏의 引導로 諸般을 구경하게 되었는데 二十 一日에는 自動車로 同伴하여 火山을 구경하고 돌아오는 길에 李承晚博士가 經營하는 同志村에 들어가서 하루밤을 자게 되어[154] 李承晚博士에게서 그 곳 事情을 많이 들었다. 二十二日에는 同志村의 生活狀態를 구경하고 午後에 떠나서 힐로港으로 돌아오다.

二十三日 夕陽에 李承晚博士와 함께 힐로港을 떠나서 그 이튿날 아침에 호놀루루港에 다달으다. 하와이에서 朝鮮사람이 사는 到處의 經濟問題 敎育問題 朝鮮語

---

147 [편주] 咸東燦 : '咸秉燦(함병찬)'의 오기.
148 [편주] 산프란시스코 : 샌프란시스코(San Francisco).
149 [편주] 加州(가주) : '캘리포니아 주'의 음역어.
150 [편주] 桑港(상항) : 샌프란시스코.
151 [편주] 一九二九年 : '一九二八年'의 오식.
152 [편주] 헤여가는 : '헤어나가는' 내지 '헤엄쳐 나가는'의 북한어.
153 [편주] 판인애풀 : '파인애플'의 오식.
154 [편주] 되어 : '되어'의 오식.

問題로 講演하여준 것과 또는 歡迎과 招待를 받은 것은 나의 記憶에 언제나 남아 있다. 호놀루루에 있는 汎太平洋 會議의 九月 二十四日 午餐會에 參席하여 人類 道 德問題로 演說한 것도 잊지 못할 記憶의 하나이다. 十月 一日[155] 夕陽에 天洋丸을 타고 호놀루루港을 떠나서 橫濱으로 向하게 되었다. 이 호놀루루港에 배가 닿거 나 떠날 때에는 奇觀이 있으니 그것은 곧 歡迎이나 餞送을 온 사람들이 그 船客에 게 自然花나 人造花를 실에 꿰어서 만든 花環을 목과 팔둑에 걸어주는 것이다. 이 것은 本來 土人의 風俗이라고 한다. 그래서 그런 花環을 파는 사람은 土人들이다.

나의 목과 두 팔둑에도 그런 花環의 짐이 무겁게 실리었다. 이러한 餞別이 있 은 후 天洋丸은 어느덧 海天共長의 太平洋 위에서 渺滄海之 一粟 같이 외로이 떠나 간다. 그럭저럭 떠난 지가 닷세가 되었다. 배 위의 揭示板 日付에는 하루를 건너 뛰어 七日이 없어지고서 八日이 나오게 되었다. 이것이 무슨 까닭인가 알고 보니 東西 經度 交叉點인 一百 八十度를 當한 날이라고 한다. 여기에서 하루를 빼어[50] 야 日字 計算이 맞는 까닭이다. 보잘 것 없는 것도 人間이지마는 偉大한 것도 人間 이다. 大洋 浮島인 一片 船上에도 無線 電報를 通하여 世界 消息을 傳하는 船中, 一 日 新聞을 박어서 船客에게 돌리고 甲板 위에는 낮이면 運動會가 열리고 밤이면 舞踏會가 열리며 活動寫眞과 演劇이 나온다.

同年 十月 十二日 아침이다. 멀리 富士山이 보인다. 여러날 동안에 그립던 陸地 도 반가우려니와 더욱이 오래 동안 그립던 東洋 山川이 반갑다. 때는 午前 十一時 인데 배는 橫濱港에 닿았다. 水上警察과 海關 稅務官은 어느덧 甲板위에 올라서서 船客의 旅行券과 짐을 調査한다. 모든 절차가 끝난 뒤에 船客은 長蛇陳으로 上陸 한다. 그 埠頭에는 나와 서로 顏面이 있는 사람은 한분도 없었다. 그러나 내가 그 대로 온다고[156] 消息을 듣고 마중을 나오신 분은 崔承萬氏와 朴思稷氏와 閔兪鉉氏 와 安相祿[157]氏었다. 이 분들은 큰 종이에 내 姓名을 써서 들고 出入口에 서서 기 다린다. 이것을 본 나는 반가워서 곧 그 분들에게 인사를 한 뒤에 짐을 찾아 東京 으로 부치게 하고 그 분들과 作伴하여 東京으로 들어가서 두달 半이나 머물게 되

---

155 [편주] 十月 一日 : '十月 二日'의 오식.
156 [편주] 내가 그대로 온다고 : '내가 그 배로 온다는'의 오식.
157 [편주] 安相祿 : '安相綠(안상록)'의 오기.

었다.

視察團도 힘있는 紹介가 아니면 視察의 目的을 達하기가 어려운데 하물며 個人이야 더 말할 것도 없다. 내가 歐美各國의 視察은 有力한 분의 紹介書를 많이 가지었기 때문에 뜻과 같이 이루었다. 그러나 앞으로 視察을 할려는데에는 새로 힘있는 紹介書를 얻지 아니하면 아니 되겠다. 그래서 朴思穆氏와 閔奭鉉氏를 通하여 阪谷芳郎과 阿部充家를 알게 되어서 그 분들의 紹介로 東京 商工 會議所와 大阪 商工 會議所에 가서 紹介書를 얻어가지고 日本 안의 各方面 商工業을 視察하게 되었다. 그래서 東京 大阪 京都 神戶 廣島 八幡 前橋 飯能等地의 二十 五個所의 工場을 視察하고 또 그 분들의 紹介로 十六個 專門 大學校를 視察하고 [51] 其他 諸般 會社의 施設을 視察한 뒤에 玄海灘을 건너던 날은 一九二九年 一月이었다.

鮮明한 아침 해빛에 그립던 故鄉 山川은 아득히 눈 앞에 보인다. 어느덧 連絡船은 釜山 棧橋에 닿았다. 埠頭에는 伯兄으로부터 家族 一團과 여러 親知들이 마중을 나왔다. 이제는 긴 旅行의 疲勞를 東萊 溫泉場에서 풀게 되었다. 여기에서 며칠 쉬어가지고 故鄉에 돌아가서 數日을 머물고는 다시 떠나서 朝鮮 各地를 視察하려고 먼저 京城으로 왔다. 서울에 오자 먼저 調査한 것이 朝鮮語 研究機關과 朝鮮語 研究者이다. 이 方面同志者의 歡迎밑에서 朝鮮語學會(當時에는 朝鮮語 研究會라 하였음)에 入會하였다. 그리고는 서울에서 各 方面을 視察하고 調査한 뒤에 나는 全朝鮮視察의 八個月 프로그람을 세웠다.

왜 이런 順序를 定하였느냐 하면 첫째는 世界 各國을 視察하던 印象이 깊이 있고 知識이 새로워 있을 때에 朝鮮을 보아야 比較觀에서 認識이 잘될 것이오, 둘째는 나의 움직이어 갈 前程에서 自信을 얻고자 하는 것이다. 나의 旅程의 順序는 第一路로 京義線 第二路로 湖南線 第三路로 京釜線 第四路로 咸鏡線이다. 이 四大幹線을 中心하여 가지고 또 支線과 自動車線과 船路를 連絡하면서 全 朝鮮을 一週할 때에 滿洲의 安東縣과 龍井市를 兼하여 돌게 되었는데 視察의 프로그람은 어떻게 짰는냐 하면 實業界와 敎育界와 思想界를 中心하고 名勝 古蹟을 加味한 것이다. 이런 프로그람의 目的을 잘 達成하는 데에는 方法이 바로 서야 될 것이니 第一 重要한 것은 좋은 引導者를 얻는 問題이다. 여기에 對하여 좋은 案을 하나 생각 하였으나[158] 곧 新聞社 支局을 應用하는 것이다. 그래서 東亞日報社 朝鮮日報社 中外日

報社에 各各 自己 新聞支局으로 돌리는 紹介書를 파스 처럼 써서 달라고 請하였더니 親切히 써 주심으로[52] 그 석장의 파스 紹介書를 가지고 많은 便宜를 얻었다.

위에 말한 프로그람으로 八個月 동안에 視察한 것은 工場을 中心하고 鑛山 農場 漁場을 合하여 一百 二十 六處이요. 大, 中, 小學校를 中心하고 또 圖書舘 新聞社 寺刹을 合하여 九十 八處이다. 旅程의 最終線을 마치고 돌아오는 길에 世界 名山인 金剛山을 두루 구경하고 九龍淵 맑은 물과 海金剛 滄海물에 塵世의 더러운 몸과 마음을 씻어 바리고 외로운 몸으로 서울로 돌아왔다.

끝으로[159] 世界 旅行과 아울러 國內 旅行의 所感을 말하겠다. 朝鮮은 半島로 山野와 江海가 調和된 것이나 또 佳麗한 것이 世界에 첫째 가는 것은 틀림이 없고, 海陸 物産이 具備하고 豐富한 것이나 춥도 덥도 아니한 健康氣候로 果然 理想的 樂園이다. 이러한 곳에서 많은 自然의 惠澤을 입고 사는 朝鮮民族이라 安樂을 좋아할 것도 自然이다. 그러나 한 國民이 安樂에 빠지면 그 國家가 微弱하거나 滅亡하기가 쉽다. 이것을 생각할 때에 朝鮮民族의 將來를 爲하여 그 故土인 滿洲 大陸으로 進出하여 西北[160]利亞에서 얼음을 깎던 겨울철의 칼날바람에 살을 에어가는 듯하는 苦와 또는 蒙古沙漠의 모래에 달구어 나오는 여름철의 불꽃 같은 바람에 살을 익히는 듯하는 苦를 맛보아 大 自然의 威力과 싸우고 사는 忍苦 鍛鍊하는 어떠한 逆境에도 살아 갈 수 있는 百姓이 되어야 한다. 그래서 이제 朝鮮民族은 高句麗의 武强을 加하지 아니하면 아니 되겠다는 생각이 났다.[53]

---

158 [편쥐 하였으나 : '하였으니'의 오식.
159 [편쥐 끝으로~ : 초고의 이우식 씨에 대한 감사 글—"나의 學費와 歐美及朝鮮의 視察費를 負擔하야 주신 李祐植氏의 原意는 永遠히 잊지 못하며 感謝를 드리는 바이다. 丙子年 六月二十二日 京城府 鐘岩里에서"가 삭제되었다.
160 [편쥐 北 : '比(비)'의 오식.

吉敦事件 眞相 調査와 在滿同胞 慰問

在滿 同胞 慰問使 兼 滿洲 當局 交涉使로 一九三〇年 九月 三十日에 서울을 떠나 奉天, 長春, 吉林, 鮫河,[161] 敦化 各地를 巡廻하고 十月 二十五日 京城으로 돌아오다.

이 吉敦事件이란 것은 當時에 中國領土인 滿洲의 吉林과 敦化 사이의 鐵道 沿線 各地에 사는 朝鮮 同胞에게 滿洲當局이 苛酷한 彈壓으로 追出[162] 殺害等 慘變이 있었다. 그 原因은 朝鮮同胞中 共産主義者의 어떠한 陰謀가 있다는 것이다. 當時의 滿洲 當局은 張學良氏가 奉天省長 兼 東北軍總司令으로 張作相氏가 吉林省張 兼 東北軍 副司令으로 熙洽氏가 東北軍 參謀로 있었다.

吉敦事件이 發生하자 朝鮮內의 同胞는 물 끓듯이 떠들어 言論界는 緊張하여졌다. 그래서 新聞會[163]를 中心한 各社會團體는 聯合 會議를 하고 그 對策을 協議한 結果로 在滿同胞慰問使 兼 滿洲 當局 交涉使를 派遣하기로 되었다. 九月 初에 서울을 떠날 준비를 하는데 時日이 促迫하였기 때문에 自動車로 나를 同伴하여 다니시는 兪鎭泰氏와 徐延禧氏는 먼저 나를 派遣하는 各 社會團體를 訪問하고 滿洲 官憲과 滿洲 各地 商會와 新聞社 紹介書를 얻어 가지고 서울을 떠나라고 하였다.

그러나 그 때에 꼭 떠나야 될 날자는 하루 밖에 남지 아니하였다. 그래서 나는 自動車 위에 올라 앉아 兪, 徐 두 先生에 對하여 "先生님들 오늘 프로그램은 저에게 一任하여 주십시오, 時間이 오늘 하루 밖에 없으니 길을 바로 잡아 다니지 아니하면 失手하기 쉽습니다. 派遣하는 우리 社會 團體보다 먼저 中國 사람의 機關부터 찾아 가서 이것도 54 外交 使節인 것만큼 그들에게 그 나라에 어떠한 使命을 가지고 간다는 것을 通情하고 紹介書를 받는 것이 急합니다. 우리 社會 團體만은 時間이 없으면 다니어 와서 人事를 가도 괜찮습니다." 自動車를 바로 明治町에 있는 中國總領事館으로 몰아 달리었다.

---

161 [편주] 鮫河: '蛟河(교하)'의 오식.
162 [편주] 追出: '逐出(축출)'의 의미.
163 [편주] 新聞會: '新幹會(신간회)'의 오식.

그래서 總領事와 面談하고 滿洲當局과 또 다른 여러 機關에 가는 紹介書를 받아 가지고 그 다음에 南北 各 總商會로 달리어 가서 亦是 여러 紹介書를 얻어 가지었다. 그 다음에는 조금 時間 餘裕가 있기에 이제는 自動車를 먼저 慶雲洞에 있는 衡平社 집으로 달리었다. 運轉手다려 "자, 이제는 衡平社로 갑시다"고 하니 兪, 徐 두 先生은 나를 멀그럼이 쳐다 보며 "여보 어째서 먼저 白丁의 자식들이 모인 衡平社로 가자는 말이오"하고 어이가 없다는 態度를 보이었다. "예, 時間이 모자랄가 하여 먼저 衡平社로 갑니다. 다른 社會團體는 다니어 와서 人事를 가도 괜찮습니다. 만일 다른 데를 먼저 가고 衡平社를 빼놓았다가 뒤에 간다면 그들은 아직도 階級觀念이 있는가고 섭섭하게 생각할 수 있는 까닭입니다. 다른 社會 團體야 그런 念慮가 없겠지오"하였더니 두 先生은 씩 웃으면서 "참 政治家 資格이 있소"하였다. 이 날에 불이야 불이야 달린 自動車의 速力은 人事 訪問을 다 마치게 되었다.

그리고 서울을 떠나는 前日의 各 新聞에는 (東亞, 朝鮮, 中央) 일부러 시키어서 나의 寫眞을 크게 내고 記事를 잘하라고 부탁하였다. 그래서 그 新聞을 各各 한장식 얻어오라고 하여 그것으로써 旅行券 대신에 나의 身分을 證明하게 하였다. 滿洲 事情을 잘 아는 나는 鬼神 모르게 죽지 아니할 準備를 한 것이다. 그리고 一九三〇年 九月 三十日 下午 七時 二十分 特急 列車로 各 社會 團體의 餞別 속에서 京城驛을 떠나서 滿洲 安東驛으로 向하였다. 翌日 곧 十[55]月 一日 天氣가 陰雨하고 벌써 설렁 설렁 秋風이 부는데 午前 七時 十五分에 安東縣에 到着하였다.

서울을 떠날 때에 徐廷禧氏로부터 自己의 아들인 徐範錫氏를 찾아 만나서 吉敦 事件을 調査하기 爲하여 東亞日報社의 特派員으로 갔던 關係를 말하고 그에게 豫備 知識을 얻어 가지고 가라는 付託을 받았기 때문에 나는 徐範錫氏의 집을 찾아서 그를 만나 좋은 參考談을 많이 들었다. 그리고 나는 무엇 보다도 내가 마땅히 찾아 갈 곳과 또는 그곳에서 中央으로 가장 安全地帶에 이름이 들난 큰 中國旅舘의 이름을 붙어서 手帖에 적었다. 이렇게 한 것은 滿洲事情에 精通한 내가 自己의 生命을 安全하게 하려는 것이다. 만일 구석진 곳 조그마한 旅舘에 들었다가는 어느 方面에서나 내가 吉敦事件의 眞相을 調査하고 돌아와서 發表한다면 自己들에게 不利한 點이 있을 것을 꺼리는 便에서는 나의 生命에 加害도 忌憚없이 行할 것을 아는 까닭이다. 同日 곧 十月 一日 上午 十一時 四十分 車로 安東驛을 떠나서 安

奉線의 秋景을 느끼면서 下午 七時 五分에 奉天驛에 到着하였다.

京城驛을 떠날 때에 벌써 高等係 刑事는 따라 온다. 그리하여 車中의 移動 警察은 서로 서로 聯絡하여 奉天驛에 나리니 奉天의 刑事는 驛頭에서 나를 맞아 제 마음대로 어느 旅舘을 指定하려고 한다. 그러나 내가 그런 者의 말을 들을 理가 萬無하다. "旅舘을 指導하여 주시려 하니 고마우나 내가 들 旅舘은 벌써 奉天 南市場에 있는 新旅舍로 작정되어 있소"하였더니 그는 "예 그렇습니까 그러면 곧 가서 뵈옵겠습니다"하고 갔다. 내가 그 旅舘에 들어가자 곧 그 刑事는 따라 왔다. 그래서 나의 日程과 行動의 프로그람을 물어서 적어 쥐고 편히 쉬라 하고 나갔다.

十月 二日에는 天氣가 陰雨하고 氣冷한데도 不拘하고 서 56 울에서 받아가지고 온 中國 總領事舘과 總商會의 紹介狀을 가지고 外交 活動을 開始하게 되었다. 그리하여 總商會를 訪問하고 이 날에 會談의 晩餐 招待를 받은 뒤에 저녁 九時 二十分 車로 奉天驛을 떠나서 長春으로 向하였다.

十月 三日 上午 七時에 長春驛에 到着하니 驛頭에 日本正服 警官은 나의 行方과 프로그람을 調査한다. 이때에 나는 가지고 온 新聞을 보이어 身分을 證明시키었다. 이것을 當한 뒤에 長春 總商會를 訪問하여 韓中의 親交를 敦睦하게 하고 午後 二時에 長春驛을 떠나서 同 五時에 吉林驛에 到着하니 亦是 驛頭에는 吉林 日本 領事舘 刑事가 나를 맞이 한다. 나는 吉林 中央에 있는 大東旅舘에 들었다. 吉敦事件으로 朝鮮에서 派遣된 李克魯가 프로그람대로 某日 某日에 某處 某處에 到着한다는 新聞 報導를 들은 親知들 中에 西間島 桓仁縣 東昌學校에 있을 때에 親한 金奎煥氏와 承震氏 두분이 吉林驛까지 마중을 나왔다가 그 뒤에 이어서 旅舘까지 와서 親切히도 그 곳 事情을 잘 말하여 주어서 내가 活動하기에 큰 도움을 얻었다. 旅舘에 들자 말자 驛頭까지 나온 吉林 領事舘 刑事는 들어와서 여러 가지를 調査한다.

그리고 돌아간 그 刑事는 그 翌日 아침에 다시 찾아와서 半 命令的의 말로 "日本 領事舘을 찾아보고 여러가지 사정을 잘 들어가지고 가라"는 말을 하기에 나는 當場에 그럴 必要가 없다고 말하였다. "領事舘에서 들을 말씀은 서울 앉아 朝鮮總督府에서 들을 수 있다. 거기에서 못 듣는 이 곳 朝鮮同胞에게서만 들을 수 있는 그 것 때문에 내가 滿洲를 訪問한 것이고 당신도 이곳 事情을 잘 아시려니와 내가 吉林에서 日本 領事舘을 訪問하였다는 所聞이 滿洲에 있는 朝鮮同胞에게 들린다면 내가 목숨을 가지고 朝鮮으로 돌아 57 갈 줄 아시오"하였드니 그는 곧 對答하는 말이 "그리하면 鴨綠江만 건너서면 자미 없을걸요"하고 威脅의 말을 한다. 나는 곧 받아서 "어찌하고 어찌해 그래 당신 報告 한마디에 李克魯가 鴨綠江만 건너서면 곧 留置場으로 들어갈것 같소, 이것은 누구에게 하는 버릇이오"하고 딱 버티었더니 그는 기가 막히는지 가만히 있다가 "예 그렇겠습니다"하고 떠나가고 말았다. 그리한 다음날에 親友 金奎煥氏는 나를 찾아와서 "여보 큰 일 났소, 어제 당신을 찾아 왔던 領事舘 刑事가 中國 憲兵隊에 電話하는 것을 곁에서 들었는데 어제 大東旅舘에 든 李克魯는 朝鮮 共産黨의 한 要人으로 이번에 滿洲에 있는 共産黨과 聯絡을 取하기 爲하여 이곳에 왔다"고 하였다 하면서 걱정을 한다.

그래 今後에 情報나 잘 모아 주시오 하고 흩어졌다. 내가 吉林에 到着 되었다는 말을 듣고는 西間島 桓仁縣 東昌子村에서 나에게 배운 學生이었던 中國 말을 잘하는 李丙麟君이 찾아왔기에 그를 通譯者로 官廳 交涉에 同伴하여 다니기로 約束하였다. 그리고 天道敎會 代表로 在滿 同胞 情形과 吉敦事件의 眞相을 調査하러 온 金起田氏와 세 사람이 同伴하여 自動車를 타고 吉林省廳을 訪問하니 省長 兼 東北軍 副司令인 張作相氏는 奉天으로 가고 그의 代理로 熙哈氏가 있다. 그리하여 우리는 熙哈氏와 吉敦事件과 在滿 朝鮮 同胞의 問題를 交涉하고 떠나서 旅舘으로 돌아오고말았다. 五月과 六月은 吉林市에서 사는 여러 同胞의 집을 訪問하고, 七月에는 獨逸 伯林에서 親하게 지낸 中國人으로 이때에 吉林大學 總長으로 있는 李綸三氏를 그 學校로 訪問하여 58 韓中 親睦을 相談하였다.

十月 八日에는 吉林 總商會를 訪問하고 吉林 居留 同胞의 晩餐 招待로 열린 歡迎會에 臨席하여 朝鮮內의 情勢와 其間中國 當局과의 交涉 顚末을 말하고 今後 在滿 同胞의 韓中 親睦을 力說하고 旅舘으로 돌아오니 참 아닌게 아니라 數日前에 말성을 부리던 總領事舘의 刑事의 陰謀는 中國憲兵隊에 交涉이 들어서 憲兵들이 나의 宿所를 調査하고 가면서 내가 들어 오는대로 곧 憲兵隊로 들어 오라는 付託을 主人에게 말하고 갔다는 말을 하는 主人은 매우 不快한 態度로 今年에 運數가 좋지 못하여 中秋 明節 날에(이날이 陰曆 八月 十五日이다) 官災를 만났다고 한다. 이 말을 들으니 아마 憲兵들이 相當히 主人에게 귀찮게 나의 其間 行動에 對하여 調査한 모양이다. 나는 "걱정 마시오. 내가 내일 憲兵隊에 가서 말을 할터입니다."하였다.

그래서 翌日 午前에 憲兵隊로 가서 憲兵隊長을 만나서 내가 朝鮮으로부터 派遣된 使命을 말할 때에 먼저 굴러놓기 爲하여 첫번 말이 四月[164]에 熙哈長官을 만나서 交涉한 일이 있다고 하였더니 그 때에 共産黨의 密使로 온 것이 아닌 것을 알고 곧 謝過하는 말을 하면서 大端히 未安하게 되었다 하며 今後의 나의 行方을 묻기에 蛟河와 敦化로 가겠다고 하였더니 그러면 그곳 憲兵隊에 聯絡을 取하여 旅行의 便利가 있게 하여 드리겠다 하고 親切히 對接하여 주었다.

十月 十日에 日氣는 음산하고 찬 때이었다. 午前 七時發車로 吉林驛을 떠나서 同 十時에 蛟河驛에 到着하여 이 곳의 有力한 同胞 安東烈氏 宅에 主人을 定하고 市內 여러 同胞의 집을 慰勞 訪問하였다. 十一日에는 蛟河公安局(警察署)을 訪問하고 吉敦事件으로 留置되어 있는 同胞들을 빨리 釋放하여 달라는 交涉을 하고 나와서 그곳의 商會와 農會를 訪問하고 韓中 親睦의 懇談을 하고 떠났다.

十月 十二日(일요일) 午前 十時 車로 蛟河驛을 떠나서 午後 一時 半에 敦化驛에 到着하였다. 中國 旅舘 菊生旅舘에 주인을 定하고 同胞 諸家를 訪問하게 되었다. 이 곳은 吉敦事件의 中心地인 것만큼 被害 家庭이 많았다. 撫松縣에서 [59] 親하게 지내던 李顯翼氏를 이 곳에서 만나 이분의 案內로 十三日에는 被害 遺族을 訪問하고 慰問金을 드린 뒤에 또 憲兵隊와 公安局을 訪問하고 交涉하여 今後의 朝鮮 同胞의 保護에 特別히 힘써 달라는 付託을 하고, 午後 二時 四十分車로 敦化驛을 떠나서 午後 九時 十分에 吉林驛에 到着하여 大東旅舘에 돌아와 다시 주인을 定하였다. 十月 十四日에 吉林 官衙를 다시 訪問하고 各地 巡廻한 精勢를 報告하고 今後 在滿 朝鮮 同胞의 特別 保護를 懇請하고 奉天에 時在한 吉林省 軍民 最高 責任官인 張作相氏에게 聯絡하여주기를 請하고 作別 인사를 한 뒤에 떠났다.

十五日에는 吉林市에서 吉林大學과 女子中學校와 第 五中學(男子)을 視察하였다. 十六日 午前 七時 車로 吉林驛을 떠나서 午後 九時 四十分에 奉天驛에 到着하여 南市場 新旅社에 주인을 定하였다. 十七日에는 日氣도 晴明하고 溫和하였다. 滿洲의 最高 學府로 現代式 大規模의 施設을 가진 東北大學을 視察하게 되었는데 여기에서 내가 感慨한 느낌이 생긴 것은 工學部長으로 있던 趙厚達氏의 遺像을 大學案

---
164 [편쥐]四月 : '四日'의 오식.

內書에서 볼때이었다. 이는 上海 同濟大學 時代에 나를 協助하던 親友일 뿐만 아니라 滿洲의 日本勢力 關係로 韓滿 同志會를 主唱하던 愛國者로 志氣 相通하는 同志이었기때문에 만일 이 趙氏가 生存하였더면 내가 움직이는데 큰 도움이 있을 것도 생각된다. 이 東北大學을 視察한 뒤에 이어서 北陵을 구경하려 갔다. 奉天에서 北陵이라 하면 滿淸 皇陵으로 有名한 古蹟이다. 그 規模야 말로 大規模的이다. 當代 亞細亞을 흔들던 英雄의 英氣와 雄心이 이 陵에도 떠돈다. 陵위에 선 秋草는 秋風에 흔들려 英雄의 魂魄의 슬픔을 나타내는듯 하였다. 이것은 곧 日本의 勢力 밑에 있는 滿洲의 現狀을 靈魂이라도 있다면 설어 하겠는 까닭이다. [60] 十月 十八日 午前에는 金起田氏와 同伴하여 張作相 將軍을 그 官舍에 訪問하게 되었다. 名啣을 守衛 受付處에 드리니 案內者는 우리를 引導하여 應接室로 드린다. 조금 있더니 守衛兵이 大師라고 소리를 지른다. 이 때에 張作相氏는 그 巨軀로 武人다운 氣像으로 幕下官을 모시고 應接室로 들어온다. 우리는 일어서서 그를 맞아 드리었다. 그리하여 여러가지 吉林에서 지낸 일을 報告하고 또 在滿 朝鮮同胞의 將來를 相談한 뒤에 張學良 將軍의 面會 紹介를 請하니 곧 應諾하면서 留宿하는 旅舘으로 聯絡하여 드릴디이니 기다리라고 하였다. 그래서 우리는 곧 作別의 人事를 하고 나왔다. 그리고 이날에는 奉天의 名物인 喇嘛寺를 구경하게 되었다. 이 절은 佛敎의 宗派인 喇嘛敎의 절로 여러가지 宗敎硏究의 材料를 求할 수 있는 곳이다. 性生活의 佛像을 보는데 더욱 그러하다.

十月 十九日 午前에는 有名한 滿洲 皇宮이었던 博物舘을 구경하고 午後에는 撫順 炭鑛을 구경한다.

十月 卄日 아침에 張作相氏로부터 傳人하여 旅舘으로 편지를 보내었는데 오늘 저녁 七時에 張學良氏의 面會를 그의 官舍로 請한다는 것이다. 이 約束을 받은 나는 金起田氏와 함께 自動車를 타고 張學良氏의 官舍로 달리었다. 奉天城 中央에 있는 그의 官舍는 中國式 집의 接待室에 案內를 받아 들어 앉았다. 어듬침침한 방 벽에는 奉天省內의 各縣 知事의 名符가 붙었다. 아주 簡素하게 꾸미어 놓은 방이다. 約 十五分間 기다리었더니 中國 옷을 입은 中 늙은이나 된 사람이 와서 우리를 案內하여 다른 집으로 가는데 먼저 中門을 通하여 들어서니 크지 아니한 二層 洋屋이 나온다. 入口에는 憲兵이 서 있다. 이 집의 應接室에 들어가니 한 젊은 西洋 사

람이 앉았다. 곧 무슨 利權이나 얻으러 온 사람으로 나는 느끼어 졌다. [61] 우리는 이 洋室 應接室에서 한 五分間 기다리니 中國 옷 입은 젊은 사람이 우리를 案內하여 곧 그 옆房인 會議室로 드린다. 門을 여니 몸이 호리 호리 하고 키도 작은 아주 얌전한 선비 한 사람이 일어서서 우리를 親切하게 맞아 앉힌다. 아무리 보아도 武人 같이는 보이지 아니 한 張學良氏다. 이 사람보다 威風이 떠도는 것은 그 房 구석에 앉은 獅子 標本이었다. 이것이 아마 張氏 自己의 不足한 威風을 補助하는 것이 아닌가 생각 된다. 金起田氏와 나는 張氏와 한 卓子에 마주 앉아서 政談을 하게 되었다.

滿洲의 王位와 같은 最高位에 앉은 이 張氏를 만났으니 우리는 어찌 하였든 在滿同胞의 問題를 한번 톡톡히 交涉하려 하였다. 그 때에 滿洲는 中國 사람의 것보다 그 勢力에 있어서는 日本人의 것이다. 그런니만큼 張氏도 우리에 對하여 緊한 政談은 避하고 兩 民族의 親睦을 도모하는 懇談席이 되었는데 그는 朝鮮말을 몇 마디 배우면서 朝鮮語가 中國語와 이렇게 다르냐 하고 趣味 있게 생각하는 態度를 보이었다. 約 한時間 뒤에 親切한 作別로 그 官舍를 물러 나왔다.

十月 廿一日에는 奉天에 居留하는 朝鮮同胞의 歡迎 午餐會가 있어 그 동안에 滿洲 當局과의 交涉한 顚末을 報告하고 在滿 同胞의 現狀 實情을 많이 듣고 떠났다.

廿三日에는 金起田氏는 北京으로 가게 되어 서로 作別하고, 廿四日 午後 三時 半 車로 奉天驛을 떠나서 京城으로 向하다. 到處에 또는 車中에 日本 警察의 刑事는 늘 따르고있어 귀찮기가 짝이 없었다. 十月 廿五日 午前 九時 四十分에 明朗한 朝鮮 하늘을 이고 京城驛에 到着하였다. 奉天을 떠날 때에 新幹會 本部에다 電報를 치어서 알리었으므로 京城驛에는 多數의 親知가 歡迎을 나와서 新幹會 本部로 가서 暫間 쉬어서 이 날에 東大門 밖 常春園에서 各社 [62] 會 團體人이 모이어서 歡迎 晚餐會 兼 吉敦事件 實情 調査 報告會가 열리었다. 이 席上에 多數의 刑事는 눈에 불을 켜고 내 입에서 떨어져 나오는 말을 낱낱이 적고 앉았다.

十月 廿七日에는 中國 總領事舘과 中國 總商會와 各 新聞社(東亞, 朝鮮日報)를 訪問하고 人事를 닦았다. 그래서 吉敦事件 交涉事는 完了되었다.

朝鮮語 學會와 나의 半生

西曆 1929年 1月에 나는 十年만에 그립던 故國 釜山港에 到着하였다. 이해 4月에 朝鮮語 研究會(語學會 前名)에 入會하였다. 내가 처음 서울에 오자 朝鮮語 教育의 現狀을 調査하였다. 왜 그리 하였느냐 하면 나는 이 言語 問題가 곧 民族問題의 中心이 되는 까닭에 當時 日本 統治下의 朝鮮民族은 이 言語의 滅亡이 곧 따라 올 것을 보았기 때문이다. 그리하여 語文運動이 일어나지 아니하면 아니 되겠다는 것을 여러 同志들에게 말하였다.

이것으로서 民族 意識을 넣어주며 民族革命의 基礎를 삼고자 함이다. 그리하여 먼저 朝鮮 語文을 學術的으로 闡明하려면 亂麻와 같은 不統一의 綴字를 統一시키며 方言的으로만 되어 있는 말을 標準語를 査定하며 外國語 固有名詞와 外來語의 不統一은 그 表記法을 統一 시키지 아니 하고는 辞典도 編纂할 수 없기 때문에 經濟的 基礎를 세우기 爲하여 朝鮮語 辭典編纂會를 組織하였다.

그리하여 一面으로는 이 編纂會로서 語彙 蒐集에 着手進行하고 他 一面으로는 語學會로서 語文統一 工作을 着手進行하여 三年 間에 一百 數十回의 討議會로 朝鮮語 綴字法統一案을 내고 二年間의 討議로 朝鮮語 標準語集을 내었으며 十年을 두고 研究 討議로 外來語 表記法의 統一案을 내[63]었다. 그리고 月刊 雜誌인 "한글"을 내어 朝鮮語 研究의 論文을 내며 材料를 提供하여 朝鮮語文 教育의 指針이 되게 하였다.

이 한글 運動이야 말로 民族的 總動員이 되지 아니 하면 아니 되겠으므로 教育界. 言論界. 宗教界. 學生界를 總網羅하여 多年間 "한글" 講習會를 열며 方言을 調査하며 "한글" 討議會를 열며 朝鮮語文 出版을 活潑히 하며 또 널이[165] 讀物을 퍼트리기 爲하여 朝鮮 記念圖書 出版舘을 組織하였다. 그리하여 가진 方法으로써 組織的으로 語文運動이 深刻化하며 活潑하여 지게 되매 當時 日政 當局은 彈壓을 開始

---

165 [편쥐] 널이 : 널리.

하여 "한글" 講習會의 禁止, "한글날" 記念의 禁止, 警察署의 呼出, 結局 一九四二年 十月에 朝鮮語學會 檢擧事件이 생기었다. 그리하여 同志中 生命의 犧牲도 나고 말았다.

내가 朝鮮 땅에 들어선 날부터 國語 運動에 心力을 바치게 되므로 나의 家庭 生活이란 너무도 等閑하였다. 朝鮮語學會의 經濟的 基礎가 서지 아니한 것만큼 나의 家庭 뿐만 아니라 編纂室 同人들의 家庭은 다 굶는 때가 가다금 있었던 것도 事實이다. 그러나 이런 過去는 다 우리에게 한 試驗期로 보면 그만이다. 解放 朝鮮은 무엇보다도 우리의 語文을 解放하였다. 이제 숨을 조금 쉬게되니 安心이 된다. 이것도 天運인가 한다. [64]

노래

진혼곡鎭魂曲

1, 역사 오랜　조선 나라　멸망 당하니
　　충렬 사는　의분으로　일어 섰구나.
　　만주 들을　쓸고 오는　시비랴 바람
　　두만 압록　맑은 강물　얼어 붙쳤다.
　　서릿 발이　나는 칼날　번쩍거리니
　　적의 목은　낙엽 같이　떨어 지구나.
　　마주 오는　적의 탄알　가슴 뚫으니
　　거룩한 피　새론 역사　이뤄 주었디.

2, 조상 나라　위한 몸이　목숨 바치니
　　그 정신이　멀리 뻗쳐　교훈되구나.
　　몸은 죽고　혼은 남아　영원 무궁히
　　자자 손손　우리 들과　함께 살도다.
　　두견 새가　슬피 우는　저문 봄날에
　　적국 일본　사꾸라도　떨어졌구나.
　　충렬사여　두눈만은　감아 주소서
　　우리들은　새 나라를　세우오리다.

　　1946년 10월

漢 江 노 래

1, 한강은 　　조선에서 　　이름 높은 강
　　멀리서 　　태백산이 　　근원이로다.
　　동에서 　　흘러나와 　　서해로 갈 때
　　강화도 　　마리산이 　　맞이하누나.

2, 강역은 　　한폭 그림 　　산과 들인데
　　초부의 　　도끼 소리 　　멀리 들린다. 65
　　점심 밥 　　이고가는 　　농촌 아가씨
　　걸음이 　　바쁘구나 　　땀이 나누나.

3, 한양성 　　싸고 도는 　　저 물굽이에
　　배 띄운 　　영웅 호걸 　　몇몇이더냐?
　　강천에 　　훨훨 나는 　　백구 들이나
　　아마도 　　틀림없이 　　알까 합니다.

4, 산 넘어 　　물 건너서 　　저기 저 마을
　　우리의 　　부모 처자 　　사는 곳일세.
　　떼배에 　　한가하게 　　앉은 사공들
　　기뻐서 　　이 강산을 　　노래 합니다.
　　1941년 3월

낙 동 강 (곡조는 육자배기)

1, 낙동강 칠백리 흘러 간 저 물이
　　태평양 위에서 태평가 부르네.

2, 진주 앞 흘러 온 저 맑은남강 물
   합강 된 거릉강 경치도 좋구나.
3, 강 녘은 열려서 너른 들 많은데
   곡식이 익어서 황금 밭 됐구나.
4, 김 유신 칼 갈고 솔거가 붓 씻어
   신라를 빛내던 낙동강 이로구나.
   1939년 10월

埃及金字塔上感吟 애급 금자탑 위에서 음

金字塔高衝天立 금자탑은 높이 하늘을 뚫고 섰구나
埃及文化於此觀 애급 문화를 여기에서 본다.
那逸江水流不息 나일 강은 흘러 쉬지 아니하고
思賀沙風吹不盡 사하라 사막 바람은 불고 있다. [66]
惠哈王魂尙不減 헤홉 왕의 넋은 아직도 살아 있어
北望可市恨不盡 북쪽으로 카이로를 바라보고 운다.
東西古今遊覽客 예나 이제 구경 다니는동서양 나그네
更新社稷興亡觀 나라의 흥망이 덧없음을 새로느낀.

吟羅馬教皇廳 로마 교황 청을 읊음

統世政治英雄夢　온 세상을 다스리고 저함은 영웅의 꿈이다.
尙今未見事實成　그러나 아직도 그런 일을 이룸을 못보았다.
猶有羅馬敎皇權　오직 로마 교황의 권세 만은
率其天下在此城　그 천하를 거느리고 이 성에 있다.
1901년[166] 6월

吟羅馬市 로마를 읊음

羅馬文明發祥地　로마 문명이 일어난 이 땅은
探訪處處自拜禮　찾는 곳마다 절로 절하고 싶다.
伊人傳統藝術生　이태리 사람은 전통적으로 예술의 생활
日日歌舞從古例　나날이 하는 노래와 춤은 옛날 전례를 좇누나.
1921년 6월

咸興 刑務所에서

一, 從來水雲生 何避獄中人

---

166 [편주] 1901년 : '1921년'의 오식.

본디 닥치는 대로 사는 이가

어찌 감옥 살인들 피할 사람인가.

幾度臨死境 神助救命人 [67]

몇 번이나 죽을 뻔하였는데

하느님이 도와서 살아난 사람이다.

如我得福者 豈多此世人

나와 같이 복을 받은 사람도

어찌 이 세상 사람에 그리 많겠는가.

唯謝旣受恩 將任天意人

오직 신에게서 이미 받은 은혜를 감사할 뿐이요

장례 일은 하느님 뜻에 맡긴 사람이다.

二, 其人犧牲一時事 正義眞理永遠生

그 사람의 죽음은 한 때 일이나

정의와 진리만은 영원히 산다.

一部血球當犧牲 貴重身命全體生

한 부분 혈구가 희생을 당하여

귀중한 몸의 전체가 산다.

天地之間萬物中 永生全生唯人生

천지 사이 만물 가운데

사람만이 영원히 전체로 산다.

欲求心身健康福 多事緊張忘死生

맘과 몸이 튼튼한 복을 구하려거든

일이 많아서 생사를 잊어 버려라.

三, 忍苦編辭典 士道盡義務

어려움을 참고 사전을만들은

선비의 도리에 의무를 다함이다.

此亦犯罪事 終當始皇手

이런 일이 또한 죄가 되어서

마침내 진시황의 솜씨를 만났다.

打胸欲痛哭 奈何不自由

가슴을 치며 울고는 싶으나

어찌하느냐, 이것도 자유가 없다. 68

深夜監房中 獨臥只落淚

깊은 밤 감옥 방안에서

홀로 누워 눈물만 흘린다.

四, 新秋子夜虫聲亂 獄中囚人寢不安

새 가을 한밤중에 벌레소리가 시끄러워서

옥 안에 같힌[167] 사람이 잠들지 못한다.

稚子弱妻近如何 責任所感心未安

어린 자식과 약한 아내는 요사이 어떤가

책임을 느끼매 마음 편하지 못하다.

士道三素 (獄中修養標語) 선비의 도의 세 가지 근본 (옥중에서 수양하던 표어)

一, 感天至誠心 하느님이 느끼는 정성스러운 마음
二, 硏成專能力 힘써 이룬 오로지 능한 힘
三, 共榮大公德 함께 잘 사는 큰 공중 도덕

---

167 [편쥐 같힌 : '간힌'의 오식.

道生箴一 ^(獄中修養標語) **도로써 산다.** (옥중에서 수양하던 표어)

一, 經事得道 일을 경험하여 도를 얻었으니,

二, 是爲眞道 이것이 참 도가 되고,

三, 得道自生 도를 얻어서 절로 사니,

四, 是爲眞生 이것이 참 사는 것이다. [69]

朝鮮語 學會 事件—咸興地方法院 豫審 終結書 一部

被告人 李克魯는 어릴때 書堂에서 漢文을 배워 私立 初等學校 高等科 一年을 마친후, 열 일곱살 때 滿洲를 건너 가서 通化省 桓仁縣과 撫松縣에서 初等學校의 教員을 하여, 大正 四年에 上海에 가서 獨逸人이 경영하는 同濟大學에 入學하였다. 大正 九年 同 大學 本科 工科 一年을 중도 퇴학하고 그 다음해 上海派 高麗 共産黨의 영수 李東輝가 일크스크[168]派 고려 공산당내의 분쟁을 해결하려고 국제 공산당의 지시를 받기 위하여, 露都에 가는데 그와 同行을 하여 그 기회에 獨逸에 들어가서, 이듬해 大正 十一年 伯林大學 哲學部에 入學하여 工業 經濟를 專攻하는 한편 人類學 言語學을 연구하여 昭和 二年 哲學博士의 學位를 얻어 同 大學을 卒業하고 昭和 四年 一月에 朝鮮에 돌아온 者로서 滿洲있을 때 當地 조선 사람 사이에 퍼져있는 농후한 민족적 反日的 사상의 분위기에 물이 들어서 朴殷植 尹琦燮 申采浩와 같은 저명한 민족주의자와 접촉하여 그 教養 感化를 받아 더욱 민족적 종교인 大倧教에 入教하여 同教의 간부 尹世復(현 동교 제 삼세 교주)의 교양을 받아 열렬한 민족 의식을 품고 조선의 독립을 열망하여 조선 독립 운동에 일생을 바쳐서, 그 지도자가 되려고 뜻을 세워, 軍事學 연구를 하기 위하여 入露의 결심을 하였으나, 第一次 世界大戰이 일어나 그 뜻을 이루지 못하고, 그 후 大正 八年 萬歲 騷擾의 실패와 세계에 있어서 모든 民族의 興亡史와 獨逸 있을때 昭和 二年 白耳義 首都 브라슬[169]에서 개최 되었던 第一回 世界 弱小 民族 大會에 被告人은 조선 代表로서 출석하여, [70]

(첫째) 下關 條約에 依하여 보증된 조선독립 실행을 日本 정부에 요구할 것,

(둘째) 조선에 있어서 總督 政治를 직시 중지 시킬 것,

(세째) 상해 대한 민국 임시정부를 승인할 것, 등의 세 項目의 의안을 제출하여 조선 독립을 취하여 원조를 청하였으나, 채택 되지 않고 弱小民族 代表者 사이에

---

168 [편쥐] 일크스크 : 러시아어 표기는 '이르쿠츠크'.
169 [편쥐] 브라슬 : 브뤼셀.

서도 朝鮮의 존재를 대수롭지 않게 여기는 것 等을 보아 朝鮮 독립은 外力 依存의 근본 관념을 是正하여,

첫째 朝鮮民族의 文化와 經濟力을 양성 向上시키는 동시에, 民族 의식을 환기 앙양하여 독립의 실력을 양성한 다음 精勢를 보아 武裝蜂起 그 외 適當한 方法으로 독립을 실현시켜야 된다는 생각을 가지고, 다시 조선에 돌아오는 길에 米國과 布哇[170]에서 李承晩 徐載弼 그 외 民族主義者와 만나 의견의 교환을 하고 더욱 조선 독립에 대한 뜻을 굳게하여, 朝鮮에 돌아온 후 全鮮각지를 시찰한바, 갈바를 모르는 混沌된 朝鮮 民族運動, 더욱 실력 양성 운동으로서 文化運動의 不振된 모양을 통탄하는 동시에 朝鮮의 固有文化의 衰頹와 민족정신의 不統一은 무엇보다 조선 어문의 난립과 不統一에 起因 되었다는 것으로 보아, 이것을 정리 통일하려면 먼저 표준적 朝鮮語 辭典을 編纂하는 것이 빠른 길이라고 생각하여, 같은 뜻을 가진 民族주의자 申明均 李重乾과 李允宰(그 후 모두 세상을 떠났음)와 협의한 결과 조선어의 大家로서 일찌기 조선어 辭典 編纂에 경험 있는 上海 大韓民國 臨時政府 요인 金枓奉을 초병[171]하여 그 사람을 中心으로 李允宰를 上海에 보냈으나 金枓奉은 이것을 承諾하지 아니하므로 被告人들만이 이 계획을 실행하기로 決定하고 그 때 被告人 崔鉉培 張志暎 鄭烈模 들의 협력을 받아 각 방면의 명사 백 여명을 이 事業의 發起人으로서 권유하[71]여, 同年 十月 三十一日 京城府 水標町 朝鮮 敎育協會에서 창립총회를 개최하여 "朝鮮語辭典 編纂會"를 조직하고 被告人과 前記 申明均 李重乾 李允宰와 被告人 崔鉉培 외 일명이 상무위원이 되어 辭典 編纂에 착수하였으나,

(一) 조선어 辭典 編纂 事業의 進捗에 따라 표준적 조선어 辭典 編纂을 위하여, 그 기초 공작으로서 먼저 일반에 權威 있다고 인정하는 朝鮮語의 硏究 단체에 依하여 混亂될 朝鮮語의 "綴字"를 硏究한 다음에 이것을 정리 統一시킬 必要性을 痛感하는 同時에, 다시 나아가서 정리 統一된 朝鮮 語文을 널리 조선 민중에 선전 보급하는 것은 첫머리에 설명한 소위 語文 운동으로써 항상 생각하는 조선 獨立을 위한 실력 양성 운동으로서 가장 效果的인 것만 아니라, 이와 같이 不振된 朝鮮 文

---

170 [편쥐 布哇(포왜) : 하와이.
171 [편쥐 초병 : '초빙'의 오식.

化운동의 나아갈 길은 첫째 그 기초적 운동인 이 운동으로부터 시작하는 수 밖에는 아무런 것도 없다고 생각하였다.

昭和 五年 一月 下旬쯤 前記 教育協會內에 있어서 그 당시 米英에서 上海를 둘러 朝鮮에 돌아온 被告人 金良洙를 통하여 前記 金枓奉으로부터,

"한갓 조선 어문의 연구 또는 辭典 編纂은 民族운동으로서 아무런 의미가 없고 研究의 결과, 정리 統一된 朝鮮 어문을 널리 조선 民衆에 선전 보급함으로써 처음으로 朝鮮 固有文化의 유지 발전, 민족의식의 배양도 期할 수 있으며 朝鮮 독립의 실력 양성도 가능한 것이니 다음으로부터 이와 같은 方針으로 진행하라"

는 취지의 지시를 받음에 따라 더욱 語文 운동에 몸을 바치겠다는 決心을 굳게 하여 먼저 그 方法으로써 항상 不振하였던 "朝鮮語 研究會"라는 朝鮮語의 研究 단체가 被告人의 입회 아래 被告人의 朝鮮 語文에 대한 造詣와 그 研究와 熱意에 依하여 前記 申明均 李允宰와 被告人 崔鉉培의 [72] 열렬한 지지를 받아 갑자기 활기를 띠어 朝鮮 語文의 研究 단체 가운데 가장 유력한 단체가 되었을뿐만 아니라, 이 被告人들 수명을 中心으로 단체化 되어 있음을 다행으로 同會를 표면상 한갓 朝鮮語의 연구 보급을 目的으로 하는 단체처럼 만들어 놓고, 裏面에 있어서는 合法的으로 때를 이용하여, 朝鮮語와 文字 보급에 依한 조선 독립 단체로의 개조계획을 세워, 同年 九月부터 十一月까지의 그 사이에 前記 教育協會 안과 그외에 있어서 前記 申明均 李允宰와 被告人 崔鉉培 李熙昇들의 각별 혹은 회합 석상에서, 먼저 金枓奉의 지시 내용을 전하여 朝鮮語 研究會를 朝鮮 독립을 목적으로하는 語文운동 단체로 개조하려는 뜻을 고하여, 각각 그 찬동을 받아 昭和 六年 一月 十日 朝鮮 教育協會內에서 朝鮮語 研究會의 정기 총회에서 被告人으로부터 同會 개조의 참다운 사정을 비밀에 붙여두고 朝鮮語 研究會가 이밖에 同一 유사한 명칭의 단체가 있어 피차 混同되기 쉬우며 또 研究會란 명칭은 朝鮮 語文에 관한 최고 權威있는 단체의 명칭에 적당하지 아니하므로 이 때 그 명칭을 변경하는 동시에 朝鮮語 辭典 編纂會로 부터 同 辭典 編纂 기초 공작으로서 朝鮮語 철자법의 統一과 표준어의 사정에 대한 것도 위촉을 받은 일도 있으니 이 기회에 회원 각자의 研究機關으로부터 한걸음 나아가서 이것이 研究의 결과를 統一하여 적극적으로 朝鮮 語文의 보급 운동을 전개하려고 이 改造案을 제의하여, 申明均 李允宰와 被告人 崔鉉培 李

熙昇 네사람은 이 裏面의 사정을 알면서도 이것을 贊同하였고 내용을 모르는 다른 出席회원 被告人 張志暎 鄭烈模 李萬珪 李康來의 찬성을 얻어 "朝鮮語 研究會"의 개명과 同時에 그 목적 變更을 결정하므로써 申明均 李熙昇과 같이 표면상은 朝鮮語文의 研究 보급을 도모하는 文化단체와 같이 꾸며두고 裏面에 있어서 朝鮮語文을 정리 統一하여 이것을 朝鮮 민중 73 에 선전 보급하여 朝鮮 固有文化의 向上과 朝鮮민중의 民族 의식의 喚起昂揚에 依하여 朝鮮 독립의 실력을 양성하여, 이와 같은 독립을 실현시키기를 目的한 "朝鮮語 學會"라고 칭하는 결사를 조직하여, 그 後 同 結社의 中心 人物로서,

(첫째) 朝鮮 固有文化의 향상과 朝鮮民族의 민족 의식의 統一과 民族的 단결을 도모함으로써, 朝鮮 독립의 실력을 양성시켜야 될 것이나, 不統一과 구구한 文化와 意識의 분렬의 원인이 되어 있는 朝鮮文字의 철자법을 統一하여 이것을 朝鮮 민중에 선전 보급시킬 必要性을 느껴, 이 結社의 조직 후 얼마 안되어 李允宰 被告人 張志暎 權悳奎 金允經 李秉岐와 李萬珪 들과 합하여 朝鮮文字 철자법의 統一에 대하여 여러가지 협의를 거듭한 다음 昭和 八年 十月 京城에 있어서 中流 계급의 사용하는 朝鮮語의 발음을 표준하는 표음식 朝鮮語 철자법 통일인을 작성하여, 이것을 일반에 공포하여 다시 그후 被告人 李熙昇 鄭寅承과 같이 이것에 개정을 다시하여 昭和 十五年 六月에 이 개정안을 공포하였다. 그리하여 朝鮮日報 中外申報 東亞日報等의 각 諺文 신문과 鮮內에 있어서 발행되는 諺文 잡지에 대개 전부의 이 철자법을 채용하기를 請하였으며,

(둘째) 전과 같은 취지로써 鮮內 각 지방의 방언을 정리하여 표준적 조선어의 사정할 必要性을 느껴, 昭和 九年 十二月에 李允宰 被告人 崔鉉培 李熙昇과 前記 金允經 李萬珪와 협의한 결과, 被告人 李克魯 崔鉉培 前記 申明均과 李允宰 세사람으로서 그당시, 원안을 작성하여 이듬해 昭和 十年 一月부터 前記 朝鮮語 學會 事務所와 그밖에 있어 이상의 被告人 이외 被告人 張志暎 金允經 李萬珪 李康來 그밖에 사정을 모르는 많은 鮮內 各道 출신의 知名 人士와 함께 여러가지 협의를 거듭하여, 昭和 十一年 十月에 京城에 있어서 中流계급의 사용하는 언어로서 各道에 보편성있는 朝 74 鮮語를 표준할 조선어 표준어를 사정한 다음 이것을 同月, 後記 訓民正音 반포 기념 祝賀式의 석상에서 발표하는 同時에 그 당시 각 방면에 공포

하였으며,

(세째) 전과 같은 취지로써 外來語 卽 國語(여기의 國語는 日本語를 가리킴)와 外國語로서 朝鮮語로 사용되는 언어의 표기 방법을 統一하여야 될 必要를 느껴, 昭和 六年 一月 그믐께부터 被告人 李熙昇과 그때의 朝鮮語 學會 회원 鄭寅燮과 같이 다시 昭和 十三年 四月에 同會員 金善琪와 어울러 朝鮮語 學會 事務所에서 여러가지 협의를 거듭하여 外來語 표기법 統一의 초안을 작성하였으나, 그 뒤에 다시 被告人 李熙昇과 협의를 거듭한 다음 昭和 十六年 一月에 이 통일안을 결정하여 이것을 일반에 공포하였으며,

(네째) 昭和 四年 朝鮮總督府에 있어서 개정諺文 철자법을 발표한 결과 각 방면에서 이 새 철자법에 대하여 연구열이 높아감을 기화로 하여 ,鮮內 각지에 諺文 강습회를 개최하여 諺文의 강습에,

朝鮮민중의 민족 의식을 喚超[172] 昂揚시킬 계획을 세워 昭和 六年 七月 李允宰 被告人 崔鉉培 李熙昇과 前記 金允經 李康來 李秉岐 들과 朝鮮語 學會 事務所에 회합하여, 이 강습회의 개최에 대하여 여러가지 협의를 하는 同時에 그 강습회에 있어서 諺文의 역사성을 설명하여 諺文이 朝鮮민족과 불가분의 관계에 있는 것과 諺文을 연구하는 것이 곧 조선 민족 정신을 유지시킨다는 것을 강조하였다. 그리 하여 受講者의 민족의식의 喚超 昂揚에 힘쓰기를 협의한 다음 그해와 그 이듬해 昭和 七年의 각 七, 八月에 걸쳐 이 사람들 이외 前記 李萬珪와 함께 鮮內 각지에서 諺文 강습회를 개최하였으며 다시 昭和 九年 여름 같은 강습회를 개최하려고 하였으나 당국의 禁止를 당하여 이것을 中止하는 수밖에 아무런 道理가 없었다.[75]

(다섯째) 또는 朝鮮語와 文學의 보급과 조선 민족 의식의 昂揚을 위하여, 大正 十五年부터 京城府內 朝鮮人 유지가 李朝 世宗大王의 諺文 창정 반포와 당일을 기념하려고 매년 九月 二十九日 거행하고 있는 訓民正音 반포 기념 祝賀式을 朝鮮語 學會 주최 아래 거행하기로 하여, 昭和 六年부터 매년 陰 九月 二十九日 京城府內에서 李允宰 被告人 崔鉉培 李熙昇 張志暎 들과 같이 많은 朝鮮민중을 회합시켜서 이 祝賀式을 거행하여 世宗大王의 訓民正音 반포 서문의 낭독과 諺文의 優秀性을

---

172 [편주] 喚超: '喚起(환기)'의 오식.

강조하는 연설등을 하여서 농후한 민족적 분위기의 양성에 힘써왔으나, 昭和 十一年의 祝賀式 당일 여기에 이어서 前揭 朝鮮語 표준어의 발표를 하였던바 來賓으로 출석했던 民族 주의자 安昌浩가 "朝鮮민족은 祖先으로부터 계승해온 모든 것을 잊어버리고 결국은 國家까지 잊어버렸다. 다만 朝鮮語만을 보유하는 상태이므로 이것의 보급 발달에 힘쓰지 아니하면 아니된다"라고 不穩한 연설을 하여 당국의 주의를 받았으며, 또 그 이듬해 昭和 十二年 支那事變 勃發에 따라 당국의 취체 엄중하게 되었으므로 그 뒤에부터는 이 祝賀式의 거행을 中止하지 아니하면 안되게 되었다.

(여섯째) 朝鮮語와 文字 보급 발달에 依하여 朝鮮 固有文化의 향상을 도모하는 同時에 朝鮮민중의 민족 의식을 喚起 昂揚하기 위하여, 기관지의 발행을 決意하여 昭和 七年 一月 前記 事務所에서 李允宰 被告人 崔鉉培 李熙昇 張志暎 金允經과 李萬珪들과 같이 朝鮮語 學會의 기관지로서 "한글(正音)"이란 월간 잡지를 발행하기로 협의 결정하여, 그 후 昭和 九年 一月까지 前記 申明均 同年 四月부터 昭和 十二年 五月까지 李允宰 그 뒤에는 昭和 十七年 六月까지 被告人 鄭寅承으로 하여 각각 그 편수를 맡아서 매월 最低 六百部 最高 二千部의 월간 잡지를 발행하였[76]다.

(일곱째) 前記 朝鮮語 辭典 編纂會는 그 뒤에 재정난과 이상과 같은 朝鮮語 學會에 위촉된 朝鮮語 철지[173]법의 統一, 표준어의 사정등의 기초 공작의 必要가 있어 昭和 八年 六月頃부터 사실 辭典 編纂 事業은 中止되지 아니하면 안되어, 동회는 참으로 유명무실과 같이 되어 있었으나 이와 같은 辭典의 기초 공작도 차차로 완성되는 同時에 후단 (일곱째) 揭記한바와 같이 被告人 金良洙의 알선에 依하여 同 事業에 대한 재정 원조자를 얻게 되었으므로 이 中絶되어 있던 朝鮮語 辭典 編纂을 決意하여 昭和 十一年 三月에 前示 朝鮮語 學會 사무소에서 李允宰 被告人 崔鉉培 李熙昇들과 회합하여 협의한 결과, 朝鮮語 學會에 있어서 이 辭典 編纂을 계승하여 "朝鮮語 辭典 編纂會"의 編纂 방침을 그대로 답습하여 이 辭典 編纂을 계속하기로 하여 그 때 이 朝鮮語 辭典 編纂會와 의논하여 동회를 해산시켜 이 사업을 계승하여 다시 昭和 十三年 一月, 被告人 鄭寅承 李重華 韓澄(그 뒤에 죽었음) 과 語彙의

---

173 [편주] 철지법 : '철자법'의 오식.

채록 주해는 朝鮮 독립의 근본 목적이므로 民族정신의 고취를 일관시킬 취지의 아래에서 될 수 있는데까지 그 徹底를 期하는 同時에 적어도 朝鮮의 민족정신을 말살 혹은 해롭게 하는 文句의 사용을 피하고 이 주해가 당국의 檢閱될만한 範圍 內에 있어서 암암리에 民族 의식을 昂揚을 도모하는 硏究를 하는것을 협의 결정 하여, 그 다음부터 前記 朝鮮語 學會의 사무소와 昭和 十年 八月 京城府 花洞町에 이전하였던 同 結社의 사무소에 있어서, 이상의 方針에 따라 被告人 鄭寅承 李重 華 韓澄과 昭和 十三年 六月 朝鮮語 學會의 사무원으로 된 權承昱 이와 같이 同年 七月 사무원이 되어 前記 權憲奎 同 十六年 四月부터 사무원으로 된 被告人 丁泰鎭 들과 같이 한편 교묘하게 학술적인 朝鮮語 辭典으로 假裝하며, 그 사실은 朝鮮 [77] 固有文化를 向上시키며 朝鮮 민중의 民族 의식을 喚超[174] 昂揚시키는데 충분 한 朝鮮語 辭典의 編纂에 힘써 昭和 十七年 九月까지 收錄 語彙 약 十五萬語와 一萬 六千頁에 달하는 원고를 작성하였으며,

(여덟째) 朝鮮 독립의 실력을 양성하기 위하여, 朝鮮민족의 固有文化의 향상과 民族 의외의 喚超 昂揚의 길은 이상과 같은 각 方法을 실행하는 이외에 朝鮮語 出 版物의 보급을 시킬 必要가 있다고 생각하여, 이 方法으로서 泰國의 實例를 본받 아 널리 朝鮮민중의 冠婚 葬祭等의 비용을 節約시켜서 그 일부를 제공시켜 그 기 념으로서 朝鮮語의 도서를 출판하기를 계획하여 이것에 一般의 찬조 후원을 얻기 위하여서는 이것을 形式上 "朝鮮語 學會"의 사업이라 하지않고 鮮人 知名 人士를 회원과 그 역원이 되는 別個의 단체를 조직하기로 계획하여 昭和 十年 一月에 前 示 朝鮮語 學會 사무소에 있어서 被告人 崔鉉培 李熙昇 두 사람에 대하여 이 決意 를 말하고 의견을 求하여 그 찬동을 받으매 그 당시 同所에 있어서 李允宰에 대하 여 同年 三月에 淸進町의 被告人 李仁의 집에 있어서 同 被告人에 대하여 이 決意 를 말하고 협력을 청하여, 각각 그 찬동을 받은 다음 그 당시 사정을 모르는 각 방 면의 名士 二十名을 勸誘하여 그 發起人이 되겠다는 승낙을 얻어, 同年 三月 中旬 에 京城府 公平町의 요리집 太西舘에서 被告人 李仁과 李允宰 그밖에 사정을 모르 는 發起人 여러 사람과 같이 이와 같은 취지의 아래서 표면에는 단순한 出版事業

---

174 [편주] 喚超 : '喚起'의 오식.

을 경영하는 "朝鮮 記念 圖書 出版舘"이라고 稱하는 단체를 조직하였으나 그 뒤에
이 기념 출판의 신청이 없으므로 昭和 十三年 一月 被告人 李仁과 협의한 다음 同
被告人으로부터 그의 父母의 還歷 祝賀 費用 千 二百圓의 제공을 받아 이 사정을
모르는 前記 金允經의 저작인 "朝鮮文字及 語學史"라고 제[78]목된 서적 千部를
出版하여, 그 중의 五百部는 鮮內와 內地(당시 日本을 가리킴)의 각 도서관과 이름있
는 인사에 무상으로 분배하는 同時에, 그 나머지는 판매를 하였고, 다시 同年 二月
에 이 내용을 모르는 吳世億 이란 사람으로부터 그 결혼 기념으로서 四百圓의 제
공을 받아 이 사정을 모르는 盧良根이란 사람의 저작인 "날아 다니는 사람"이라
고 제목한 서적을 出版하기로 하여, 同年 十一月에 이것을 五百部 출판하여 각 방
면에 배부 하였으며,

(아홉째) 朝鮮語 學會에서 昭和 十年 四月에 被告人 金法麟을 昭和 十一年 四月
에 被告人 鄭仁承, 韓澄 두 사람을 각각 권유하여 이 결사에 加入시켜 이로써 前記
結社의 目的달성을 위한 행동을 하였으며,

(二) 이상과 같은 朝鮮語 學會를 조직하여, 朝鮮 독립의 目的 아래에 朝鮮 독립
을 위하는 실력 양성 운동으로서 文化 운동의 기초적 운동인 語文운동을 선개하
여, 차차 그 효과를 나타내어 온 뒤부터 다시 나아가서 같은 目的의 아래에 表面上
學術 硏究기관이란 것을 標榜하여 裏面에 있어서 朝鮮文化의 향상과 朝鮮정신의
宣揚을 도모하는 同時에 독립 운동의 투사와 독립 후의 지도적 인재의 양성을 위
한 結社를 조직하기를 계획하여,

(1) 昭和 十一年 一月에 京城府 花洞町 李允宰 집에서 同人에게 이 결의를 말하
고 그 贊同을 받아 黃海道 安岳의 부자 金鴻亮에게 資金을 제공하라 하여 이 結社
를 조직한 方針을 협의하였으나 出資하지 않으므로 이 계획은 頓挫되었으며,

(2) 다시 被告人 李祐植에게 出資시켜서 이 結社를 조직시킬 것을 계획하여 昭
和 十二年 五月에 安岩町의 普成專門學校 敎授 安浩相 집에서 이 事情을 비밀로 하
여 그 表面上의 계획을 말하여 被告人 李祐植에게 出資 권유의[79] 依賴를 하여
두었던 安浩相과 東亞日報의 記者 李殷相과 같이 被告人 李祐植에게 대하여 이 계
획의 槪要를 말하여 被告人의 참된 意圖를 추측시켜서, 同 結社를 위하여 出資를
요구하여 그 贊同을 받아서 資金 十萬圓의 제공을 승낙받아 이 資金으로써 財團法

人을 설립하기를 의논한 다음 그 당시 被告人 李祐植에 대한 交涉 결과를 말하여 그 협력을 청하여 贊同을 받은 다음 그달 七日에 京城府 本町 요리집 江戶川에서 被告人 李祐植 李仁 安浩相과 회합하여 同 結社의 財團法人으로서 조직하기에 대하여 여러가지 의논을 하였으며 다시 그달 下旬에 被告人 李仁 집에서 이 財團法人 설립 수속에 대하여 여러가지 의논하여 이것에 대한 具體的 계획을 진행시켜 왔으나, 그해 十二月에 이르러 被告人 李祐植은 前示 十萬圓의 資金을 제공함이 困難하게 되었으므로 이상 계획은 挫折되었으며,

(3) 昭和 十六年 九月에 당시 京城에 살던 被告人 李祐植은 本籍地 慶尙南道 宜寧郡에 옮아간 뒤로부터 항상 同被告人에 出資를 시켜 初志를 貫徹하려고 그 당시 花洞町의 自宅에 있어서 항상 이 사실을 비밀로 하여, 이상의 경위를 말하여 協力을 부탁하여 두었던 被告人과 친한 徐承孝와 安浩相은 같이 被告人 李祐植에 대하여 전과 같은 申請을 시켜 出資를 청하여 同 被告人의 승낙을 받아 다시 그해 十月 下旬에 同府 寬勳町 支那 요리집 中華園에서 安浩相과 같이 被告人 李祐植과 會合하여 협의한 결과 同 被告人이 昭和 十七年 一月까지 十萬圓을 제공하기를 거듭 確約시켰으나, 昭和 十六年 十二月 大東亞 戰爭이 일어난 關係로 時局의 推移를 靜觀하려고 일단 이 계획을 멈추게 되었다.

이와 같이 前後 數年에 걸쳐 朝鮮 독립의 目的으로써, 그 目的된 일의 실행에 관하여 협의를 하여온 것이다.

(以上 日本語를 우리 말로 고쳐서 번역하였음) 80 日本 帝國主義가 沒落하려는 最後的 發惡은 朝鮮民族에제[175] 對한 野蠻的 暴力 彈壓이 드디어 朝鮮語 學會에 미치어서 "한글"의 運命도 풍파 속에 덮치었다.

一九四二年 十月 一日 고루 이 극로 스승님은 朝鮮語 學會 責任者로서 咸興警察署에 收監 當하신 後 形言할수 없는 栲[176]問을 받고 第一日에는 二次, 第 二日에는 三次, 第三日에는 二次, 都合 七次나 氣絶하시었다. 이와 같은 惡刑으로 말미암아 손톱과 발톱도 빠지어서 병신이 되었으며 몸에 흠집이 생기시었고 더욱 酷毒한 亂打와 물을 먹이는 것과 飛行機 타기(天井 보에 밧줄로 매어 木銃을 두 팔과 등의 사이로

---

175 [편쥐] 에제 : '에게'의 오식.
176 [편쥐] 栲 : '拷(고)'의 오식.

가로꿰어 몸을 空中에 달아 두는 것) 等의 惡刑을 받으시고 肋膜炎이 생기어 數年 동안 治療를 받았다.

　이와 같은 非人道的 惡刑은 朝鮮語 學會의 目的이 朝鮮 獨立에 있다는 것으로 一九四二年 十二月 二十一日부터 一九四五年 一月 十六日까지 九回의 公判 結果 懲役 六年의 判決 言渡를 받고 곧 上告를 하고 있던 中 우렁찬 解放의 鐘소리로 咸興 監獄에서 八月 十七日 祖國 建設과 人民 解放의 偉大한 抱負를 품으시고 새로운 이 疆土를 다시 밟게된 것이다.

(안 석 재[177] 씀) 81

---

[177] [편주] 안석재 : '안석제'의 오식.

스승님의 걸어오신 길

된 고개 험한 길을 가리지 않고, 언제나 이 겨레 삼천만의 引導者가 되어 우리들을 이끌어 주신, 고루 李 克魯스승님의 걸어오신 반백년의 발자취를 밝혀, 나라를 위하여 힘쓰는 젊은 이들에게 도움이 되면 다행으로 생각하는 바이다.

나라 잃은 민족은 눈물만이 자유였고, 나중에는 짐승보다도 더 모질스러운 압제 아래에 울기조차 어려웠던 서른 여섯해 동안, 더욱 生活조차 유난히 어려웠던 환경에서 끝까지 싸워, 단 한번의 굽힘과 숙임도 없이 이 겨레의 길을 지켜온 스승님의 길은, 그대로가 싸움의 길이요, 피비린내 어리는 가시덤불의 길이었다.

흔히 세상 사람들은 고루 李 박사를 말할 때에, 그야말로 소경의 코끼리 만지는 격으로 한쪽만을 보고는 속단하는 일이 많다. 더구나 李 克魯스승이라면 그만 朝鮮語學會를 생각하고, 또는 朝鮮語學會라 하면 으레 李 克魯스승을 생각하며, 스승님은 조선에 학자이시다라고만 알기가 쉽다.

또한 우서운 것은 스승님은 經濟學 博士임에도 不拘하고 생판 딴길같은 語學을 하시니 무슨 뜻인지 모르겠더라는 분도 많고, 심지어는 글만 가지고 사느냐? 정신만 튼튼하면 이기느냐? 하는 생각을 가지며, 혹시 스승님은 한갓 語學者요, 또는 문약에 흐르는 초라한 선비이신가 하고 걱정하는 이도 많았다. 이런 이들을 위하여서도 이 글을 초하는 바이다.

한국 말년에 을사 조약이 맺어지고, 뒤이어 경술 합병이 되자, 스승은 손에 들었던 호미 자루를 던지고 어린 두 주먹을 차돌처럼 불끈 쥐고 멀리 멀리 하늘 저쪽을 노려보며 구슬같은 눈물 방울이 발 등을 적시었다. [82] 그 때부터 그 손에는, 그 가슴에는, 이 겨레의 목숨이 이 民族의 역사가, 이 나라의 希望이 가득 차지하였었다. 그리하여 모든 어려움을 무릅쓰고 고향을 등진 스승은 산길 물길을 두려워 하지 않고 한번 품은 큰 뜻은 더욱 굳어가고 커갈 뿐이었다.

白頭山 기슭에서 西間島 벌판에서 中國에서 시비리아 에서 獨逸에서, 온갖 괴로움을 다 겪으시고 갖은 애를 다 태우시면서 經濟學을 오로지 닦았음은, 거기에

벌써 남 다른 뜻과 생각이 있었던 것이었다. 그 동안에 英國으로 佛國으로 아메리카로 하와이로 두르면서도, 늘 머리에는 왜[178]족 의 발 밑에서 짓밟히고 있는 삼천만 동포의 생각 뿐이었다.

世界 각처에 흩어져 있는 약소 민족들을 찾아보고 그 實情과 투쟁의 경과를 살리며 또한 여러 선배 同志와도 만나서 萬里 異域의 외롭고 낯선 하늘 아래에서나마 피를 끓이며 조국의 다물(광복)을 꾀하고 의논하였다.

海外 生活 二十年 드디어 1929年 정월에 民族的인 사명을 스스로 지시고, 왜족의 눈초리 날카로운 요꼬하마(橫濱) 부두에 내리시어 일로 슬픔 어린 조국 朝鮮으로 들어오셨다. 朝鮮 사람으로서는 처음인 經濟學 博士의 영예스러운 학위를 받고, 누가 보아도 몸에 비단을 감고 고향에 돌아오는 성공의 길이언만, 사실에 있어서는 가슴 깊이 祖國再建의 경륜을 품으시고 손에는 비수를 들고 싸움터에 들어온 것이었다.

왜족 아래에서 종 살이 열 몇해에 우리의 겨레는 어찌되었나, 거리마다 날뛰는 것은 주구의 무리의 환롱[179]이었으니 우리의 참다운 동포의 정상, 그리고 왜족의 말발굽 밑에서 우리의 강산은 어이 되었나? 불 타는 祖國愛의 심회로 어러달이란 긴 날짜를 걸쳐 우리 同胞가 살고 있는 이 강산 골짝 골짝을 샅샅이 자세히 살펴시었다.

그리하여 우리의 조국을 살리는 길은 무엇보다도 民族[83]意識으로 獨立 精神을 髙揚시킴이 급한 일이라고 믿게 되었다. 정치적으로 눌리는 것보다도 문화적으로 말리우는 것이 더 무서움을, 가까이 청족 곧 만주족이 한족에게 되눌린 꼴을 보아도 잘 아는 바이다.

먼저 말을 찾자. 말은 민족의 단위를 결정하는 가장 큰 요소이다, 말의 단위가 곧 민족의 단위라고도 볼 수 있으니 조선 말이 곧 조선 겨레라 하여도 지나친 바 아니다.

그 때에 서울에는 朝鮮語 硏究會(조선어 학회의 첫 이름)가 있었다. 스승은 그 회의 여러분들과 만났었다.

---

178 [편쥐] 왝 : '왜'의 오식.
179 [편쥐] 환롱(幻弄) : 교묘하고 못된 꾀로 남을 속여 농락함.

그리고 조선어의 교육자들과도 가까이 사귀며 만났었다.

쓰러져 가고 시들고 없어져 가는 조선 말, 흥클리고 찢어져, 갈라지고 흩어져 가는 조선 말은 혼란의 극도에 다달았다.

政治的으로나 經濟的으로나 文化的으로나, 우리 말의 통일 정리 보급은 이 겨레를 살리는 가장 가까운 길이라 깨닫고, 앞으로 싸우고 나아갈 길을 똑똑히 찾아 잡았었다. 정경학을 닦으신 스승으로서 이 길을 찾은 것은 그러한 깊은 뜻이 잠겨 있었다.

스승은 곧 그 연구회의 회원으로 들었었고, 4245年 十月에는 朝鮮語 辭典 編纂會 委員長으로 뽑히었으며, 十月에는 會長으로 되시어 힘과 뜻을 오직 그길에 쏟았다. 그 해 九月이다. 아직도 우리 머리에 기억도 새로운 滿洲의 길돈(吉林. 敦化) 사건에는 朝鮮 각종 團體연맹의 총 代表로 파견 되시어 많은 活動을 하였다. 그리고 스승은 늘 생각하기를 마음만 가지고는 일이 안된다, 글만 가지고도 안된다. 마음에 몸이 따라야 하고 글에 힘이 따라야만 된다, 몸과 마음, 문과 무가 가장 잘 어울려야만, 비로소 그 사람은, 그 겨레는 번져나갈 수 있다는 것을 부르짖고, 또 그 방면에 힘을 아끼지 않았다.

4266年 1月애[180]는 朝鮮 硏武舘 理事로, 또 한 4270年 九月에는 朝鮮 씨름 협회의 회장으로 일보시며, 다시 그해 1 84 月에는 조선 과학 지식 보급회 이사로서 많은 활약을 하시었다. 다시 4275년에 대종교 경의원의 참사로서 宗敎를 통하여 민족 指導에 힘을 기우리시었으니, 대종교 의 "한얼 노래"는 거의 모두 가이 스승께서 지으신 것이다. 스승은 한가지의 세속적인 선비 물림의 학자가 아니다. 민족혼의 불 덩어리요, 불사조(不死鳥)였다. 첫 머리에 말한 바와 같이 그저 한사람의 學者쯤으로 알면 잘못이다.

4275년 10월 꿈에도 잊지 못할 洪原 事件, 곧 朝鮮語學會 事件! 太平洋 戰爭의 불아궁이에 들어간 왜적들은 마지막 발악을 쳤다. 아무리 表面上 합법적으로 하기로서니 朝鮮語學會를 그냥 둘 이는 없었다. 어떻게 보면 그 때까지 남겨 둔 것도 기적이라 할 것이다.

---

180 [편쥐 애 : '에'의 오식.

앞에 있는 咸興 地方 法院의 判決文을 읽으면, 무엇보다도 그 사정과 또한 語學會의 정체와, 또한 스승의 바른 모습의 한 조각을 알게 될 것이며 그 鐵窓 生活 네해 동안에 어떠한 괴로움을 겪으시었는지는 "한글"속간 1호에 金 允經스승님이 쓰신 "語學會 受難記"를 읽으신 분은 누구나 몸부림치고 놀랄 것이다. 보통 사람의 두곱 세곱으로 건강하신 스승께서 일곱번이나 假死상태에 빠졌더라니, 말로만 듣던 왜적 경찰의 악독한 고문이 얼마나 혹독하였던 가를 짐작할 수 있다. 그러나 압제자에게 자연의 법칙은 철퇴를 내렸다. 1945년 8. 15.의 日帝의 無條件 항복의 전파가 온세계에 전하여지자, 다물린 태양은 이 겨레의 머리 위에, 이 강산의 끝끝에 눈이 부시도록 비치었다. 죄악과 강압의 어둠에 싸였던 1945년 八月 十七日에, 드디어 옥문을 나오신 스승은 네해 동안의 옥창 살이에 약하고 병들대로 병든 몸이 몇동지들의 부축을 받아 겨우겨우 집으로 들아[181] 오시면서도 두눈에는 불이 일고 뼈만 남은 가슴에는 고동이 한결 높았으며, 꼬창이[182] 같은 팔다리는 새로운 정렬에 떨기까지 하였다. [85] 거리거리에는 萬歲 소리가 높고, 하늘마다 태극기가 물결을 이루고 있는 解放 卽後에, 스승은 病床에 누워서 잘 일어서지 못하면서도, 벌써 모든 경륜을 가다듬기에 겨를이 없었다. 무엇보다도 政治에 굶주렸던 이 땅의 指導者들은 다투어 政黨을 만들고 회를 만들어 한 동안은 집집마다 간판이 붙다싶이 되었었다.

스승을 일찍부터 사귀던 사람들은 날마다 누워계신 스승을 찾아와서 政黨 만들기를 권하고 졸랐다. 회장이 되어달라 당수가 되어 달라하는 사람이 발 뒤축을 이었었다. 그러나 스승은 깊이깊이 생각하시었다. 이미 이루어진 政黨이 무려 수십을 넘고, 모여진 회가 수백을 넘는다. 이에 다시 또 무슨 政黨이 필요하랴? 삼천만 겨레가 모두 政黨을 만든다면 그 政治를 받을 人民은 누구이며, 그 政黨들의 진정한 活動을 도울이는 누구이냐? 이렇게 생각하신 스승은 드디어

"우리는 때와 방법을 가려야 된다. 지금은 우리들에게는 아무런 政治 活動의 舞臺도 주어지지 않았다. 그리고 政治活動에 앞 서서 아직도 民族 革命이 덜 되었다. 獨立革命이 아득하다. 그러니 만일 이때에 우리가 革命黨을 꾸민다면 그 때는 내

---

181 [편쥐] 들아 : '돌아'의 오식.
182 [편쥐] 꼬창이 : 꼬챙이.

비록 무디나, 즐겨 앞에 서서 목숨을 祖國에 걸고 싸워 나가겠다. 그렇지 못한다면 차라리 때를 기다리는 것이 낫겠다"하셨다.

이에 스승은 그 동안 짓밟혔던 조선어학회의 재건에 힘쓰시고, 한편으로 全國政治運動者 後援會를 만드시어 병중에 계시면서 그 委員長의 일을 보시었다.

그리하여 선비의 길(士道)을 국민의 指導理念을 삼아 자강의 정신을 수양하며, 정치 경제를 학문적으로 연구하며 건전한 국민의 人格을 이루기를 기하였다. 그래서 회원이 들앉으면 도사를 닦는 도사가 되고, 나가면 정치 경제생활의 투사가 되는 동지의 모임이 되었다. 스승이 생각하신 바 조선 민족의 지도 이념으로서의 士道라는 것은 86

1. 감천 지성심 (感天 至誠心)
2. 연성 전능력 (硏成 專能力)
3. 공영 대공덕 (共榮 大公德)

이것이었다.

그리고 朝鮮政經學會를 만드시어 委員長으로 계시며, 이땅의 여러 정당 사이에 분렬이 노골화하자, 스승은 개탄의 주먹을 쥐시고 일어나 애쓰시었다. 그러는 사이에 三八線은 차츰 굳어져 가고, 南北으로 갈라진 우리 同胞는 다시금 左右로 나뉘어져, 흡사히 李朝末年의 사색 당쟁을 재현한 듯하였고, 생활은 도탄에 빠져 허덕이는 人民들은 갈바를 잡지 못하매, 뜻 있는 指導者는 피 눈물, 情熱을 기울여 統一工作에 힘쓰지 아니 할 수가 없었다.

스승은 이 民族의 어려운 난국을 어떻게 하면 바로 잡을 수 있을까하여 침식을 잊고 애쓰시었다.

一九四六년 二월이었다. 民族 지도자들은 완전히 左右 두 系列로 갈라졌다.

그 때에 우익 쪽에서는 "非常 國民 會議"를 열고, 좌익쪽에서는 "民主 主義 民族 戰線 會議"를 열었다. 스승은 이때에 두갈래의 통일을 제안하여 힘쓴다는 한가지 조건으로 朝鮮語學會를 대표하여, 두 모임에 나가시어 극력 노력 하였으나 뜻을 이루지 못하매 드디어 다음과 같은 성명서를 발표하고 학구(學究)로 돌아 오셨다.

"조선어 학회 성명"

본회는 비상국민 회의에 초청장을 받고 참석한 것은, 좌우 양익의 합작으로 통일국가의 건설에 힘을 같이하는데 있었다. 본회의 대표 이 극로는 해방 후에 제일 먼저 정치 통일 공작에 다각적으로 운동하여 오는중, 이번 이 회의에 출석하였고, 또 대회석에서 좌칙에 교섭하는 위원의 한사람이 되어서, 성의와 노력을 다하여왔다. 그런 중에 또 민주 주의 민족 전선 결성 대회의 [87] 초청장을 받고서 여기에 참석한 것은, 최후의 성의를 다하여 祖國建設에 천추의 한이 없도록 힘쓴바 인데, 그때의 모든 情勢는 결국에 통일의 목적을 달하지 못하였다. 그래서 본회 대표 이 극로는 민족 분렬 책임을 의지지 못하겠으므로 비상 국민 회의와 민주 주의 민족 전선 결성 대회는 탈퇴함을 성명한다.

一九四六년 二월 十五일
조선어 학회 대표 이 극로

이리하여 非常 國民 會議에서 선거한 교육부 위원과 民主 主義 民族 戰線에서 뽑힌 議長도 물러서고 말았다. 一線에 서서 政治 工作을 하시기에는 지금이 때가 아님을 깨달으신 스승은, 이 성명으로 세간의 의혹을 풀고 학구로 돌아섰다.

그리고 군정청 학무국 위촉으로 교육 심의회의 初等 敎育部 委員長으로 국민 교육의 義務制度 實施를 위하여 보수적인 미적지근한 반대파와 싸워가며, 끝끝내 主張을 뚫어내시어, 이번 九월부터 참으로 역사적인 국민 학교 의무 교육제도 실시를 보게 되었으니 스승의 커다란 뜻이야말로 길이 길이 이 겨레의 역사에 빛날 것이다.

그 한편에 國民 體育場 期成會 會長과 朝鮮 國術 協會 委員長이 되시어, 늘 동포의 육체적인 건강에 뜻을 두시고, 다시 朝鮮 人類 學會 委員長, 에스페란토학 부위원상으로 계시면서 언제나 이 民族의 지적 방면의 향상에 힘쓰시었다.

그리고 지금 국제 정세와 국내의 제반 정세를, 보고 들으시고 살피신 나머지에 마지막 판단의 결과, 스승은 解放 卽後에 있어서 物心 兩方面으로 조선 건국의 투사를 후원하던 全國 政治 運動者 後援會를 解消하고, 同胞를 살리는 길은 오직 健民 運動에 있다 하여 새로 組織한 것이 곧 健民會이었다. [88] 民族이 몸으로나 마음으로나 건전하고 건강하여야만 그 민족의 질은 높아지며, 그 민족의 질이 높아야만, 비로소 독립도 되는 것 이요, 南이고, 北이고 左고, 右고 또는 人民의 누구든지 먼저 진정한 조선사람만 되어지고 健民만 되어진다면 문제는 풀려진다는 것이다.

高樓 巨閣을 지어도 材木이 있어야 한다. 좋은 材木 없이는 아무 것도 안된다. 훌륭한 조선 나라를 세우려면 먼저 훌륭한 조선의 사람이 있어야 한다. 옳은 재목을 길러내어야 하니 造林하는 모임으로 健民會를 만들었고, 그 委員長으로 전력을 민족 연성, 국가 건설에 힘쓰시고 계신다.

강한 나라는 강한 국민을 가지었고, 강한 국민은 健全한 精神과 健康한 身體를 가지었다. 그러므로 우리는 健全한 國民 精神 修養과 健康한 국민 肉體 訓練을 시킨다, 健民 運動은 基本 國民 運動이다. 政治는 그 국민 전체의 禍福에 직접 관계가 되므로 國政에 대하여 국민은 個個人이 자기의 가정 일보다 더 關心하여 政黨人과 官吏들의 一擧一動을 監視할 權利와 義務가 있다. 이것을 잘 지키는 것이 국민의 道理이다. 健民會는 政黨과 같이 政權을 잡기에 정신을 못차리고 날뛰는 末端的 行動을 취하지 아니한다. 健民會는 한개의 體育 團體나 혹은 한개의 精神 修養 團體는 아니다. 民生 운동을 中心한 政治 經濟 文化 全般을 通하여 朝鮮 國民의 國家 生活의 中樞를 세우려는 大 國民 道場이므로 그 綱領은 다음과 같다.

一. 우리는 民族 意識을 昂揚하여 完全 自主 獨立 國家建設을 期함.

一. 우리는 民主 主義 原則에서 政界의 動向을 批判 建議하여 忠實한 國民의 道를 지킴.

一. 우리는 民族文化의 向上을 圖하여 世界文化 發展[183]에 貢獻함.

一. 우리는 生存權 確保의 經濟 均等 制度를 率先 實踐 89 함.

一. 우리는 同志의 總力量을 民衆 啓蒙 運動에 集中함.

이것으로써 고루 이 극노 스승님의 걸어 오신 자취라하기에는 너무도 모자람과 비뚜러진 것이 많으나, 행여나 사슴에 있어 뿔의 한가지나마 나타낼 수 있다

---

183 원문에는 '進展'.

면, 스승을 가까이 모시고 자주 가르침을 받는 몸으로서 얼굴을 들 수 있을까 하여 외람히, 글을 쓰게 되고 이 글을 쓰게 된 것을 영광으로 생각한다.

해 방 둘 째 해 동 짓 달 보 름

유 열 삼 가 씀. [90]

출처

강영승 : 민병용
박광 : 조남욱
박진순 : 임경석
서세충 : 서후기
신성모 : 신한덕
신한 : 미국 남캘리포니아대학(USC) 동아시아도서관 미주한인디지털자료관(KADA)
안상록 : 안경하
안승화 : 민병용
안호상 : 안경홍
에리히 해니슈 : 독일 라이프치히대학 아카이브(Universitätsarchiv Leipzig)
에마누엘 슈라메크 : 체코 브르노 마사리크대학 아카이브(Archiv Masarykovy Univerzity)
이극로 : 이승철
이극로 음성 레코드판 : 프랑스국립도서관(BnF)
이상로 : 이승철
이원식 : 오묘연
이의경 : 이영래
이일우 : 김일수
이태성 : 민병용
이태준 : 이창하
조선어학회 회원 : 한글학회
찰스 셀리그먼 : 영국국립초상화미술관(National Portrait Gallery)
최병찬 : 최길성
하인리히 마이어 : 미국 그레인저 컬렉션(The Granger collection)
헤트만 슈마허 : 위와 같음
황사선 : 성백걸

기타 국가기록원, 대종교총본사, 독립기념관, 천도교 중앙총부 자료실, 한국학중앙연구원, 네덜란드 국제사회사연구소(IISG), 독일 국립프로이센문화유산문서보관소(GSPK), 모스크바의 옛 사진(www.oldmos.ru), 영국유산위원회/보도협회(English Heritage/PA Wire), 위키백과, 일본 이바라 역사관 홈페이지(いばら歴史館), 중국 바이두백과(百度百科)·화하경위망(華夏經緯網)

Ⅰ. 들어가는 말

이극로(1893~1978)는 경남 의령 출신 한글학자이자 독립운동가다. 그는 마산 창신학교에서 수학하였고, 일제강점 후 항일투쟁의 뜻을 펼치기 위하여 서간도 회인현에 망명했다가 상해를 거쳐 독일 베를린에 유학했다. 귀국한 뒤 조선어학회를 주도했고, 광복 후 타계할 때까지 모든 삶을 한글운동에 바친 인물이다.

1936년, 이극로는 망명과 유학생활, 여행기를 정리하여 조선일보사 월간지 『조광』에 「방랑20년간 수난반생기」라는 연재물을 6회 기고했다. 『고투사십년』은 초고를 한데 묶고 길돈사건과 조선어학회 내용을 덧붙여 그로부터 10년 뒤인 55세 때 펴낸 자서전이다. 몹시 어렵고 힘들게 싸웠다는 뜻의 '고투(苦鬪)'라는 제목은 몽양 여운형이 1936년에 쓴 짧은 자서전 「나의 반생과 파란고투기」를 읽고 영감을 얻은 것이다. '사십년'은 고향에서 서당을 다니던 유년기부터 광복을 맞이하던 무렵인 중년기까지의 시간을 의미한다.

기억을 되살려 쓰는 과정에서 연도 착오가 보이고, 유럽 지명과 인명을 모두 영어식으로 표기해서 정확한 정보 파악에 어려움을 준다. 초고를 쓸 당시 일제강점기라는 현실 속에서 자신의 항일 자취를 공개하는 것이 불가능하여 숨긴 내용도 적지 않다.

II. 『고투사십년』의 체제

1. 본문 구성

『고투사십년』은 1947년 2월 1일 을유문화사에서 간행되었으며, 크기는 12.5 ×18.0cm, 면수는 90쪽이다. 본문은 이극로의 자서전과 자작시, 그리고 부록으로 제자의 열전 두 편을 포함하고 있다.

자서전은 「수륙 이십만리 주유기」·「길돈사건 진상 조사와 재만 동포 위문」·「조선어학회와 나의 반생」 세 단원으로 이루어졌다.

먼저, 「수륙 이십만리 주유기」는 1936년 3월부터 8월까지 『조광』에 연재했던 기행문 6편을 수정·보완한 것이다. 6편의 초고 중 1회부터 3회까지는 큰 제목을 「수륙이십만리·두루도라 방랑이십년간수난반생기」라 했고, 4회부터 6회까지는 「수륙이십만리주유기」로 축약되었다.[1]

서로 간에 본문 내용은 거의 일치하지만, 『고투사십년』 출간 시에 삭제된 곳과 보완된 곳이 있다. 전자는 첫째, 이광수, 최린, 장덕수 관련 내용으로 이들은 공통적으로 친일 인사다.[2] 둘째, 이우식의 학비·여행경비 부담에 대한 감사 글, 그리고 신성모와 장덕수가 미국 여행경비를 도운 내용이 개고시 분량 조절로 누락

---

1 ①「(水陸二十万里·두루도라 放浪二十年間受難半生記) 朝鮮을 떠나 다시 朝鮮으로—, 家政形便과 朝鮮內의 敎育과 西間島行」, 『朝光』 2-3, 朝鮮日報社出版部, 1936.3, 96~101쪽; ②「(水陸二十万里·두루도라 放浪二十年間受難半生記) 西伯利亞에서 머슴사리—二, 滿洲와 西比利亞에서 放浪生活하던 때와 그 뒤」, 『朝光』 2-4, 1936.4, 92~99쪽; ③「(水陸二十万里·두루도라 放浪二十年間受難半生記) 中國上海의 大學生活—三, 中國上海에서 留學하던 때와 그 뒤」, 『朝光』 2-5, 1936.5, 142~148쪽; ④「(水陸二十萬里周遊記) 四, 獨逸 伯林에서 留學하던 때와 그 뒤」, 『朝光』 2-6, 1936.6, 66~73쪽; ⑤「(水陸二十萬里周遊記) 五, 英國 倫敦에서 留學하던 때와 그 뒤」, 『朝光』 2-7, 1936.7, 90~95쪽; ⑥「(水陸二十萬里周遊記) 六, 歸國途中에 米國視察하던 때와 그 뒤(完)」, 『朝光』 2-8, 1936.8, 64~73쪽.

2 『고투사십년』 출간 무렵인 1946년 12월에는 김규식을 의장으로 하는 남조선과도입법의원이 창설되었고, '민족반역자·부일협력자·전범·간상배에 대한 특별법'이 제정되는 분위기였다. 그에 앞서 민주주의민족전선에서는 1946년 2월 16일자로 친일파와 민족반역자를 규정했고, 1947년 1월 22일 「지방선거 행동강령」으로 친일분자 및 민족반역자의 범위를 공표하였다. 이극로는 이러한 시대 조류를 인식했기에 개고 시 친일 인사 관련 내용을 삭제했던 것으로 보인다. 근자에서야 친일행위가 밝혀진 서춘과 김홍량, 김규환은 그대로 남아 있다.

<표 1> 『고투사십년』의 구성

분류	본문 제목	비고
자서전	I. 머리말 II. 수륙 이십만리 주유기 III. 길돈사건 진상 조사와 재만 동포 위문 IV. 조선어학회와 나의 반생	이극로 저술 (69쪽)
시	V. 노래	
열전	VI. 조선어학회 사건/ 안석제 VII. 스승님의 걸어오신 길/ 유열	제자의 저술 (21쪽)

되었다. 후자는 신흥강습소에서 이시영과 윤기섭을 만난 일, 중국 첨초강 상무회장 장해빈과의 대화 내용, 치타에서 이강에 대한 회상 등 주로 여행 시에 겪은 일화다.

이밖에 「길돈사건 진상 조사와 재만 동포 위문」은 1930년 9월부터 10월까지 한 달간의 역사 사건 회상기를 추가한 것이고, 「조선어학회와 나의 반생」은 1929년부터 1945년까지의 활동과 소감을 요약한 글이다. 부인 김공순[3]과 자제들에 대한 언급은 없지만, 본 글에 자신뿐만 아니라 조선어학회 편찬실 동인의 가정생활 어려움을 회한의 표현으로써 응축해 담았다.

이러한 『고투사십년』은 이극로가 고향을 떠나(발단) 중국에서 민족교육을 위해 악전고투하며(전개), 유럽에서 한글에 대한 중요성을 깨닫고(절정), 귀국하여 조선어학회에서 활동하는(대단원) 내용으로 맞춰져 있다.

2. 등장인물

『고투사십년』에는 총 168명이 등장한다. 이극로기 시를 읊기니 대화중에 언급했던 역사 인물 10인,[4] 직접 만나지 못했던 생존 인사 8명[5]을 제외하면 150명이

3　김공순(金恭淳, 1907~?) : 평남 강서 태생으로 경성여자사범학교를 나와 서울 은로보통학교와 효제공립국민학교 교사를 지냈다. 김공순은 이극로의 조선어학회 활동을 내조하면서 1929년 12월 24일 천도교 교당에서 혼례를 치르고 슬하에 3남 2녀(억세·세영·대세·한세·세덕)를 두었다. 혼례식 때 주례는 유진태, 축사는 안회제와 김기전이 맡았다.

지역	한국인	외국인	인원
한국	39	1	40
중국	38	7	45
일본	4	2	6
러시아	3	1	4
독일	4	8	12
벨기에	2	3	5
영국	4	4	8
프랑스	0	2	2
미국	27	1	28
계	121	29	150

다.[6] 등장인물을 나라별로 분류해 보면 〈표 2〉와 같다.

　　1) 한국에서 만난 사람 : 40명

　　(1) 한국인(39명)

　　① 고향 사람 : 6명(이극로, 계모, 영산 신씨, 이상로, 이기로, 이우식)

　　② 영남 사람 : 3명(최원칙, 이일우, 이직로)

　　③ 조선어학회 관계자 : 25명(권덕규, 김병제, 김선기, 김윤경, 서승효, 신명균, 안석제, 안호상, 유열, 이강래, 이만규, 이병기, 이윤재, 이은상, 이인, 이중건, 이중화, 이희승, 장지영, 정열모, 정인섭, 정인승, 정태진, 최현배, 한징)

　　④ 길돈사건 관계자 : 3명(김기전, 서정희, 유진태)

　　⑤ 기타 : 2명(노양근, 오세억)

　　2) 중국인(1명)

4　곽재우, 금태조, 성산 이씨(모친), 장작림, 조선 태조, 조임도, 청태조, 콜럼버스, 톨스토이, 혜합(쿠푸).
5　김성백, 김흥량, 보그드 칸, 운게른-시테른베르크, 원세개, 장개석, 최병찬, 풍옥상.
6　참고로 한국인 124명(이극로가 만나지 못한 이 중 3명 추가) 가운데 독립유공자가 60명(48.4%)으로 확인된다.

① 외교관 : 1명(장유성(장웨이청))

2) 중국에서 만난 사람 : 45명

(1) 한국인(38명)

① 안동현 : 2명(박광, 서세충)

② 회인현(동창학교) : 10명(김규환, 김석현, 김영숙, 박은식, 신채호, 윤세복, 윤세용, 윤필한, 이원식, 이병린)

③ 무송현(백산학교) : 9명(전성규, 김호익, 성호, 이장녕, 이진룡, 이현익, 차도선, 황봉신, 황봉운)

④ 유하현 / 통화현 : 4명(강일수 / 윤기섭, 이시영, 서춘)

⑤ 상해 : 7명(김두봉, 문영빈, 박진순, 신규식, 안창호,[7] 이동휘, 최순)

⑥ 북경 : 3명(김원봉, 이범석, 이태준[8])

⑦ 봉천 / 길림 / 교하 : 3명(서범석 / 승진 / 안동렬)

(2) 중국인(7명)

① 상해 : 2명(우정원(유징유안), 조후달(자오호우다))

② 첨초강 : 1명(장해빈(장하이빈))

③ 길림 : 2명(이륜삼(리룬산, 독일 베를린 지인), 희흡(시치아))

④ 봉천 : 2명(장작상(장쭤샹), 장학량(장쉐량))

3) 일본에서 만난 사람 : 6명

(1) 한국인 : 4명(민석현, 박사직, 안상록, 최승만)

(2) 일본인 : 2명(판곡방랑(사카타니 요시로), 아부충가(아베 미쓰이에))

---

7   『고투사십년』에서 안창호는 서울 조선어학회 행사(조선어 표준어 발표식)에 축사를 한 것으로 처음 나온다. 이극로는 1948년 설문(「설문―삼일운동 때 선생은 어데서 무엇을 하셨습니까?」, 『민주조선』 4, 중앙청공보부여론과 정치교육과, 1948.3, 24쪽)에서 "상해에서 친하게 지내던 독립군 수령 김동삼 씨와 그밖에 지도자로 신채호 씨, 안창호 시, 이동휘 씨, 박은식 씨와 상종이 많았습니다"라고 답한 적이 있다. 따라서 안창호를 '중국 상해 지인'으로 분류했다.
8   이태준은 몽골 어의이지만, 북경에서 이극로와 만났기 때문에 '중국 북경 지인'으로 분류했다.

4) 러시아에서 만난 사람 : 4명

(1) 한국인 : 3명([치태문윤함, 이강, 이광수[9])

(2) 러시아인 : 1명((모스크바)트로츠키)

5) 독일에서 만난 사람 : 12명

(1) 한국인 : 4명(① 베를린 : 3명(김준연, 김필수, 황우일), ② 뷔르츠부르크 : 1명(이의경[10]))

(2) 독일인 : 8명(① 베를린 : 7명(마이어, 베틀로, 슈마허, 좀바르트, 투른발트, 피크, 해니슈), ② 체케리크 : 1명(슈피첸베르크))

6) 벨기에에서 만난 사람 : 5명

(1) 한국인 : 2명(김법린,[11] 허헌)

(2) 외국인 : 3명(① 네덜란드인 : 1명(핌멘), ② 중국인 : 2명(녹종린(루중린), 소력자(사오리쯔)))

7) 영국에서 만난 사람 : 8명

(1) 한국인 : 4명(공진항, 신성모, 정환범, 최린)

(2) 영국인 : 4명(라스키, 셀리그먼, 영, 존스)

8) 프랑스에서 만난 사람 : 2명

① 프랑스인 : 1명(페르노), ② 체코슬로바키아인 : 1명(슈라메크)

9) 미국에서 만난 사람 : 28명

(1) 한국인 : 27명(① 북동부 : 17명((뉴욕)김도연, 김병호, 김양수, 서민호, 안승화,

---

9 이광수는 1914년 러시아 치타에 머물면서 이극로를 만났다(춘원, 「서백리아서 다시 동경으로」, 『조광』 2-5, 조선일보사출판부, 1936.5, 102쪽).

10 벨기에 세계피압박민족대회에 참석하기 이전인 1922년 독일 뷔르츠부르크에서 이극로 등 재독한인유학생들과 함께 촬영한 단체사진이 있어서 '독일 지인'으로 분류했다.

11 김법린은 프랑스 유학생이지만 벨기에 세계피압박민족대회에서 이극로와 동참했기에 '벨기에 지인'으로 분류했다.

분류(나라 수)	나라명
아시아(6)	중국, 베트남, 싱가포르, 스리랑카, 이집트, 일본
아프리카(1)	지부티
러시아(1)	러시아
유럽(11)	이탈리아, 스위스, 에스토니아, 라트비아, 리투아니아, 폴란드, 독일, 벨기에, 영국, 아일랜드, 프랑스
북미(1)	미국

윤홍섭, 이동제, 이원익, 이희경, 장덕수, 장석영, 한상억, 허정, (보스턴)정성봉, 하경덕, (필라델피아)서재필, (워싱턴)신동기), ② 서중부 : 1명((시카고)염광섭), ③ 서부 : 5명((L.A.)강영승, 함병찬, (캘리포니아)백일규, 신한, 황사선), ④ 태평양 : 4명((하와이 호놀룰루)이정근, 이태성, (하와이 힐로)이관묵, 이승만))

　(2) 미국인 : 1명(중서부 (샘페인)스튜어트)

3. 여행 국가

이극로가 1912년 고향을 떠나 1929년 귀국하기 까지 여행한 나라는 총 20개국이다.

한국에서 독일 베를린까지 유학을 떠나는 여정, 그리고 졸업 후 영국에서 대서양을 건너 미국 대륙을 횡단하고 태평양을 건너 귀국하기까지의 여정으로 지구를 한 바퀴 돌았다. 특히 그는 발트3국(에스토니아 · 라트비아 · 리투아니아)을 여행한 최초의 한국인이 되었다.

III. 『고투사십년』의 내용

1. 고향을 떠나다

(1) 경남 의령과 가족

이극로는 1893년 음력 8월 28일 경남 의령 두곡리 827번지 농가에서 이근주 (1849~1923)와 성산 이씨(1853~1896)의 6남 2녀 중 막내로 태어났다. 본관은 전의 (全義)로, 전서공파 28세손이다.

전의 이씨 집성촌인 두곡리를 전래 지명으로 '듬실'이라 했다.

이극로는 세 살 때 모친을 여의고 계모와 맏형수 슬하에서 자랐다. 5명의 형과 누나 2명 등 20명의 식구가 한 집에 살았는데, 그는 집안의 막내로서 농사일을 거들었다. 그렇지만 일찍이 마을 서당 두남재에서 틈틈이 글공부를 했으며, 마을에서 공동으로 구독하는 『대한매일신보』를 열람하면서 세상을 보는 안목을 넓혀 나갔다.

〈표 4〉 이극로의 가계도

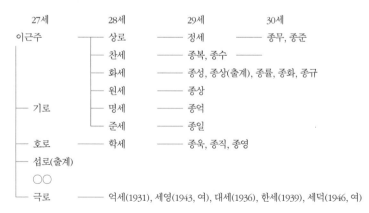

(2) 마산 창신학교

이극로는 18세 되던 해인 1910년 음력 4월, 신문명과 신사상 습득의 뜻을 품고 가출해 26km를 걸어서 마산 창신학교에 입학했다. 창신학교는 1908년 호주 선교사 애덤슨이 마산 상남동 87번지에 설립한 기독교 학교다. 구습 타파와 남녀평등의 혁신교육을 실시하였기 때문에 이극로는 땋은 머리를 자르고 등교하였다. 그러나 가출과 단발에 대한 가족들의 완고한 입장으로 인해 학비 지원이 끊겼고, 스스로 학비를 마련하기 위해 은단(청량제)이나 영신환(소화제)을 팔고[12] 마방에서 말죽 쑤는 일도 하면서 고학했다.

(3) 망명길에 오르다

이극로는 새어머니로부터 "크게 옳은 일에는 네 목숨까지도 바치라"는 말씀을 듣고 이를 신조로 삼았다. 일제강점으로 인해 국운이 기울자 그는 1912년 4월에 학업을 접고[13] 청운의 뜻을 품은 채 혈혈단신으로 서간도로 떠났다. 독립군이 되고자 신흥강습소(신흥무관학교)에 입학하고자 함이었다.

이극로는 먼저 구마산역을 출발하여 대구 부호 이일우를 찾아갔다. 이일우는 사립 도서관 성격의 우현서루를 설립하여 각지의 지식인을 초빙하고 총명한 자제를 모집해 학생들의 숙식 경비까지 보조해 주던 인물이었다. 그는 이일우로부터 차비를 보조받고서 김천역까지 가서 대항면 복전리에 사는 전의이씨 문중을 찾았다. 그곳에서 종친 이직로로부터 차비를 얻고 추풍령역으로 가서 경성역까지 이동한 뒤 남대문 인근 여관에 투숙했다. 서울에서 고향 선배 신성모를 찾아갔으나 어려운 처지라 도움을 받지 못했고, 천우신조로 같은 여관에 있던 경남 언양 사람 신 씨의 도움으로 서간도로 함께 갈 수 있게 되었다.

이극로는 중국 안동현의 독립운동 거점인 성신태여관에서 서세충을 만나 중국어 책 1권을 구한 뒤, 강원도 이주민과 함께 목선으로 압록강을 거슬러 평북 의

---

12 이극로, 『인단장수・머슴살이』, 『소년』 3-3, 조선일보사출판부, 1939.3월호.
13 이극로는 1910년 음력 4월부터 창신학교 보통과 1년, 고등과 1년을 다닌 것으로 밝혔다. 초등과 제1회 졸업식은 1911년 3월에 있었고, 고등과는 1912년 4월 1일에 신설되어 1915년 3월에 제1회 졸업생을 배출했다. 그는 1912년 4월에 서간도로 떠났으므로 고등과를 졸업하지 못했고 고등과 진급 직후 자퇴한 것으로 여겨진다.

〈표 5〉 동창학교 교원 명단

직위	호	교원명 성명(이명)	생몰연도	출신지	관여시기
—	백암	윤세용	1868~1941	경남 밀양	1911.11
교주/시교사	단애	윤세복	1881~1960	경남 밀양	1911.2
교장	백농	이동하(본명 이원식)	1875~1959	경북 안동	1911.2
교원	백암	박은식(박기정, 박소종)	1859~1925	황해 해주	1911.5
교원	물불	이극로	1893~1978	경남 의령	1912.4
교원	백주	김진(김형) (본명 김영숙)	1886~1952	충남 결성	1912
교원	검군	김규환	1890~1943	평북 선천	1913
교원	단총	이시열(본명 이학수)	1892~1980	평북 정주	1913
교원	중파	김진호	1890~1962	평북 선천	1913
교원	단재	신채호	1880~1936	충남 대덕	1914
교원	동평	김석현	?~?	충남 논산	?

주와 삭주를 지나 창성에서 끼니를 해결하고 벽동과 초산 부근을 거쳐 9일 만에 혼강구에 다다랐다. 여기서 다시 3일 간 육로로 이동하여 4월 18일(음력 3.20) 경 회인현에 도착했다.

2. 중국에서 악전고투하다

(1) 회인현 동창학교 교사 시절(1912~1914)

이극로는 회인현 내 여관 동창점에 투숙했다가 동창점 주인이자 동창학교 교장이던 이원식(이동하로 개명)을 만나 신흥강습소로 가려던 마음을 바꾸어 동창학교에서 교원으로 일하게 되었다. 이곳에서 민족사학자 박은식의 저서 등사 일을 도우며 민족종교인 대종교[14]에 귀의했다.

---

14 대종교(大倧敎)는 1909년 1월 15일에 국조 단군(檀君)을 교조(敎祖)로 받들고 한민족 구심점으로서의 기치를 내걸어 청산리대첩 승전과 대한민국 임시정부, 조선어학회 활동으로 독립운동사에서

동창학교는 경남 밀양 출신 우국지사 윤세복이 설립한 서간도 회인현(1914년부터 환인현)의 대표적인 민족학교다. 민족주의 사가 박은식과 신채호, 주시경의 제자 김진, 한국 불교 현대화에 지평을 넓히는 이시열(운허큰스님) 등 명사들이 교원으로 활약했다.

이극로에게 한글운동의 동기를 부여했던 첫 번째 인물은 백주 김진이다. 그는 동창학교 교원 시절 동료였던 김진을 회상하여,

또 여기 일을 잊지 못할 것은 내가 한글 연구의 기회를 얻은 것이다. 함께 일 보던 교원 중에는 백주 김진 씨라는 분이 있었는데 이는 주시경 선생 밑에서 한글을 공부하고 조선어 연구의 좋은 참고서를 많이 가지고 오신 분이다.

라고 술회하였다. 이극로가 김진에게 한글을 배운 동기는, 첫째, 서간도행 여정 시 평북 창성에서 평안도 사투리로 인해 생활의 기본 단어인 '고추장'이 의사소통되지 못했던 경험, 둘째, 자신의 사투리로 인해 동창학교 동료 교사와 학생들까지 '영남 사투리꾼'이라고 놀려 충격을 받았던 경험을 들 수 있다.

김진의 본명은 김영숙으로, 주시경이 세운 국어연구학회(1911년부터 조선언문회)의 조선어강습원 중등과 제1회 수강생으로 확인된다. 주시경은 1912년 3월에 중등과 제1회 강습을 시작했고, 강사로서 직접 가르쳤다. 김영숙은 1912년 가을에 도만했으며, 조선어 교재를 동창학교에 지참해 가지고 왔기 때문에 이극로에게 한글 공부의 학문적 기초를 제공해 줄 수 있었다.

그런데 일제는 동창학교 설립 직후부터 학교에 관한 첩보를 입수해 예의 주시했다. 1914년 겨울에 이르자 회유와 협박을 거듭하던 일본영사관은 중국 관헌과 교섭해 학교폐지와 교사축출령을 내렸다. 이로 인해 동창학교는 끝내 강제 폐교되고 말았다. 교원 가운데 박은식은 이미 1912년에 북경을 거쳐 상하이로 갔고,

중요한 비중을 차지한 교단이다. 대종교인들은 독립운동뿐만 아니라 한글운동, '개천절' 국경일 제정, 민족교육(홍익대 · 단국대 설립), 의학, 예술 분야에도 공헌한 바가 적지 않았다. 기독교에서 대종교로 귀의한 주요 인사는 주시경을 위시하여 안재홍, 우덕순, 이동녕을 손꼽을 수 있으며, 기독교인으로서 대종교 사상에 적극 공감한 이는 안창호, 이동휘, 이승만과 같은 지사들이 있었다.

신채호도 1915년에 박은식을 뒤따라 상하이로 갔다. 김영숙은 북간도 화룡현 청일학교로 거처를 옮겼고, 이시열은 귀향, 윤세용·김진호·김석현은 환인현에 잔류했다.

(2) 무송현 백산학교 교사 시절(1915)

1914년 1월, 이극로는 상트페테르부르크에 가서 육군학을 공부하고자 하는 목표로 천신만고 끝에 시베리아 남동부 치타까지 가서 수개월 간 감자농사 일을 하였으나, 제1차 세계대전 발발로 인해 계획은 물거품이 되었고 동창학교로 되돌아오고 말았다. 설상가상으로 학교가 폐교되자 그는 윤세복을 따라 무송현 백산학교에 가서 교편을 잡았다. 1914년에 전성규가 설립한 백산학교는 독립군 양성과 훈련이 주된 목적이었으며, 교명은 민족 성지 백두산을 의미하였다.

일제는 동창학교뿐만 아니라 백산학교에도 유기, 포목 행상 등으로 변장한 밀정을 보내 정탐을 계속했다. 그러다가 1915년에 이르러 교장 전성규를 비롯하여 윤세복·윤필한 부자, 이재유, 박상호, 성호, 김남호, 윤창렬 등 23명을 살인 누명을 씌워 체포·투옥시킨 사건이 발생하였다. 엎친 데 덮친 격으로 이극로는 마적에게 붙잡혀 처형 직전까지 가는 등 만주에서 불안정한 환경이 계속되자 더 이상 안주할 수 없게 되었다.

(3) 상해 동제대학 재학 시절(1916~1921)

1915년 겨울, 이극로는 윤세복의 권유로 교사 생활을 마감하고 안동현을 거쳐 귀국길에 오르던 중 발길을 돌려 1916년 4월 신규식의 도움을 받아 상해의 독일계 대학인 동제대학에 입학해 1920년 초 예과를 마쳤다.

이극로에게 한글운동의 동기를 부여한 두 번째 인물은 김두봉(1889~1961?)이다.

내가 상해에 있을 때에 김두봉 씨와 한글을 연구하게 되었는데 그때에 김 씨의 창안인 한글 자모분할체 활자를 만들려고 상무인서관 인쇄소에서 여러 번 함께 다니면서 교섭한 일이 있다.

김두봉은 경남 기장 태생으로, 주시경의 수제자이면서 동시에 대종교 초대 도사교(교주) 홍암 나철의 수제자였다. 이극로는 상해에서 김두봉, 윤기섭과 함께 군대 구령인 '기착(氣着)'을 "차려(차렷)!"로 순우리말화하는 성과도 냈다.

3. 유럽에서 한글운동의 중요성을 깨닫다

(1) 독일 유학 여정

1921년 6월 18일, 이극로는 상해파 고려공산당 대표단(코민테른집행위원회, 소련 정부 당국과 레닌에 대한 외교를 목적으로 선정) 이동휘와 박진순의 모스크바 행 통역원으로 추천되어 중국 상해 항에서 프랑스 기선을 타고 상해 항을 떠났다. 일행은 홍콩 → 사이공(베트남) → 싱가포르 → 콜롬보(스리랑카) → 지부티 → 수에즈운하를 거쳐 포트사이드 항(이집트)에 도착했다. 이집트 수도 카이로에서 2일 머문 뒤 알렉산드리아 항을 출발하여 이탈리아 시칠리아 섬의 시라쿠사·카타니아항을 거쳐 나폴리 항에 도착했다. 나폴리에서 2일, 로마에서 3일 간 구경을 하고서 밀라노 → 스위스 베른·제네바를 거쳐 독일 베를린에 도착해 한 달간 체류했다.

9월이 되어 독일공산당 대표 빌헬름 피크와 동행하여 슈테틴 항에서 배를 타고 에스토니아 레발(탈린) 항에 도착한 뒤 기차로 러시아 상트페테르부르크에 갔다. 여기서 다시 모스크바로 이동하여 모스크바 시내 류스호텔에 투숙하고서 3개월 간 활동했다.

1922년 1월, 이극로는 독일 유학을 목적으로 홀로 라트비아 → 리투아니아 → 폴란드를 경유하여 베를린으로 돌아와 빈민가 샤를로텐부르크 지구 아우구스부르거슈트라세 23번지 다세대 주택에 하숙집을 정하고, 4월 28일 독일 명문 프리드리히-빌헬름대학 철학부에 입학해 고학을 시작했다. 이 대학은 일반언어학의 창시자 빌헬름 폰 훔볼트가 1810년에 세운 학교로, 1826년에 프리드리히 빌헬름대학으로 교명을 바꿨고, 1949년부터 베를린 훔볼트대학(Humboldt-Universität zu Berlin)으로 부른다.

이극로의 전공은 「이력서(Lebenslauf)」에 민족경제학(Nationalökonomie), 법학Jura,

철학(Philosopie), 종족학(Ethnologie)으로 기록돼 있다. 지도교수는 사회경제학자 베르너 좀바르트, 경제정책학자 헤르만 슈마허, 인식론자 하인리히 마이어, 종족학자 리하르트 투른발트와 막스 슈미트[15]였다.

좀바르트는 중국의 비단이 세계 시장을 독점하는 것에 대해 이극로가 「중국의 생사공업(Die Seidenindustrie in China)」 논문을 쓰게끔 지도해 주었다. 특히 슈마허는 한·중·일 무역업무 경험이 있었기에 한국 사정을 잘 아는 인물이었다. 이밖에 이극로가 민속학박물관(Völkerkundemuseum) 관장 뮐러(F. W. K. Müller, 1863~1930)[16]의 강의를 듣고 그의 연구실에 다녔는데, 뮐러는 저명한 언어학자로서 불교와 일본학의 대가였으며 한국어도 잘 알았다.

(2) 독일 최초의 조선어강좌

이극로는 1923년 겨울학기 초부터 1926년 겨울학기 말까지 독일 최초로 동양어학과에 조선어강좌를 개설하여 강사로 활동하였다.

1923년부터 1928년까지 조선어강좌 관계 공문은 국립프로이센문화유산문서보관소 내 문서 철(문서번호 Rep.208A/Nr.90)에 11점이 전해 온다.

이극로의 조선어 인식은 1925년 1월 30일자 동양어학과 학장 대리 미트보흐[17] 교수에게 보낸 편지에 잘 나타나 있다.

동양어학과 학장 대리 미트보흐 교수님 좌하!

경애하는 교수님, 한 말씀 올림을 가납하여 주십시오.

---

15 막스 슈미트(Max Schmidt, 1874~1950) : 브라질 원주민 문화 연구의 선구자인 칼 폰 덴 슈타이넨(Karl von den Steinen, 1855~1929)의 제자로 1921년에 프리드리히-빌헬름대학 최초로 종족학 교수가 되었다. 저서에 *Völkerkunde*(Berlin : Ullstein, 1924), *Kunst und kultur von Peru*(Berlin : Propyläen-verlag, 1929) 등이 있다.

16 프리드리히 빌헬름 카를 뮐러(Friedrich Wilhelm Karl Müller, 1863~1930) : 독일 동부 노이담(Neudamm, 현 폴란드 뎅브노(Dębno)) 태생의 동양학자.

17 오이겐 미트보흐(Eugen Mittwoch, 1876~1942) : 슈림(Schrimm, 현 폴란드령 시렘(Śrem)) 태생으로 독일 근대 이슬람학의 창시자이자 이스라엘 율법의 권위자다. 프리드리히-빌헬름대학 동양학과 학장 대행으로서, 이극로가 조선어강좌 개설시 행정 지원을 해주었다. 당시 그는 아비시니아어(Abessinisch, 고 에티오피아어) 강사로 활동했다.

〈표 6〉 문서철 「Rep.208A/Nr.90」의 목차

문서	작성일자	발신자 → 수신자	내 용
1	1923.8.10	학장대리 Mittwoch → 학술, 예술, 국민교육부 장관	이극로의 한국어 허가 요청
2	1923.8.31	(교육부장관)직권대행 Becker → 베를린 동양어학과 학장	겨울학기 이극로의 한국어 교수 허가
3	1923.12.19	학장대리 Mittwoch →학술, 예술, 국민교육부 장관	겨울학기 수강생 보고 및 후속 학기 강좌 지속 요청
4	1923.9.17	학장대리 (※서명 판독 불가) → Kolu Li	강좌 승인통보
5	—	Kolu Li	(이극로)이력서
6	1924.1.18	(교육부장관) 직권대행 Richter → 베를린 동양어학과 학장	여름학기 이극로의 한국어 교수 허가
7	1925.1.30	Kolu Li → 학장대리 Mittwoch	한국어의 중요성과 차후 보수지급 요청
8	1927.5.12	Mittwoch → Kolu Li	이극로의 1923~1926 한국어 강좌 확인서
9	1927.6.26.	Kolu Li → Rechnungsrat	런던발 자필 편지
10	1928.4.14.	—	이극로에게 발급할 추천서 초안
11	1928.12.5	Kolu Li → Hildebrandt	도쿄발 자필 연하장

한국어는 한국, 만주, 동시베리아에 사는 2천만 명 이상의 한국인이 사용하는, 극동 아시아에서 3번째로 중요한 문화어입니다. 한국어는 특히 그 문자가 매우 독특합니다. 실용적 측면 외에도 한국어는 언어학적으로 중대한 의미를 가지고 있습니다. 한국어는 독일에 거의 알려져 있지 않습니다. 한국 문화와 언어를 독일에 소개하기 위하여 저는, 잘 아시다시피, 3학기 전부터 무보수로 한국어강좌를 진행해 오고 있습니다. 그 동안 12명의 학생들이 수강하였습니다. 극동아시아 언어에 대한 관심이 다시금 증가하고 있기 때문에, 한국어강좌는 동양어학과에서 중요하다고 생각합니다. (…중략…)

　한국어 담당강사 코루 리

1919년에서 1929년 사이 베를린대학에 개설된 외국어 강좌 수는 45개어였는데, 1923년 여름학기까지 중국어·일본어를 포함한 32개어가 개설된 상태였

<표 7> 동양어학과 동아시아어 수강생 통계(1923~1927)

구분	1923		1924		1925		1926		합계
		겨울 학기	여름 학기	겨울 학기	여름 학기	겨울 학기	여름 학기	겨울 학기	
중국어		12/3	8/1	13/3	19/2	18/1	24/2	26/3	120/15
일본어		8/0	6/0	9/2	9/3	12/2	7/4	13/2	64/13
조선어		7/0	4/0	4/0	1/0	0	1/0	0	17/0
강좌수		24	24	21	26	23	33	29	180
수강생수		570	264	463	337	340	337	391	2,702

*／: 성별 구분(남/여)

다.[18] 독일에서 동아시아 지역 언어로 중국어와 일본어의 관심이 높았다. 이러한 상황에서 이극로가 조선어의 가치와 중요성을 알리는데 각별히 노력하였음을 엿볼 수 있다.

(3) 조선어강좌의 성과

프리드리히-빌헬름대학 동양어학과(Seminar für Orientialische Sprachen, SOS)는 1887년에 개설되었는데, 1904년부터 캠퍼스 뒤편 도로텐슈트라세 7번지(Dorotheenstr. 7)에 사무실을 두었다.

1923년 겨울학기부터 1926년까지 조선어강좌를 포함한 총 38개어가 개설되

---

18 당시 개설된 32개어를 어족(語族)으로 정리해 보면 아래와 같다.

【인도유럽어족】 [슬라브어파] 南-불가리아어, 세르보-로아티아어. 西-폴란드어, 체코어. 東-러시아어(2종), [발트어파] 리투아니아어, [인도이란어파] 구자라트어, 힌두스탄어, 페르시아어, [게르만어파] 영어, 네덜란드어, [그리스어], [이탈리아어파/로망스어군] 스페인어, 프랑스어. 【남카프카스어족】 그루지아어.

【아프리카아시아어족】 [셈어파] 아라비아어, 게즈어(고대 에티오피아), 암하라어(에티오피아), [차드어파] 하우사어. 【니제르콩고어족】 어웨어, [아칸어군] 트위어, [반투어군] 스와힐리어(탄자니아, 케냐), 팡어(카메룬 부루족), 야운데어(카메룬), 킴분두어(앙골라), 헤레로어. 【콰디-코이산어족】 나마어(나미비아).

【중국티베트어족】 중국어. 【알타이어족】 터키어, 타타르어, 일본어.

34.4%(아라비아어 제외 11개어)가 아프리카 제어(諸語)인 것은 독일의 식민지와 관계 깊다. 동아시아어는 12.5%(4개어), 인도-유럽 지역어 및 아라비아어가 나머지 53.1%(17개어) 비율이었다.

었다.[19] 전체 수강생 가운데 중국어(Chinesisch) 수강 인원이 135명(5.0%), 일본어(Japanisch)가 77명(2.8%), 조선어(Koreanisch)가 17명(0.6%) 비중을 차지했다.

이극로는 독일 최초로 조선어강좌를 개설하여 조선어의 존재를 당당히 알렸고, 학교 측의 평가는 다음과 같다.

베를린 NW7(도로텐슈트라세 7번지), 1927년 5월 12일

한국 출신의 정치학 박사 코루 리 씨는 교육부 장관의 수권에 따라 1923년 겨울학기 초부터 1926년 겨울학기 말까지 동양어학과에서 한국어를 교수하였습니다.

코루 리 씨가 시간을 엄수하였고 또한 유능하여 큰 성공 속에서 그의 교수 활동을 이끌어 갔다는 점을 저는 기꺼이 확인해 드리는 바입니다.

학장 대행 미트보흐

이극로의 박사학위 취득과 동시에 조선어강좌가 폐강되었는데,[20] 1930년대 베를린대학 철학과 출신 강세형(姜世馨, 1899~1960)이 이를 부활시켰다.

조선인으로서 조선 문화를 독일에 소개한 이로는, 조선어학에 있어서는 리극로 박사가 효시일 것이다. 이 씨는 백림대학에서 공부하고 경제학박사의 학위를 획득한 이로서, 졸업 후, 백림대학 강사로 취임하여 조선시간을 담당해서 교수했었다. 그 후 씨가 사임하고 귀국한 뒤에 불행히 백림대학에는 그만 조선어를 교수하는 일이 중단 되었었는데 내가 백림대학을 졸업하자 동대학에 강사로 취임해서 다시 조선어과목을 부

---

19 1923년 겨울학기부터 아프리카 제어 가운데 팡어, 헤레로어, 야운데어가 폐강되고, 아프리칸스어 · 누미어 · 페디어 · 소도어가 신설되었다. 기타 언어로 아르메니아어, 이탈리아어, 날레이어, 몽골어, 오세트어(이란)가 신설되었다.

20 이극로는 강사로서 무보수를 자청했기 때문에 도서관 차서(借書)의 보증금을 면제받는 것 외에 아무런 혜택이 없었다. 3학기 강의 뒤 1925년 1월 30일자 미트보흐 교수 앞으로 보낸 편지에서 보수지급을 요청했으나 승낙되지 않았을 것이다. 그래서인지 그 후 4학기 동안은 단 2명의 수강생만 있는 것으로 실적이 저조하였다. 이극로는 굶주림 속에서도 1926년 박사과정을 수료한 뒤 다시 연구생으로서 1년간 학위논문 준비와 항일투쟁으로 분주했다. 이에 조선어강좌도 자연히 폐강에 이른 것으로 이해할 수 있다.

활시켰다. 그리고 조선어학과 함께 조선 문학도 소개했었다.[21]

(4) 철자법과 사전 부재 문제

조선어강좌 수강생은 독일인, 러시아인, 네덜란드인 등이 있었다. 그런데 강의 진행 과정에서 통일되지 않은 조선어 철자법 문제로 수강생들의 지적이 있었던 것으로 보인다.

> 그때 독일, 화란, 불란서 등 주장 세 나라 학생들이 조선말을 배흐려는 뜻을 말하므로 리씨는 그 대학 총장에게 그 뜻을 옮겨 가지고 아무 보수 업시 한 독립된 「조선어학과」라는 것을 세우게 됐다 한다. 그러나 배흐든 학생들이 넘어도 철자법이 열 갈레 스무 갈레로 뒤둥대둥한데 긔이한 눈을 뜨고 『그대 나라말은 어째서 이다지 철자법이 통일 못됏는가? 사전이 업다니 참말인가!』 등등하고 질문이 언제나 떠나지 안흘때마다 리씨는 "허허 이런 민족적 부끄러운 일이 어데잇담!"하고 얼굴을 붉히고 말문이 마쳤다 한다. 이런 얼굴에 침뱉는듯한 부끄럼을 참어가면서 네헤동안을 꾸준히 가르치다가 일천구백이십팔년 귀국…

이러한 독일에서 외국인들을 상대로 조선어강좌 시에 겪은 3년간의 체험은 그가 귀국한 뒤 조선어사전 편찬에 주력하게 된 중요 동기가 되었다.

(5) 한글활자 구비와 시험 인쇄

이극로는 한글활자에 관해 독일 언어학자들과 상의한 일이 있었다. 그는 독일 국립인쇄소에 한글활자를 준비하는데 대한 허가를 받고서 상해의 김두봉에게 연락을 취하여 한글자모 활자 한 벌을 구했다. 이를 본떠서 독일에서 4호 활자를 제작했고 첫 시험으로 이광수의 『허생전』을 토대로 인쇄에 성공하여 1927년 『동방어학부연감(Mitteilungen des Seminars für Orientalische Sprachen)』에 기고하였다. 이극로의 기고 제목은 「한 조선 지식인의 삶 한 장면」이다. 비록 12쪽 분량의 자료소개

---

21 강세형, 「조선문화와 독일문화의 교류」, 『삼천리』 13-6, 삼천리사, 1941, 117쪽; 강세형은 이회창 전 자유선진당 대표의 이모부다.

에 불과하지만, 일제강점 하에 조선인 스스로의 힘으로 유럽에서 한글활자 준비의 효시를 이루었다는 점에서 충분히 의미 있는 성과였다.

(6) 항일 저술

이극로는 독일에서도 틈틈이 항일운동을 전개했는데, 특히 유럽인들에게 일본의 침략과 조선의 독립운동 현황을 본격적으로 알리고자 저서 집필에 몰두하였다. 그 성과물로서 2종의 책자를 출판했으나, 『고투사십년』에는 밝히지 않았다.

첫째, 『한국의 독립운동과 일본의 침략정책(Unabhängigkeitsbewegung Koreas und japanische Eroberungspolitik)』은 이극로가 심혈을 기울여 완성한, 1924년에 독일어로 펴낸 첫 저술이다. 가로 14.6×세로 22.3cm 적갈색 표지에, 본문은 32쪽이다. 머리말에서,

> 이 소책자는 4천년 이상 정치 독립과 높은 문화를 누려 왔던 어느 한 민족이 어떻게 처음 외세의 지배에 놓였으며 다시 독립을 이루어 내려고 노력하고 있는가를 보이는 데 목적을 두고 있다. 아래에 기술하는 내용은 유럽 사람들에게 일반적인 도움을 주고자 함인데, 일본인과 우리들 사이의 야만적 전쟁사의 극히 일부분에 지나지 않는다. 극동에서 조선의 처지는 발칸반도가 지중해에서 처한 상황과 같다. 30년 전부터 조선의 문제는 극동에서 강대국의 정치적 충돌의 초점이 되어 왔다. 1910년 8월 29일 강점으로써 2천만 인구가 있는 218,650평방킬로미터의 국토는 일본인의 야수적 무단 통치 하에 넘어갔다.

라고 하여 유럽인들에게 일제의 강점을 폭로하는 목적을 분명히 밝히고 있다.

본문은 '조선의 개화와 외세의 쇄도', '1910년의 강점과 그 이후', '1919년 3월 독립선언과 그 이후'의 3장으로 구성되었다. 1장 1절(1884년 급진개화파의 실패)부터 3장 9절(일본인의 동만주 거주 한국 민간인 대량 학살)까지는 박은식의 『한국독립운동지혈사』(상해, 1920)를 요약한 내용이다. 이 점은 이극로가 동창학교 시절 자신의 은사였던 박은식의 역사서를 저본으로 삼아 1884년부터 1920년까지의 항일투쟁사를 번역했음을 말해 준다. 3장 10절과 11절은 『한국독립운동지혈사』 저술 이

후 시기인 1922년 3월의 김익상 · 오성륜의 일본 육군대장 다나카 기이치 저격사건, 1923년 9월의 관동대지진과 한인학살 사건을 새로 넣은 것이다.

둘째, 『한국, 그리고 일본제국주의에 맞선 독립투쟁(Korea und sein Unabhängigkeitskampf gegen den japanischen Imperialismus)』는 14쪽 분량으로 서지정보가 없다. 머리말에 1927년 5월이라고 밝혀져 있어서 이극로가 졸업 무렵 독일에서 최후에 출간한 책자임을 알 수 있다.

본문은 I. 문화와 역사에 대한 고찰(4.5쪽), II. 일본 통치하에 있는 현재 한국의 정세(4쪽), III. 독립을 위한 끊임없는 한국의 투쟁(5.5쪽)의 3장으로 구성된다. 『한국의 독립운동과 일본의 침략정책』이 번역서의 성격이 강했던 데 비해, 이 책은 자신의 견해를 담아 한국의 언어계통과 문화 소개를 시작으로 독자의 이해를 돕는다. 마지막 장에서는 강우규, 김익상, 오성륜, 김지섭, 박열, 나석주와 그들의 의열투쟁을 소개하였다. 전자의 책과 용어를 비교해 보면, '일본'에서 '일제'로, '독립운동'에서 '독립투쟁'으로 강하게 바꾼 점도 특징적이다. 이 책자는 그가 독일에서 일제에 항거할 수 있는 마지막 표출이 되었다.

한편, 그는 1927년 2월 벨기에 브뤼셀에서 개최한 세계피압박민족대회 참가를 통하여 일제의 한국침략을 고발하고 한국 독립운동 현황을 널리 알려 유럽인들에게 각인시키고자 했다. 그러나 투쟁에 쏟은 열정에 비해 별다른 성과를 거두지 못했다.

(7) 영국 유학 여정

1927년 5월 25일, 이극로는 마침내 「중국의 생사공업」이라는 논문으로 박사학위를 수여받았다. 그리하여 6월 6일 신성모와 함께 베를린을 떠나 독일 서부 루드비히스하펜 → 프랑스 메쓰 · 베르됭 · 파리를 거쳐 9일 만에 신성모가 유학하고 있는 영국 런던 항해대학 기숙사에 도착했다. 그 뒤 11월 23일 런던정치경제대학LSE 정치경제학부에 입학해 1학기 동안 청강하였다.

영국에서 이극로는 영국의 대표적 시오니스트(Zionist), 유대민족주의자이자 작가였던 이스라엘 코헨(Israel Cohen, 1879~1961)을 찾아간다. 이극로에 대한 코헨의 회고[22]가 주목된다.

극동지역에서 귀국한 지 2년 뒤 한국에서 온 한국인의 방문이 있었다. 그 사람은 키가 작달막하고 남루한 레인코트를 입고 있었다. 그가 자리에 앉아서 독일어로 말하기 시작했다. 그는 몇 년간 베를린대학 학생으로 있었고 영국에 온 지는 얼마 안 되어 영어보다 독일어가 더 능통하다고 설명했다. 나는 그에게 무엇 때문에 나를 만나려고 하는지 묻자, 그는 자신이 일본 압제자들을 구축하기 위한 한국 혁명운동가의 일원이고, 팔레스타인의 유대인들처럼 독립 쟁취를 학수고대하고 있다고 말했다. 그는 내가 그에게 우리가 꾸민 계획에 대한 몇 가지 비밀 정보를 알려줄 수 있을 것이라고 생각한 듯 싶었다. 나는 그에게 우리는 그런 계획 같은 것이 없다고 말해 주자, 그는 실망했고 약간 의심하는 듯 보였다. 그렇지만 내가 한국에 갔던 적이 있다고 말하자 그는 기뻐했다. 그의 이름은 코루 리였고, 내게 일본 제국주의에 대항한 한국의 저항에 관한 2권의 작은 책자를 주었는데 둘 다 독일어로 쓰여 있었다.

그러나, 이극로는 피압박민족대회에서 좌절을 겪은데 이어, 내심 희망을 걸었던 유대민족주의자에게서 아무런 정보조차 얻지 못해 결국 유럽인들에게 기대할 수 있는 것이 없다는 현실을 직시하게 되었을 것이다. 그는 영국에 유학히면서 식민지 사람들도 자유롭게 연설하는 언론의 자유를 목격하였고 여러 가지 심경으로 항일투쟁의 방향을 선회하게 된 것으로 보인다.

(8) 한글운동가로 거듭나다

1928년 1월 9일, 이극로는 런던을 떠나 베를린으로 돌아와 프리드리히-빌헬름대학 음성학실험실주임 프란츠 베틀로의 지도를 받으며 3개월 간 음성학을 연구했다. 그는 4월 25일 런던으로 되돌아왔다가, 5월 1일 다시 런던을 떠나 프랑스 파리로 건너갔다.

이극로에게 한글운동의 동기를 부여한 세 번째 인물은 공탁(공진항)이다. 귀국을 앞둔 이극로는 파리에 체류하면서 영국·프랑스 유학생 공탁의 도움을 받았고 자신의 진로에 대해 상담하였다. 동아일보사 사장 김성수도 프랑스에 체류하면

---

22 Israel Cohen, *A JEWISH PILGRIMAGE : The Autobiography of Israel Cohen*, LONDON : Vallentine, Mitchell & Co.Ltd., 1956, p.346.

서 공탁의 조언을 받고 교육 사업에 힘쓴 일이 있었다. 공탁은 이극로에게 한글운동을 독려했고, 이에 이극로는 오직 한글운동을 일념으로 실천에 옮기게 된다.

이런 일들이 있은 후 李克魯씨가 經濟學博士學位를 독일에서 받고 귀국길에 오르게 되자 그도 또한 민족에 남는 일을 무엇인가 했으면 하고 의논을 해 왔다. 그는 내가 어떤 해답을 주는 날까지는 귀국치 않겠다고 성화를 댓다. 그는 그의 전공이 아니었지마는 한글 硏究에 素質이 있었다. 나는 日帝下라 한글 맞춤법연구 自體보다도 한글운동은 민족의 魂을 되찾고 동포들의 정신통일과 민심을 歸一시키는 것으로서, 仁村先生께서 普成專門學校建立에 의한 민족운동과 雙璧을 이룰 수 있는 운동이라고 생각되었다. 나는 자금도 제공한다는 조건을 붙여 그를 귀국케 한 일이 있다.[23]

이극로는 드디어 한글운동가로 거듭 태어났고, 파리대학 음성학부에서 체코슬로바키아 출신 슈라메크 박사와 함께 조선어 음성 실험을 했다. 이극로가 5월 15일에 육성 녹음한 레코드 원판 2장이 전해 오며, 그 하나는 「조선 글씨와 조선 말소리」, 다른 하나는 「인내천 – 천도교리 발췌」다. 슈라메크에게서 얻은 음성학 지식은 귀국 후 조선어학회에서 활용되었다.

(…전략…) 내가 일찍이 베를린, 파리, 란던에서 여러 音聲學者로 더불어 朝鮮語 音聲을 論한 바 있었는데 그 中에도 特히 파리大學 音聲學 實驗室에서 西曆 一九二八年 봄에 一個月 동안 스라메크 敎授의 請으로 나는 朝鮮語 音聲의 實驗 對象이 되어서 每日 六時間씩 實驗室에 앉았던 일이 있다. 그 때에 쓰던 나의 人造 口蓋로써 發音 位置를 確定하는 材料와 또 카이모그라프(寫音機)로 實驗한 材料를 얻었다. 그리고 朝鮮語 學會에서 外來語 表記法統一案을 내게 되어 그 成案 委員의 一人이 되매 더욱 朝鮮語音의 科學的 根據를 세우기에 게으를 수가 없었다. 그러나 아직 우리나라에는 音聲學 實驗室이 없는 것만큼 充分한 實驗을 하지 못한 것만은 遺憾이다.[24]

23 공진항, 「잊지 못할 일 생각나는 사람들」, 『이상향을 찾아서』, 탁암공진항회수기념문집간행위원회, 1970, 603~604쪽.
24 이극로, 「머리말」, 『음성학』, 아문각, 1947, 1쪽.

이후 영국으로 돌아와 영국 각지와 아일랜드를 시찰했다. 1928년 6월 1일에는 비행기로 런던 시내를 관람하고, 맨체스터(6.4~6.5), 아일랜드 더블린(6.5~6.6), 스코틀랜드 글래스고(6.7), 에든버러(6.8)를 둘러보았다. 특히 더블린에서는 문부성(교육부)을 방문해 국어교육 현황을 조사하면서 아일랜드인들이 영어를 공용어로 사용하고 간판과 도로표식이 영어로 표기된 것을 보고 '우리말과 글도 저런 신세가 되지 않겠는가'라고 탄식했다.[25]

이극로는 6월 9일 에든버러 역에서 신형 기차를 타고 런던으로 돌아왔다. 11일에는 옥스퍼드 대학을 시찰하고, 12일에는 유니버시티 칼리지 런던UCL에 가서 음성학 교수 대니얼 존스를 만나 조선어 음에 관한 자문을 구하기도 했다. 13일 런던에서 기차를 타고 사우샘프턴 항구로 가서 신성모의 배웅을 받으며 오후 5시 머제스틱 기선을 타고 미국으로 떠났다.

(9) 미국 횡단 여정

1928년 6월 19일, 이극로는 대서양을 건너 뉴욕 항에 도착해 뉴욕, 로스앤젤레스, 샌프란시스코로 7,000km를 횡단해 가면서 현지 동포를 대성으로 "국어가 민족의 생명"이라는 주제로 한글 강연을 했다. 그는 8월 29일 샌프란시스코 항을 떠나 9월 4일 하와이 호놀룰루 항에 도착하였고 10월 2일 호놀룰루 항을 떠나 귀국길에 올랐다.

〈표8〉 이극로의 미국 횡단 경로(1928)

	지역	도시(체류일자)
1	북동부	뉴욕(6.19~7.3) → 보스턴(7.3~7.4) → 프레이밍햄(7.6) → 프로비던스·뉴헤이븐(7.7) → 뉴욕(7.7~7.23) → 프린스턴(7.23) → 필라델피아(7.23~7.26) → 워싱턴(7.26~8.1) → 피츠버그(8.2) →
2	중서부	디트로이트(8.3~8.4) → 시카고(8.5~8.8) → 샘페인(8.8~8.9) → 세인트루이스(8.10) → 캔자스시티(8.11) →
3	남부	털사·파허스카·털사(8.12~8.13) → 애머릴로(8.14~8.15) → 앨버커키(8.16~8.17) → 산타페(8.17~8.18) → 그랜드캐니언(8.18~8.19) →
4	서부	로스앤젤레스(8.20~8.23) → 샌프란시스코(8.23~8.29) →
5	태평양	호놀룰루(9.4~9.18) → 힐로(9.19~9.23) → 호놀룰루(9.24~10.2)

25 김일성, 『세기와 더불어』 8, 평양: 조선로동당출판사, 1998, 401~402쪽.

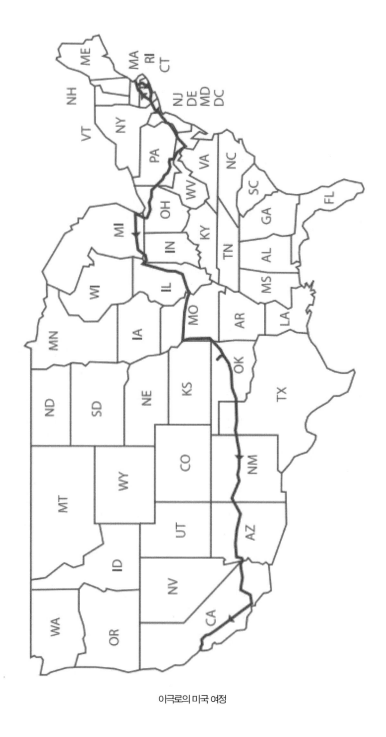

이극로의 미국 여정

4. 귀국하여 조선어학회·대종교에서 활동하다

이극로는 귀국한 뒤 조선어학회와 대종교단에서 적극 활동하였다.

대종교에는 찬송가에 해당하는 한얼노래가 있는데, 이극로가 전 37곡 중 27곡[26]을 작사하였고, 1942년 6월 10일 만주 영안현 동경성 대종교총본사에서 한글가사집 『한얼노래』와 악보가 달린 『곡조 한얼노래』라는 표제로서 각각 출판되었다. 서울 한성도서주식회사에서 4,000부가 인쇄되었고, 편집인은 이극로, 발행인은 안희제였다.

불행히도 『한얼노래』가 간행된 지 4개월 여 뒤인 10월 1일 이극로는 '조선어학회 사건'으로 검거되어 모진 고문과 징역 6년형을 선고받았고 함흥형무소에 수감되었다. 조선어학회 사건은 대종교 3세 도사교 윤세복이 〈단군성가(檀君聖歌)〉를 지어 이극로에게 작곡을 의뢰했었는데, 일본 형사들이 조선어학회 사무실을 수색하면서 이극로의 책상 위에서 이 편지를 발견하여 "〈단군성가〉로 조선독립을 하자는 것 아니냐?"며 압수함으로써 학회에 대한 검거 회오리가 몰아친 것이다.[27]

조선어학회 간부 검거와 동시에 만주에서 이극로의 「널리 피는 말」을 날조한 일제의 대종교 박해로 교주 윤세복 외 20여 명의 임원들이 일경에 체포돼 10명이 순교한 사건(임오교변)마저 일어났다.[28]

---

26 5. 삼신의 거룩함, 7. 성지 태백산, 10. 한얼님의 도움, 12. 죄를 벗음, 14. 삼신만 믿음, 15. 희생은 발전과 광명, 16. 한길이 열림, 17. 사람 구실, 18. 한결같은 마음, 19. 힘을 부림, 20. 사는 준비, 21. 미리 막음, 22. 대종은 세상의 소금, 23. 사랑과 용서, 24. 교만과 겸손, 25. 봄이 왔네, 26. 가을이 왔네, 27. 아침 노래, 28. 저녁 노래, 29. 끼니 때 노래, 30. 승임식의 노래, 31. 상호식 노래, 32. 영계식 노래, 33. 조배식 노래, 34. 혼례식 노래, 35. 영결식 노래, 36. 추도식 노래. 이 27곡은 이극로의 투철한 신앙심과 조국 사랑을 엿볼 수 있는 가사로, 신앙생활과 종교예식에 관한 밝고 아름다운 내용이 담겨 있다.

27 이인, 『반세기의 증언』, 명지대출판부, 1974, 125쪽.

28 대종교단은 항일정신으로 교세를 확장해가면서 1934년 총본사를 동경성으로 옮기고, 특히 1937년 부터 발해고강(故疆)지에 천진전 건립을 추진하는 한편, 대종학원을 설립하여 민족교육에 근 진전을 보였다. 일경은 교단 내부에 교인을 가장한 밀정 조병현을 잠입시켜 교계의 동향과 교내 간부들의 언행을 일일이 정탐하였다. 이러한 상황 속에서 당시 이극로가 천진전 건립 관계로 교주 윤세복에게 보낸 편지 속에 「널리 피는 말」이라는 원고가 있었다. 일경은 이를 압수하여 사진을 찍어 두고, 제목을 「조선독립선언서」라고 바꾸고, 그 내용 중에 "일어나라! 움직이라!"를 "봉기하자! 폭동하자!"로 일역(日譯)하였다. 그리고 "대종교는 조선 고유의 신도(神道)를 중심으로 단군 문화를 다시 발전시킨다는 기치 아래, 조선 민중에게 조선 정신을 배양하고 민족자결의식을 선전하는 교화단체이니만큼 조선독립이 최후의 목적"이라는 죄목으로 국내에서의 조선어학회 간부 검거와 때를

광복이 되자 1946년 2월 28일 대종교총본사가 32년 만에 만주에서 환국하여 서울시 중구 저동 2가 7번지에 설치되었고, 제7회 총본사확대직원회(2월 23일), 제8회 총본사직원회(3월 5일) 및 제10회 총본사직원회(3월 10일)에서 종단 기구와 직원이 재편성되고 종단 활동이 재개되었다. 특히 제10회 총본사직원회에서 경전 번역 기관인 '종리연구실(倧理研究室)' 설치를 결의하는 등 조국에서 새로운 포교 사업에 거창한 제일보를 내딛었다.

이극로는 학술 관련 종무행정직인 전강(1946.2.28~4.24) 겸 종리연구실 찬수(1946.4.8)를 지내고, 1946년 4월 24일 경의원 참의에 임명되었다. 종리연구실은 경전 번역 기구로 대종교의 주요 경전을 국역·주해하였고, 종단기관지『교보』환국기념호를 펴냈다. 경의원은 대종교 교주 집무실인 경각 자문기관으로 원장, 부원장, 비서 외에 다수의 참의를 두었다. 당시 경의원 원장은 이시영, 부원장은 이동하(이원식), 비서는 정일이었다. 부인 김공순도 이극로를 따라 대종교에 귀의하였다.

이극로는 1948년 4월 남북연석회의에 조선건민회 대표로 참석, 가족들과 평양에 잔류해 북한 국어학의 토대를 닦았고, 조국평화통일위원회 위원장 등을 역임했다. 1978년 9월 13일에 서거, 평양 애국렬사릉에 안장되었다.

IV. 나가는 말

『고투사십년』속에 투영된 이극로는 "의령에서 태어나 독립운동을 하고자 고향을 떠났고, 유럽에서 유학하면서 한글학자가 되기로 결심해 한글 수호에 큰 업적을 남긴 인물"로 평가될 수 있다. 조선어학회를 주도했던 그의 40년 인생 발자

같이하여 윤세복 이하 25명을 일제히 체포하였다. 이때 투옥된 임원 중 10명이 고문으로 옥사하였고, 다른 동지는 무기형(윤세복)을 비롯하여 15년에서 7년까지 형을 선고받고 복역하다가 광복 전날 출옥하였다.

취가 담긴 『고투사십년』은 한국 근현대사 연구에도 소중한 자료다.

　　이극로의 겨레와 한글 사랑은 1945년에 작사한 「한글노래」에 완전히 녹아들었음을 느낄 수 있다. 아쉽게도 『고투사십년』에 수록하지 않았을 뿐만 아니라 월북 문제로 금지곡이 되어 잊혀졌다. 「한글노래」가 다시금 울려 퍼져 그의 민족혼 수호 정신이 온전히 계승되기를 바라며, 악보 소개로 맺음말에 갈음한다.

한 글 노 래

이극로 작사
채동선 작곡

참고문헌

1. 한국

『경향신문』, 『동아일보』, 『조선일보』.

『민주조선』, 『소년』, 『신가정』, 『신동아』, 『조광』, 『한글』.

고영근 외, 『이극로의 우리말글 연구와 민족운동』, 선인, 2010.

공진항, 『이상향을 찾아서』, 탁암공진항희수기념문집간행위원회, 1970.

김일수, 『근대 한국의 자본가』, 계명대 출판부, 2009.

대종교 편, 『(곡조)한얼노래』, 대종교총본사, 1942.

대종교종경종사편수위원회, 『대종교중광육십년사』, 대종교총본사, 1971.

부산일보특별취재팀, 『백산의 동지들』, 부산일보사, 1998.

소남이일우기념사업회, 『소남 이일우와 우현서루』, 경진, 2017.

월운 편, 『운허선사어문집』, 동국역경원, 1992.

이광수, 『허생전』, 시문사, 1924.

이극로, 『고투사십년』, 을유문화사, 1947.

_____, 『실험도해 조선어 음성학』, 아문각, 1947.

_____, 『국어학논총』, 정음사, 1948.

이인, 『반세기의 증언』, 명지대 출판부, 1974.

이희승, 『다시 태어나도 이 길을』, 선영사, 2001.

『전의이씨성보』, 전의예안이씨대동보간행위원회, 1992.

조선로동당 중앙위원회 편, 『세기와 더불어』 8, 평양 : 조선로동당출판사, 1998.

중등음악교과서편찬위원회, 『임시중등음악교본』, 국제음악문화사, 1946.

창신기독학원 편, 『창신백년사』, 창신기독학원 창신중·고등학교, 2008.

최경봉, 『우리말의 탄생』, 책과함께, 2005.

한글학회, 『얼음장 밑에서도 물은 흘러』, 한글학회, 1993.

2. 중국

김기전, 『소춘 김기전 전집』, 국학자료원, 2010.

박영석, 『만보산사건연구』, 아세아문화사, 1978.

박은식, 조준희 역, 『대통령이 들려주는 우리역사』, 박문사, 2011.

쉬처, 유가원 역, 『만주군벌 장작림』, 아지랑이, 2011.

신백우, 「「誠信泰」組織과「泉水坪」戰鬪」, 『신동아』 96, 동아일보사, 1972.8.

이범석, 『우등불』, 사상사, 1971.

이성규, 『항일 노동운동의 선구자 서정희』 상·하, 지식산업사, 2006.

이학수 편, 『경부신백우』, 경부신백우선생기념사업회, 1973.

정원택, 『지산외유일지』, 탐구당, 1983.

조준희, 「단애 윤세복의 민족학교 설립 일고찰」, 『선도문화』 8, 국학연구원, 2010.

황민호, 『재만한인사회와 민족운동』, 국학자료원, 1998.

張小松 編, 『同濟老照片』, 同濟大學出版社, 2002.

同濟大學百年志編纂委員會 編, 『同濟大學百年志(1907~2007)』 上下卷, 同濟大學出版社, 2007.

3. 일본

심원섭, 『아베 미츠이에와 조선』, 소명출판, 2017.

閔丙鉉, 『(自彊會)創立十周年記念誌』, 東京 : 自彊會, 1935.

4. 독일

국사편찬위원회, 『한국독립운동사자료37 - 해외언론운동편』, 국사편찬위원회, 2001.

박승철 외, 서경석 · 김진량 편, 『식민지 지식인의 개화 세상 유학기』, 태학사, 2005.

안호상, 『한뫼 안호상 20세기 회고록』, 민족문화출판사, 1996.

정규화 · 박균, 『이미륵 평전』, 범우, 2010.

정용대 편, 『해외의 한국독립운동사료』 I - 국제연맹편, 국가보훈처, 1991.

정용대 편, 『해외의 한국독립운동사료』 III - 독일외무성편, 국가보훈처, 1991.

조준희, 「1927 브뤼셀 피압박민족대회 한국 관계 사료」, 『숭실사학』 25, 숭실사학회, 2010.

_____, 「(자료소개)이극로의 독일 조선어강좌 관계 사료」, 『한국민족운동사학회』 79, 한국민족운동사학회, 2014.

_____, 「(자료소개)이극로의 「미지의 한국」과 「널리 펴는 말」」, 『한국민족운동사학회』 88, 한국민족운동사학회, 2016.

최린, 『여암문집』, 여암최린선생문집편찬위원회, 1971.

홍선표, 「관동대지진 때 한인 학살에 대한 歐美 한인세력의 대응」, 『동북아역사논총』 43, 동북아역사재단, 2014.

Kolu Li, *Unabhängigkeitsbewegung Koreas und japanische Eroberungspolitik*, Berlin : Julius Sittenfeld, 1924.

Kolu Li, *Korea und sein Unabhängigkeitskampf gegen den japanischen Imperialismus*, Berlin : Selbstverl., 1927.

Das Koreanische Problem, Berlin : Saladruck Zieger & Steinkopf, 1927.

Kolu Li, "Die Seidenindustrie in China", Berlin : Whilhelm Christians Verlag, 1927.

Liga gegen Imperialismus und für nationale Unabhängigkeit, *Das Flammenzeichen vom Palais Egmont*, Berlin : Neuer Deutscher Verlag, 1927.

Li Kolu, "Aus dem Leben eines koreanischen Gelehrten", *Mitteilungen des Seminars für Orientalische Sprachen* Jg.30, Berlin : Ostasiatische Studien, 1927.

Deutscher Försterbund, *Spitzenberg : Sein Leben und seine Lehre*, Steup & Bernhard, 1930.

5. 러시아

반병률, 『성재 이동휘 일대기』, 범우사, 1998.

이광수, 「망명한 사람들」, 『나의 고백』, 春秋社, 1948.

임경석, 『한국 사회주의의 기원』, 역사비평사, 2003.

_____, 『초기 사회주의운동』, 독립기념관 한국독립운동사연구소, 2009.

최종고, 『춘원따라 러시아기행』, 관악, 2014.

춘원, 「서백리아서 다시 동경으로」, 『조광』 2-5, 조선일보사출판부, 1936.5.

Харуки ВАДА·К. ШИРИНЯ, *ВКП(б), Коминтерн и Корея(1918~1941)*, Москва : Российская политическая энциклопедия, 2007.

6. 영국

Israel Cohen, *A JEWISH PILGRIMAGE : The Autobiography of Israel Cohen*, LONDON : Vallentine, Mitchell & Co., Ltd., 1956.

7. 프랑스

서산정석해간행위원회, 『서산 정석해-그 인간과 사상』, 연세대 출판부, 1989.

조준희, 「김법린의 민족의식 형성과 실천-1927년 브뤼셀 연설을 중심으로」, 『한국불교학』 53, (사)한국불교학회, 2009.

8. 미국

『국민보』, 『신한민보』.

『흥사단 단우 이력서철』.

고정휴, 『1920년대 이후 미주·유럽지역의 독립운동』, 독립기념관 한국독립운동사연구소, 2009.

김도연, 『나의 인생백서』(증보판), 상산김도연박사유묵비건립위원회, 2004.

데이빗 현, 김영목 편, 『현순목사와 대한독립운동』, 한국독립역사협회, 2002.

민병용, 『한인인명록』, 미국 : 한인역사박물관, 2011.

성백걸, 『샌프란시스코의 한인과 교회』, 한들출판사, 2003.

정병준, 『현앨리스와 그의 시대-역사에 휩쓸려간 비극의 경계인』, 돌베개, 2015.

홍선표, 『재미한인의 꿈과 도전』, 연세대 출판부, 2011.

Erika Lee·Judy Yung, *Angel Island : Immigrant Gateway to America*, Oxford University Press, 2010.

이극로 연보

1921~1928 유럽 유학

1921.4.19.	이승만 위임통치청원 성토문에 연서.
6.18.	이동휘와 박진순의 통역원(신채호 추천)으로 모스크바 행.
1922.1.	독일 베를린 행.
4.28.	독일 프리드리히-빌헬름대학 철학부 입학.
	유덕고려학우회 가입.
1923.10.12.	관동대지진 대(對)일본 「한인학살」 규탄서 작성(동참).
10.26.	재독한인대회 개최. 「한국 내 일본의 유혈 통치」(독어/영어/중국어) 전단지 배포.
10.	동양어학과에 조선어 강좌 개설, 3년간 강사 활동.
1924.	「중국의 농업 제도」(독어) 논문 기고.
1924.2.	『한국의 독립운동과 일본의 침략 정책』(독어) 출간.
1925.8.29.	포츠담 한인 국치기념식 참가.
1927.2.	벨기에 브뤼셀 국제피압박민족대회에 조선 대표단 단장으로 참가, 『한국의 문제』(독어/영어) 배포.
5.25.	「중국의 생사 공업」으로 박사 학위 취득, 학위수여식.
5.	『한국, 그리고 일본제국주의에 맞선 독립투쟁』(독어) 출간.
	한글 4호 활자 구비 및 「한 조선 지식인의 삶 한 장면」(독어) 기고.
6.6.	영국 런던 행(루드비히스하펜-메쓰-베르됭-파리 거쳐 6.15 도착).
11.23.	런던대학(LSE) 정치경제학부 입학.
1928.1.10.	독일 프리드리히-빌헬름대학 음성학실험실에서 음성학 연구.
3.	「미지의 한국」(독어) 기고.
5.	프랑스 파리에서 공진항의 조언 받고 '한글운동가'로 진로 결심.
5.	파리대학 음성학연구소 실험실에서 음성 실험(5.24 런던 행).
6.1	영국-아일랜드-스코틀랜드 시찰(~6.12).
6.19.	미국 뉴욕 도착(6.13 런던 출발).
~10.2.	북미대륙 횡단(뉴욕→샌프란시스코)(8.29 하와이 행→9.4 도착).
10.12.	일본 시찰(10.1 일본 행→10.12 도착).

1929~1945 한글 운동

1929.1.	부산 도착. 8개월 간 조선 13도와 북간도 시찰.
4.	조선어연구회 가입.
10.31.	조선어사전편찬회 위원장.
12.24.	김공순과 혼례. 서울시 성북구 종암동 40번지에 새살림.
1930.1.6.	조선어연구회 간사(~1931.1.10).
9.30~10.27.	길돈사건에 재만동포위문사 겸 만주당국교섭사로 파견.
12.13.	한글맞춤법통일안 제정 결의.
1931.	장남 억세 출생.
1.10.	조선어연구회를 '조선어학회'로 개명.
1.11.	조선어학회 초대 간사장(~1932.1.9).
1.24.	외래어 표기법 및 부수문제 협의회 책임위원.
9.	조선어학회 주최로 한글날 기념식 거행.
1932.1.10.	조선어학회 2~6대 간사(~1937.4).
5.1.	조선어학회 기관지 『한글』 복간.
1933.1.	조선연무관 이사.
3.	사전편찬비밀후원회 조직.
10.29.	『한글 맞춤법 통일안』 발표.
1934.	장녀 세영 출생.
7.	조선어 표준어 사정위원회 구성.
	조선과학지식보급회 이사.
1935.3.15.	조선기념도서출판관 이사.
4.24.	조선음성학회 창립 발기인.
1936.8.	옛 발해 수도 동경성 답사.
10.28.	『사정한 조선어 표준말 모음』 발표.
1937.1.9.	차남 대세 출생.
4.	조선어학회 7대 간사장.
9.	조선씨름협회 회장.
1939.3.	남 한세 출생.
1940.3.	사전 출판 허가 받음.

1941.1.15.	『외래어 표기법 통일안』 발간.
1942.6.10.	대종교 『한얼노래』 출간(37곡 중 27곡 작사).
8(陰)	대종교 「널리 펴는 말」 작성(※원문에는 (陰)9.5일자 덧붙여짐).
10.1.	조선어학회 사건으로 체포, 함흥형무소에서 복역.
1944.9.30.	예심 종결.
1945.1.16.	징역 6년 언도.
8.13.	상고 기각.
8.17.	출옥.
8.25.	조선어학회 간사장.
9.	국어 교과서 편찬위원회 위원.
	한자 폐지와 교과서 한글 전용안 관철.
	전국정치운동자후원회 교섭위원.
10.9.	「한글노래」 작사, 한글날 기념식 거행.
10.14.	조선국술협회 회장.
10.18.	조선독립운동사 편찬발기인회 발기인.
10.	조선어학회 국어강습회 사범부 참여.
11.7.	개천절 봉축식 겸 제1회 국술대회 대회장.
11.14.	조선교육심의회 분과위원회 위원.
12.30.	신탁통치반대 국민총동원위원회 중앙위원.

1946~1948 민족 운동

1946.	차녀 세덕 출생.
1.	통일정권촉성회 위원.
2.15(음력 1.14).	비상국민회의와 민주주의 민족전선 결성대회 탈퇴 성명.
	대종교 남도본사 선강
3.	조선정경학회 위원장.
3.31(음력 2.28).	대종교총본사 전강(~음력 4.24).
4.	조선국민체육장건설기성회 회장.
5.3.	국립도서관 옹호협의회 위원.
5.8.	인류학회 회장.

5.8(음력 4.8).	대종교 종리연구실 찬수.
5.24(음력 4.24).	대종교 경의원 참의.
6.16.	조선건민회 위원장.
7.28.	조선장학협회 회장.
9.14.	독일 유학생 간친회 발기인.
10.9.	한글반포2백주년기념식 준비위원장.
10.27.	대종교 개천절 경축식에서 축사.
12.15.	조선에스페란토학회 위원장.
1947.1.11.	조선문화학관 이사.
1.29.	조선민족독립전선 준비위원.
2.1.	『고투사십년』 출간(을유문화사).
2.2.	통일전선결성준비임시위원회 상임위원.
2.26.	민주주의독립전선 상무위원.
3.11.	서재필박사 환국환영준비위원회 부위원장.
3.25.	조선방언학회 위원.
5.28.	미소공동대책 각정당사회단체 협의회 부주석.
6.	좌우합작위원회 위원.
6.21.	국제철학회 발기인.
7.20.	몽양여운형선생 인민장장의위원회 위원.
10.8.	민족자주연맹 준비위원회 선전국장.
10.9.	『조선말 큰사전』 1권 출간(을유문화사).
10.19.	민주독립당 결당대회 임시의장.
10.25.	민주독립당 상무위원.
11.	화태(사할린)재류동포구출위원회 회장.
11.15.	『실험도해 조선어 음성학』 출간(아문각).
11.23.	서울외국어대학기성회성립총회 감사.
12.	민족자주연맹 집행부 부의장.
1948.2.24.	대종교 중광절 경하식 특별강연.
3.	한글문화보급회 위원장.
4.	조선건민회 대표로 남북연석회의 참석차 평양 행, 잔류.

1948~1978 북한 활동

1948.8.	최고인민회의 제1기 대의원, 상임위원회 부위원장.
9.	제1차 내각 무임소상.
10.	조선어문화연구회 위원장.
11.30.	『국어학논총』출간(정음사).
1949.3.31.	학술지 『조선어 연구』 발행.
6.	조국통일민주주의전선 중앙위원회 중앙상무위원.
11.	과학원 후보원사.
11.15.	『실험도해 조선어 음성학』(조선어문연구회) 출간.
1952.10.	조선어 및 조선문학연구소장.
1953.12.22.	최고인민회의 상임위원회 부위원장.
1955.5.	헬싱키 세계평화회의 참석.
1956.2.	『조선어 소사전』출간.
1957.8.	최고인민회의 제2기 대의원.
12.	조국통일민주전선 중앙위원회 상무위원.
1958.1.	조·소 친선협회 중앙위원회 상무위원.
1959.	『조선어 어음 괘도 해설서』(교육도서출판사) 출간.
1961.3.	조국평화통일위원회 부위원장.
1962.7.	조선어 및 조선문학연구소 소장. 문화어 운동 주도.
10.	최고인민회의 제3기 대의원.
1964.12.	조국통일민주주의전선 의장.
1966.3.	『조선어 조 연구』출간(사회과학원출판사).
6.	조국통일민주주의전선 중앙위원회 의장단.
1967.11.	최고인민회의 제4기 대의원.
1968.3.	조국전선 의장으로 재일 조선인 민족교육 관련 담화 발표.
1970.1.	조국평화통일위원회 위원장.
1971.1.	재북 가족들과 서신 왕래한 한국인 처벌 관련 담화 발표.
1972.12.	양강도 인민위원회 부위원장.
1973.	과학원 및 사회과학원 원사.
1978.9.13.	85세로 귀천. 평양 애국렬사릉에 안장.